드러커의
마케팅 인사이트

드러커의
마케팅 인사이트

윌리엄 코헨 지음 | 이수형 옮김

중앙경제평론사

서문

피터 드러커(Peter F. Drucker)는 '현대 경영학의 아버지'로 널리 추앙받고 있다. 그리고 부끄럽지만 세간에서는 나를 '현대 마케팅의 아버지'라 칭하는 사람들이 있다. 그렇다면 드러커는 '현대 마케팅의 할아버지'로 불러야 할지 모른다.

윌리엄 코헨(William Cohen)은 드러커가 남긴 방대한 논문과 강의록, 저작물 등을 충실히 조사해 마케팅에 대한 그의 생각을 잘 정리했다. 이는 지금껏 누구도 한 적 없던 일이다.

생전 드러커는 직접적으로 마케팅 논문을 쓰지 않았다. 하지만 '고객 지향(The Customer-Driven)'이라는 기업의 목적이나 리더십, 이노베이션 등을 이야기할 때 항상 그가 염두에 둔 건 마케팅이었다. 우리는 마케팅에 관한 드러커의 고찰을 모아 멋진 책으로 완성시킨 코헨에게 감사해야 한다.

그는 드러커 아래서 수학하며 바람직한 경영적 사고(혹은 그렇지 않은 경영적 사고까지)가 담긴 에피소드들을 두루 접해왔다. 이를 바탕으로 코헨은 드러커의 통찰력을 설명할 수 있는 다양한 사례들을 이 책에서 소개했다. 뿐만 아니라 드러커가 정리한 개념을 뒷받침하는 훌륭한 해설까지 더했다.

'경영학의 구루' 피터 드러커는 그동안 수많은 기업과 정부 리더들에게 영향을 끼쳤다. 개인적으로 그를 알던 나는 다양한 아이디어를 논의해 볼 수 있는 행운까지 얻었다. 여기에서는 드러커와 함께 했던 개인적 체험담을 여러분과 공유하고 싶다.

나는 드러커를 만나기 전부터 그의 팬이었다. 폭넓은 지식으로 완성된 그의 논문을 읽으며 항상 경탄해왔다. 그러던 어느 날 생각지도 않은 전화 한 통을 받았다.

자신을 드러커라 소개하는, 독일어 억양이 강한 이에게서 걸려온 전화였다. 그가 사는 캘리포니아주 클레어몬트를 방문해 "하루 동안 함께 지내자."는 제안이었다. 뜻밖의 전화에 너무 기뻤던 나는 그 자리에서 바로 방문 날짜를 정해 클레어몬트로 향했다.

드러커와 나는 일본 미술에 대한 흥미를 공통적으로 갖고 있었다. 그는 일본 족자나 병풍을 모으고 나는 세공된 장신구를 모았다. 그래서 클레어몬트에 도착했을 때 제일 먼저 방문한 건 드러커의 아트 갤러리였다.

그는 클레어몬트 대학원에서 경영학 교수직 뿐 아니라 미술 교수로도 활동했다. 대학 측은 드러커에게 수집한 족자나 병풍을 보관하고 전시할 수 있는 개인 갤러리를 운영할 수 있도록 허락했다.

만나서 처음 몇 시간은 전시된 족자를 하나씩 둘러보며 그 훌륭함에 대한 이야기를 나눴다.

서구 심미안과 다른 일본 미학에서 많은 것을 배울 수 있었다. 그 과정을 함께 하며 나는 서구와 차별화된 개념 둘을 발견했다. 바로 '고즈넉함(侘, Wabi)'과 '정숙함(寂, Sabi)'이다.

갤러리 방문 후 가까운 레스토랑에서 점심식사를 함께 했다. 그리고선 그의 자택을 방문해 우수한 물리학자이며, 지금도 멋진 테니스 솜씨를 뽐내는 도리스 부인(Doris Drucker)을 만났다. 나는 그들이 사는 집의 검소함에 새삼 놀랐다.

드러커는 이 집에 수많은 대기업 경영자들을 초청하는 것으로 알려져 있었기에 더더욱 그랬다. 드러커와 도리스 부인에게서 그 어떤 과시적 소비도 발견하지 못했다.

저녁 시간이 가까워지자 드러커는 자택 근처의 레코딩 스튜디오로 나를 데려갔다. 멀리 이동하고 싶지 않을 때 그는 이곳에서 비디오 회의를 진행한다고 했다.

참고로 몇 년 뒤 나는 경영학 컨퍼런스에 참석해 그를 만난 적이 있다. 이 때는 대형 스크린 가득히 드러커의 얼굴이 비춰진 가운데 멋지게 연설하는 장면을 옆에서 지켜볼 수 있었다. 물론 내게는 영광스러운 경험이었다.

스튜디오에서 그는 'NPO(비영리단체)가 성과를 높이기 위한 마케팅의 역할'에 대해 질문을 쏟아냈다. 드러커의 질문에는 시사하는 바가 많았다. 이 때의 경험은 내게도 강렬하게 다가왔다.

이후 나는 '통찰력 가득한 그의 질문에 답하고 싶다'는 일념으로 미술관이나 공연 예술을 연구하기 시작했다. 그 결과 컬처 마케팅 관련 서적을 두 권이나 발표할 수 있었다.

한 권이《박물관 미술관학(Museum Marketing and Strategy : Designing Missio ns, Building Audiences, Generating Revenue and Resources)》, 또 한 권이《공연예술 마케팅 전략(Standing Room Only : Strategies for Marketing the Performing Arts)》이다.

1990년 미국 걸스카우트연맹의 전임 회장인 프랜시스 하셀바인(Frances Hesselbein)의 협조를 얻어 '비영리 조직을 위한 피터 드러커 재단(Peter F. Drucker Foundation for Non-profit Management)'이 설립되었다. 이때 나는 자문위원회에 참여해달라는 요청을 받았다. 드러커와 오랜 교분을 쌓아온 지인들이 위원 명단에 하나 둘 이름을 올렸다.

당초 드러커는 재단에 자신의 이름을 붙이길 꺼려했다. 그래서 추후 호칭 변경을 조건으로 그 제안을 받아들였다. 재단은 이후 '리더 투 리더 인스티튜트(Leader to Leader Institute)'로 변경되었고, 최근에는 하셀바인의 자산 신탁인들이 재차 '프랜시스 하셀바인 리더십 인스티튜트(Frances Hesselbein Leadership Institute)'로 개칭했다.

드러커 재단은 외부 전문가들로부터 제언을 듣고 NPO의 운영능력을 개선할 목적으로 설립되었다. 나는 300개 이상의 NPO가 모인 연차총회에 몇 차례 출석한 적이 있다.

연차총회 뒤에는 드러커 인스티튜트(The Drucker Institute)가 매번 사회 문제 해결에 가장 독창적인 방안을 제시한 NPO를 선정해 시상했다.

이후에도 나는 드러커와 만나, 남다른 역사 지식과 선견지명 가득 찬 그의 식견에서 큰 영감을 받았다. 그가 얼마나 다양하고 폭넓은 지식을 축적했는지 가늠조차 어려웠다.

드러커는 경영학 외에도 음악 세계에 정통했고, 종교의 변천사를 따라가며 소설도 두 권이나 썼다. 드러커는 가장 완벽한 형태의 종합 지식인이자 교양인이었다. 내가 만난 이들 중 그는 가장 지적 열망으로 가득 찬 인물이었다.

드러커와 나는 정기적으로 편지를 주고받으며 지냈다. 인상적이었던 건 그가 손으로 직접 편지를 썼다는 사실이다. 타이핑라이터도, 그 흔한 PC도 쓰지 않았다. 아마 타이핑라이터가 있었겠지만 개인적 연락 때는 일체 쓰지 않았다.

마케팅 분야에서 드러커는 초창기 비전을 그린 설계자였다. 그는 40년 이상 기업가들에게 '고객 우선과 가치 창조'라는 기업의 사명에 대해 설파해왔다. 기업은 항시 고객 지향이어야 한다. '고객 지향 개념'을 사람들에게 각인시켜 준 공적이 있다면 그건 아마도 드러커임에 틀림없다.

프록터 앤 갬블(P&G)이나 메트로닉스(Metronics), 인텔(Intel)을 비롯한 수많은 기업과의 회의에서 드러커는 몇 가지 질문을 던졌다. 훗날 각 기업 경영자들은 드러커의 질문에 답하며 특별한 인사이트를 얻었다고 증언했다.

"우리 비즈니스는 도대체 무엇인가?"

"우리 고객은 과연 누구인가?"

"고객은 무엇을 가치로 간주하는가?"

"우리 사업은 어떤 것이어야 하는가?"

사실 드러커가 한 발언 중 대부분은 최고경영책임자(CEO)들의 생각과 정면으로 충돌했다. 예를 들어 CEO들이 기업의 목적은 이익을 올리는 것이라 주장했지만, 드러커는 이를 공허한 발언으로 간주했다. 어떻게 이익을 올릴지에 대한 방법이 결여되었기 때문이다.

중요한 건 고객 창출이다. 그리고 고객을 창출하기 위해선 타사보다 우수한 가치를 제공해 고객을 만족시켜야 한다. 그러면 이익은 자연히 따라온다. 이익 책임 단위(Profit Center, 일종의 이익 원천)는 오로지 고객뿐이다.

드러커는 관리자나 경영자들에게 "마케팅을 매니지먼트가 가진 대여섯 개 기능 중 하나 쯤으로 보지 말라."고 충고했다. 그는 '마케팅이 고객 획득을 위한 최고의 기회이며 기업 노력을 방향짓는 경영철학'으로 간주되기를 원했다. 바로 그 가르침이 마케팅 본질에 대한 내 생각의 정립에도 큰 영향을 끼쳤다.

나는 마케팅이 단지 광고와 판매(세일즈)를 다루는 기능이란 시각에 결코 동의할 수 없다. 또 마케팅이 '4P', Product(제품-서비스), Price(가격), Place(유통), Promotion(판매 촉진)만 다룬다는 생각 역시 받아들일 수 없다.

이는 모두 전술적으로 중요하지만 그 자체가 마케팅의 전부는 아니다. 기업의 마케팅 담당자는 세분화(Segmentation), 표적시장(Targeting), 포지셔닝(Positioning)에 대한 기본 책임을 져야 한다. 다만 이러한 세 가지 요소조차 마케팅의 전부를 이야기하진 않는다.

어떤 사안이나 사물을 총체적으로 볼 때 비로소 마케팅의 전체상이 보인다. 성공 기업들은 대개 마케팅을 종합적인 눈으로 보며 마케팅을 자사 발전의 핵심 원동력으로 삼고 있다.

가치를 창출하고 전달하며 제공하는 과정을 통해, 고객을 획득하고 늘려가는 것이야말로 기업에게 주어진 최대 임무다.

드러커는 일찍이 이 사실을 알았고 코헨은 그 전부를 이 책에 기록해 두었다. 그런 각별한 노고 속에 훌륭한 책을 완성시킨 코헨에게 다시 한 번 감사함을 전한다.

노스웨스턴대 켈로그 경영대학원에서

필립 코틀러

드러커의 독자적인 마케팅 접근법

사람들은 필립 코틀러(Philip Kotler)를 '현대 마케팅의 아버지'라 부른다. 실제로 코틀러는 디마케팅(De-Marketing, 기업이 자사 상품에 대한 고객의 구매를 의도적으로 줄임으로서 수요를 적절히 조절할 수 있는 마케팅-옮긴이)을 비롯해 메가 마케팅(Mega Marketing, 기존 4P에 PR과 Power를 더해 보다 폭넓은 마케팅 관리를 지향하는 마케팅-옮긴이), 터보 마케팅(Turbo Marketing, 제품 개발부터 판매에 이르기까지 각종 활동과 흐름을 컴퓨터 커뮤니케이션과 자동화 시스템으로 전개시켜 시간을 줄이는 마케팅-옮긴이), 싱크로 마케팅(Synchro Marketing, 수요 패턴이 불규칙한 상황에서 수요의 시간적 패턴을 바꾸려는 동시화 기법-옮긴이) 등 수많은 방법론을 만들어왔다.

하지만 마케팅에서 드러커가 지닌 독자성은 세세한 방법론을 넘어 특별한 통찰력으로 가득하다. 그로 인해 필립 코틀러(Philip Kotler)는 책 서문에서 '내가 마케팅의 아버지라면 드러커는 할아버지'라고 자신있게 말한 것이다.

생전 드러커는 마케팅에 관한 저작물을 단 한 권도 남기지 않았지만 누구보다 마케팅을 자주 언급해 왔다. 그의 놀라운 지혜와 식견은 39권의 저서와 수백편의 논문, 그리고 수많은 강연 기록 속에 담겨 있다. 그 중 하나가 1950년대 초 〈마케팅 저널(Journal of Marketing)〉지에 썼던 논문이다. 매니지먼트에 주안점을 둔 최초의 저작물《경영의 실제(The Practice of Management)》가 출판되고 1년 뒤, 드러커는 이 원고를 쓰며 '판매가 곧 마케팅이 된다(Selling will become marketing)'는 대담한 전망을 내놓았다.

대부분의 기업이 매출 외에는 관심조차 없던 시절, 그리고 마케팅이 '판매를 조금 더 세련되게(있어 보이게) 표현한 말' 정도로 여기던 때 드러커는 두 용어의 의미 차이를 명확히 설명했다. 그 뿐 아니라 '작은 조직에도 마케팅 담당 부사장을 둘 날이 곧 올 것'이라 예언했다. 그는 그만큼 시대를 앞서갔다.

드러커는 그냥 천재가 아니라 유일무이한 천재였다. 뉴튼이나 프로이트, 아인슈타인처럼 그는 자신만의 통찰 결과가 현실에 적용되기를 희망했다. 이 때 드러커가 뛰어난 건 '배울 게 있다고 여긴 사람과의 교류를 결코 게을리 하지 않았다'는 점이다. 그들은 모두 드러커의 선생이나 다름없다.

우량 기업으로 알려진 서비스마스터(ServiceMaster Company)의 CEO를 두 차례 역임한 윌리엄 폴라드(William Pollard)도 그 중 한 명이다.

그의 재임 중 서비스마스터는 〈포춘〉지 선정 500대 기업에 올랐고 〈월스트리트 저널〉로부터 '미래의 별'이란 호평까지 받았다. 그런 서비스마스터를 이끈 폴라드는 클레어몬트 대학원의 데브라 프로인트(Deborah Freund) 총장 취임식에서 드러커와의 일화를 소개했다.

드러커와 폴라드는 제휴사인 아시아 기업과의 협업차 일본 도쿄를 방문한 적이 있다. 약 250명에 이르는 임원급 인사들이 관련 이벤트에 참석할 것으로 기대를 모았다. 하지만 막상 도쿄에 도착하자 상황은 달랐다. 제휴사의 소홀한 일처리로 이벤트가 제대로 공지되지 않은 것이다. 그 결과 당일 출석자는 160명에 그치고 말았다.

도쿄에서 열리는 이벤트 바로 다음 날, 폴라드는 오사카의 제휴사를 직접 찾아갈 예정이었다. 하지만 뜻밖의 상황에 너무 화가 난 그는 드러커와의 저녁 식사에서 폭탄선언(?)을 한다. "오사카행을 포기하고 예정보다 일찍 미국으로 돌아갈 겁니다." 드러커는 일본 문화에 대한 생각과 소회를 밝히며 설득했지만 폴라드는 꿈적도 하지 않았다. 그렇게 둘은 헤어져 각자 방으로 돌아갔다.

그날 밤 10시 반 쯤 폴라드 방의 전화벨이 울렸다. 전화를 건 사람은 드러커였다. "폴라드, 빨리 내 방으로 와보게." 이에 폴라드는 "지금 잠옷 차림이라 갈 수 없다."고 답했다. 그러자 드러커는 서둘러 다시 말했다. "괜찮으니까 바지 입고 빨리 내 방으로 오게. 자네와 할 이야기가 있거든."

이에 폴라드는 투덜거리면서도 따를 수밖에 없었고 곧 드러커의 방문을 두드렸다. "소파에 앉게나. 나는 침대에 앉겠네." 태연한 표정의 드러커는 폴라드가 앉자마자 이야기를 시작했다. 침대 가장자리에 걸터앉은 채 그의 눈을 응시하며 드러커가 말했다.

"자네는 너무 일찍 성공한 탓에 거만해졌네. 이제 슬슬 굴욕을 맛봐야 할 시기가 온 것 같은데…… 자네의 어떤 점이 변했는지 나는 잘 보이네. 바로 자네가 가진 자의식이지. 자네는 내일 출장이 반드시 필요하고, 그게 자네 회사에도 최선이라는 사실을 잘 알고 있네. 그런데 오사카에 가고 싶지 않은 건 순전히 자존심에 상처를 입었기 때문이지. 이럴 때일수록 상황을 냉정히 보고 내일 오사카행 기차를 타게나. 우선은 오사카에 가서 자네에게 주어진 과제를 완벽히 수행하게."

드러커는 '리더가 개인적인 자존심을 과도하게 생각하면 기업이란 전체 조직에 막대한 손실을 초래할 수 있다'는 사실을 자각하고 있었다.

결국 폴라드는 지시를 따랐고 그 후에도 드러커의 가르침을 잊지 않았다. 그는 "리더십의 교훈은 명확하다. 리더로서 내 책임은 개인 문제가 아니며 내 감정과도 더더욱 관계없다. 우리 비즈니스, 그리고 사업에 관련된 이들을 위해 무엇을 이뤄내야 할지 결정하는 게 바로 리더십"이라고 말했다.

근래 가장 추앙받은 경영자로 알려진 GE(제네럴 일렉트릭)의 잭 웰치(Jack Welch)도 자신의 위업에 대한 질문을 받을 때 드러커의 공적이

켰다고 답했다. 130억 달러의 회사를 몇 천억 달러에 달하는 우량기업으로 키운 그는 드러커를 종종 자신의 스승으로 묘사했다.

이처럼 드러커의 이념을 칭찬하고 배운 건 비단 기업 경영자만이 아니었다. 300만부가 넘게 팔린 베스트셀러《좋은 기업을 넘어 위대한 기업으로(Good to Great)》의 저자 짐 콜린스(Jim Collins)도 클레어몬트대 교수진을 향해 "이 책의 제목은 '드러커가 옳았다(Drucker was right)'로 붙여도 전혀 이상할 게 없다."고 했을 정도다.

내가 드러커와 교분을 쌓은 시기는 강의실에서 그의 가르침을 받던 1975~79년경이다. 그는 자신의 시간이 소중하며 한계가 있다는 사실을 누구보다 잘 알고 있었다. 하지만 드러커는 일종의 투자로서 자기 시간을 아낌없이 썼고 그 투자가 장래 타인을 위해, 혹은 사회를 위해 긍정적 가치를 초래할 수 있는 경우로만 한정했다.

졸업 후 그를 자주 만나진 못했다. 다만 전화 연락은 끊기지 않았고 간혹 점심식사도 함께 했다. 사실 우리는 사제지간으로서 더 친해져도 전혀 이상할 게 없었다. 하지만 나는 그의 위대함을 분별하려 노력했다. 솔직히 그와의 우정이나 주변을 도우려는 선의를 내가 가벼이 여긴 건 아닌지 항상 염려했다.

그가 세상을 떠나고 2년 뒤, 나는 드러커 소사이어티(Drucker Societies)의 지부가 모인 제1회 글로벌 심포지엄에 강연자로 초대된 적이 있다. 강연 전 내가 생전 드러커가 설립한 간부 대상 박사 과정의 첫 졸업생일 뿐 아니라, 졸업 후 공군 장교들을 가르치는 교관이 된 사실까지 소개되었다.

강연이 끝나고 점심시간, 당시 97세에도 불구하고 전 세계를 돌아다니며 드러커의 가르침을 설파해 온 도리스 부인이 내게 말을 걸어왔다. "오래 전부터 당신의 존재를 알았는데 오늘에서야 직접 보네요. 이렇게 소개받기까지 당신이 누군지 정말 궁금했거든요. 당신은 생전 그가 누구보다 아끼던 학생이었죠. 그는 언제나 당신 이야기를 했거든요." 꿈에도 생각지 못한 이야기를 듣고서 나는 너무나 감동했다.

드러커는 천재였고 마케팅에 대해서도 특별한 접근법을 지녔다. 나는 그의 '진짜 제자'로 인정받은 자랑스러운 기분을 담아 '마케팅의 할아버지'가 설파한 개념이나 원리를 한 권의 책으로 정리했다.

사실 드러커는 우리에게 무엇을 이뤄야 할지 가르쳐줬지만, 어떻게 실행해야 한다고 구체적으로 언급한 적은 거의 없다. 그래서 간혹 드러커의 생각을 이해하기 위해 방법론, 실천법 같은 추가 설명이 필요한 경우도 있다. 어쩌면 우리는 시대 변화보다 더 구체적인 방안을 그에게 요구하는지 모른다.

몇 년 전 중국의 피터 드러커 아카데미(Peter Drucker Academy) 헨리

투(Henry To) 회장이 〈월스트리트 저널〉과 인터뷰한 적이 있다. 그 때까지 나는 드러커가 사례로 들었던 '1940~50년대 미국의 에피소드가 문화가 전혀 다른 중국에서 어떻게 수용될지' 다소 의문스러웠다. 하지만 투 회장은 이런 의문을 한 마디로 말끔히 해소했다. "나는 학생들에게 항상 이야기하죠. 진실은 절대 변치 않는다."고.

기본적인 진실은 결코 진부해지지도, 변치도 않는다. 하지만 지금 우리들에게 진실의 의미는 조금씩 변해간다. 드러커는 이러한 변화 속도가 점차 빨라지는 현실을 이야기하며 "가까운 장래에 새로운 제도나 이론, 이데올로기, 그리고 문제가 초래될 것"이라 말했다. 이런 상황에서는 우리가 처한 환경만이 아니라 진부해지지 않는 진실을 어떻게 실천할지에 대해서도 보다 새로운 시각이 필요하다.

클레어몬트 경영대학원에 재직 중인 동료로, 드러커의 저작물 공저자로 몇 번 참여했던 조지프 마시아리엘로(Joseph Maciariello)는 드러커의 명저 《매니지먼트-과제, 책임, 실제(Management : Tasks, Responsibilities, Practices)》를 개정했다. 그는 오랜 사례들을 업데이트 했고 추후 작성된 논문부터 최신 컨셉트까지 두루 더했다. 그는 드러커가 발견한 통찰력이 시대에 뒤처지지 않도록 다양한 방안을 강구했다.

이 같은 작업에는 우리가 드러커의 재능을 어떻게 받아들이고 또 어떻게 적용할지 재검토해 볼 필요가 있다. 프로이트 이론을 배우는 이들이 관련 이론을 직접 적어보고, 이후 사회 변화에 따라 해석을 달리 하며 적용 방안도 바꿔간다. 이처럼 드러커를 배우는 사람은 드러커를 본보기 삼아 그가 이야기한 개념을 더욱 개선, 발전시켜야 한다.

이 책은 곧 드러커가 우리에게 가르쳐준 교훈이다. 다만 드러커가 (현재는 없지만) 장래 어떻게 자신의 개념을 실천, 적용할지 혹은 드러커의 해석에 따라 적용 과정이 어떻게 달라질지에 대해서도 사례를 더하고자 했다. 이 책에 잘못이 있다면 그건 순전히 내 책임이다. 하지만 천재적인 아이디어나 원리, 개념은 순수하게 드러커의 공적이라 할 수 있다. 이 자리를 빌어 '특별한 작업에 참여할 수 있어 너무나 영광스러웠다'는 말을 꼭 남기고 싶다.

캘리포니아주 파사데나에서

윌리엄 코헨

CONTENTS

3부 드러커의 마케팅 전략

4부 신제품과 서비스의 도입

5부 드러커의 특별한 통찰력

1부

마케팅의 지배적 지위

"비즈니스의 기본 목적은 이익이 아니라 고객 창조"

- Peter Drucker

1장

마케팅 발전상을 보는 두 가지 관점

전통적으로 마케팅 연구자들은 마케팅의 발전 과정을 시대별로 분류해왔다. 따라서 본격적으로 마케팅을 이야기하기 전 각 시대별 흐름을 파악해두는 건 중요하다. 마케팅의 발전상을 이해하면 전체적인 흐름 파악 뿐 아니라, 적절한 전략 수립에도 큰 도움이 되기 때문이다.

물론 드러커는 이 같은 접근법을 쓰지 않았다. 그럼에도 우리는 마케팅에 대한 드러커의 시각을 배우기 전 전통적인 접근법을 이해해 둘 필요가 있다. 두 가지 접근법이 개념적으로 다르지만, 도리어 그 차이를 아는 게 드러커만의 사고 이해에 중요한 힌트를 주기 때문이다.

마케팅 연구자들마다 각각의 시대 구분에 다른 이름을 붙인다. 하지만 대개는 아래 내용 정도로 정리해볼 수 있다.

마케팅 연구자들의 시대 구분

01. 수공업 장인과 단순 거래의 시대

Craftsmen and Simple Trade Era

생산자에 해당하는 수공업 장인은 자신이 만든 물건을 다른 (필요하거나 원하는) 물건과 교환했다. 이들은 사냥에 적극 참가할 수 없었지만, 무기를 설계하고 만들기 위한 고도의 기술을 갖고 있었다. 이들은 수렵 도구를 생산해 같은 부족들에게 유익한 존재로 간주되었다.

이러한 거래는 필요한 물건이나 서비스를 얻기 위해 자신들의 서비스를 파는 숙련된 장인을 통해 한층 더 발전했다.

02. 생산의 시대

The Production Era

생산 시대는 기술 발전의 결과물로 도래했다. 이는 기존 희소재를 생산할 수 있는 대상자를 크게 늘렸다. 예전에는 얼마 안 되는 장인이 몇 개월씩 공 들여 작업해, 고가의 책을 소수만 제작했다. 하지만 인쇄기의 발명으로 이전 책 한 권 만드는 데 필요한 노력과 시간으로 몇 천부, 몇 만부의 복제본을 만들 수 있었다.

인쇄기의 출현은 대폭적인 비용 절감을 초래해 많은 이들이 책을 살 수 있게 만들었다. 이전에는 한정된 수량의 상품을, 구매력 있는 사람만이 손에 넣을 수 있었다. 그로 인해 생산자의 중점사항은 단순히 물건을 만드는 데에 있었다. 하지만 지금은 가격이 크게 낮아져 보다 많은 고객을 얻기 위한 생산비 절감으로 중점사항이 달라지고 있다.

03. 판매의 시대

The Selling Era

생산자든, 생산자로부터 상품을 사서 재판매하는 중개업자든, 혹은 판매 수량에 따라 일정한 수수료를 얻는 대리점이든 판매와 연관된 이들은 모두 경쟁력 있는 특징이나 기능이 중요하다. 하지만 더 중요한 건 잠재 고객이 해당 기능을 이해하고 거기에서 초래되는 이점에 납득해 상품을 구입하는 행동이다.

생산 방식이 발전해 손에 넣을 수 있는 상품이 이미 시중에 널려 있다. 그 때문에 생산자와 제품 출하자에게는 (그 많은 생산품 중 우리) 생산품을 고객이 사게 만드는 게 무엇보다 중요한 과제가 되었다.

영업이나 판매 부문은 그만큼 규모를 늘리며 판매 기술도 갈고 닦았다. 하지만 아직까지 거래의 중점사항만큼은 여전히 제품 그 자체였다. 이 때만 해도 고객을 설득하고 제품을 구입하게 만들 때 고객 만족이란 개념이 그만큼 중시되지는 않았다.

04. 마케팅의 시대

The Marketing Era

2차 세계대전으로 입은 물리적 피해로 유럽의 선진공업국들은 생산력이 크게 떨어졌다. 반면 전쟁의 영향을 직접 받지 않은 미국 산업계는 도리어 전시 중 공업품의 생산력(설비)을 현저히 키우게 된다. 이로서 미국은 유럽 각국에 비해 훨씬 높은 경쟁력을 손에 넣을 수 있었지만, 한편으로는 미 국내 시장에서 치열한 경쟁 환경을 낳았다.

이와 동시에 기업들은 전쟁 중 개발한 고도의 분석 기술을 이용해 잠재 고객과 시장을 분석하기 시작했다. 제조업에 유리한 조건과 제품 개발 전 고객의 요구사항을 면밀히 파악하는 능력이 하나가 되어 (전쟁 전까지 볼 수 없던) 획기적 매출 증대법이 등장했다. 쉽게 말해 '올바른 시장을 대상으로 올바른 상품을 내놓으면, 대량 판매할 수 있는' 환경이 마련된 것이다.

지금까지 우리는 올바른 상품을 정확하게 판단하기 위한 노하우를 익혀왔다. 국내 경쟁이 한층 더 치열해지고 글로벌 시장의 매력 덕에 마케팅의 시대가 도래했다. 오늘날조차 마케팅이 단순히 판매

(Selling) 활동을 바꿔 말한 게 아닌지 오해하는 이들이 많다. 하지만 마케팅은 몇 가지 중요한 점에서 판매와 구별된다. 드러커는 '자신이 팔고 싶은 상품을 사도록 설득하는 게 판매이며, 잠재 고객이 사고 싶어 할 물건을 갖는 게 마케팅'이라고 정의했다.

드러커는 '마케팅이 완벽하게 이뤄지면 판매는 필요 없다'고 결론지었다. 그리고 "판매와 마케팅은 반드시 보완 관계가 아니며 대립할 가능성조차 있다."는 말도 남긴다. 이는 어딘지 상궤를 벗어난 의견처럼 보이지만, 이 의견에 대해선 3부 5장에서 보다 상세히 살펴본다.

05. 마케팅 기업의 시대

The Marketing Company Era

드러커는 마케팅 기업의 등장을 단지 한 시대로만 보지 않았다. 하지만 그의 생각은 확실히 마케팅 기업이라는 존재와 밀접하게 연관되어 있었다. 기본적으로 드러커는 "모든 사업은 마케팅과 이노베이션(Innovation)이라는 두 가지 기능에 의존한다."고 말했다. 이에 대해선 1부 4장에서 보다 상세히 다룰 것이다.

하지만 이야기가 나온 김에 제롬 맥카시(Jerome McCathy)가 말한 마케팅의 4P 중 하나, 상품(Product)의 P에 대해 분석해 본다. 이 때 제품의 이노베이션은 이미 그 자체로 마케팅의 필수 구성요소라는 결론에 다다르게 된다. 이 점을 우리는 각별히 유의할 필요가 있다.

그러나 드러커는 우리보다 한 걸음 더 나아갔다. 이보다 훨씬 넓은 의미에서 '이노베이션'이라는 단어를 사용한 것이다. '고객 니즈의 충족을 목표로 모든 사업 부문을 통합한다'는 원리는 마케팅의 핵심 부분에 포함되어, 훗날 '마케팅 콘셉트(Marketing Concept)'라 불리게 된다. 드러커가 이야기한 마케팅은 '최종 성과의 관점, 즉 고객 관점에서 바라본 비즈니스이자 마케팅에 대한 배려와 책임은 기업의 구석구석까지 침투해야 한다'는 것이다.

그러나 드러커는 이 개념을 하나의 시대로만 규정하지 않았다. 오늘날에도 마케팅 부문을 갖지 않은 기업이나, 가졌다 해도 영업처럼 잘못된 호칭을 붙인 기업이 많다. 따라서 이를 한 시대로 보는 것 자체에 어패가 있다고 할지 모른다.

06. 소셜 마케팅의 시대

The Social Marketing Era

생전 드러커는 "모든 기업이나 조직은 사회적 이익이 중요한 목표라는 사실을 인식하고, 제품을 팔기 위해 결코 거짓말이나 부정을 저질러선 안 된다."고 말했다. 이에 더해 그는 "비즈니스의 기본 목적은 이익이 아니라 고객 창조"라고 설명했다. 그러나 한편에서는 '사업에 불가결한 요소로서 이익을 간과하면 끔찍한 상황에 빠질 수 있다'는 점도 빼놓지 않고 지적한다.

상당수 기업은 마케팅이 사회에 미치는 영향력을 감안하고 있다. 하지만 지금도 끊이지 않는 기업 스캔들이나 고객 피해에 대한 배려 부족이 소셜 마케팅의 시대를 뒷받침하는 건 결코 아니다. 원칙적으로 기업은 법률로 의무화되지 않아도 기본적인 방침(이념)이나 신조에 따라 행동해야 한다. 하지만 안타깝게도 현재가 정말 그런 시대인지는 다소 의문스럽다.

드러커의 마케팅 개념

드러커는 '마케팅 발전을 시대별로 분류할 수 있다'는 사실을 애써 부정하지 않았다. 하지만 본인은 그 방식을 따르지 않았다. 대신 역사적 계기가 되는 주요 사건에 주목했다. 그는 이러한 사건들이 마케팅 발전사에 중대한 전환점이 되었다고 여기며, 모든 사업체에 빠질 수 없는 두 가지 기반으로 이노베이션과 마케팅을 제시했다.

드러커에 따르면 '근대 마케팅은 1650년경 일본에서 소매업에 진출한 미쓰이 일가(三井一家)에 의해 발명되었다'고 한다. 미쓰이 일가는 일본 최대의 복합기업(Conglomerate, 수많은 계열 회사를 안은 기업군으로 흔히 '재벌'로 일컫어진다–옮긴이) 중 하나이며, 주식 상장사로는 세계 최대 규모를 자랑하는 미쓰이 그룹(Mitsui Group)을 창립한 바로 그 집안이다.

사실 이들은 평범한 사람들과 조금 달랐다. 기존 상인들은 대개 자기 자신이 만든 물건만 팔았다. 이전 원시인도 그랬고, 인쇄기와 제판법을 발명해 책을 대량 생산한 구텐베르크도 그랬다.

하지만 미쓰이 일가는 그 때까지의 생각과 전혀 다른 방법을 고안했다. 자신들이 만든 한 종류의 상품에만 전념하는 게 아니라, 수많은 생산자나 공급처에서 받은 제품들을 갖춰놓고 이를 고객에게 제공한 것이다. 미쓰이는 단지 그 시대만 앞서 간 게 아니었다. 1890년대 말부터 1900년대 초에 걸쳐 시어즈 로벅(Sears Roebuck, 우편 주문 카탈로그 판매 등으로 유명해진 미국의 종합유통업체-옮긴이)이 미국에 마케팅을 도입할 때 사용한 개념이나 방침을 250년이나 앞서 실천했다.

드러커는 또 한 명, 미국인 사이러스 맥코믹(Cyrus McCormick)의 공적도 인정했다. 하지만 그건 그에게 명성을 초래한 수확기의 개발 때문이 아니었다. 도리어 그런 가시적 결과물보다는 시장 조사에서 가격 설정, 서비스 판매원, 기계 도입을 위한 융자에 이르기까지 방대한 근대적 마케팅 기법을 확립한 업적을 칭찬했던 것이다. '마케팅의 본고장' 미국에서조차 맥코믹의 관련 기법을 사람들이 모방하기까지 약 50년이라는 시간이 걸렸다.

이처럼 미국에서는 마케팅 기법이 도입된 이래 꾸준히 발전해 나간다. 하지만 유럽에서는 상류 계급의 편견과 고정관념이 커다란 장애 요소로 작용했다. 이들이 상업을 하찮은 것으로 여겼기 때문이다. 그로 인해 막스 앤 스펜서(Marks and Spencer)가 등장해 1920년대 유럽 최대의 소매 기업, 가장 성공한 소매기업으로 성장하기까지 누구도 확고한 판매법을 생각해 내지 못했다. 막스 앤 스펜서가 실천한 마케팅 수법이 확산된 건 그 이후의 일이다.

드러커는 미국에서 진짜 의미의 마케팅으로 출시된 첫 제품이 캐딜락(Cadillac)이라고 봤다. 그러면서 '캐딜락의 성공은 근대적 생산 기법을 포기하고, 라이벌에 대한 마케팅상 경쟁 우위를 확보했기에 가능했다'고 평가했다.

또한 그는 롤스로이스(Rolls-Royce) 창업자들이 포드 자동차의 유명한 생산라인과 최신 생산법의 이점을 의도적으로 포기하고, 한 대씩 기계 조립하는 수작업 차량을 만들어 내 성공한 사실도 지적한다. 당초 롤스로이스 차량은 특별훈련을 받은 기사만 운전할 수 있도록 설계되었다. 롤스로이스는 신중하게 타깃 시장을 선정하고 그에 맞춰 제품 가격과 생산 방식을 설정한 것이다.

드러커가 시대 구분법을 부정한 이유

드러커는 마케팅 발전을 몇 개의 시대로 나눌 수 있다고 보지 않았다. 왜냐하면 이 분류법은 '각 시대가 경제적이든 기술적이든 마케터의 힘이 미치지 않았다'는 점을 시사했기 때문이다.

드러커는 '기업은 사람이 창조하고 경영하는 것이지, 외부 힘에 의해 지배되는 건 아니다'라고 강하게 믿었다. 그는 이 점에서 마케터의 유일한 역할이 시장에 기업을 적응시키는 것이라는 주장에 적극 반론했다. 물론 그도 이 주장이 부분적으로는 맞다고 인정했다. 하지만 경영진이 그런 힘을 고려해 시장을 발견하고 특정지어야 할 뿐 아니라, 동시에 그런 힘을 적극 활용할 필요가 있다고 여겼다.

이 점에서 드러커의 생각은 칼 자이타믈(Carl Zeithaml), 발레리 자이타믈(Valerie Zeithaml)의 생각과도 닮아 있다. 그들은 드러커가 이 건에 대한 기고를 잡지에 실은 것과 비슷한 시기 〈마케팅 저널〉지 논문에서 같은 접근법을 이야기했다.

하지만 여기에는 중요한 차이점이 하나 있었다. 자이타믈의 논문은 '제품이나 가격 등에 관한 전술적 변화에 중점을 두면 제어 가능 변수(Controllable Variables, 제조사가 조절할 수 있는 환경 변수-옮긴이)도 충분히 억제할 수 있다'는 취지를 담았다. 이에 반해 드러커는 '경영자가 이런 힘을 직접, 주도적으로 만들어내야 한다'고 생각했다.

마케팅 발전을 설명할 때 드러커는 구체적인 사례를 준비했다. 그리고 그건 통상적인 시대 접근법으로 마케팅 발전을 설명할 때 이용되는 사례들과 달랐다.

그는 개개인을 예로 들며 그들이 얼마나 마케팅상의 과제에 집중하는지를 설명했다. 동서고금을 막론하고 다양한 인물이나 조직을 다뤘다. 그들은 하나 같이 이노베이터였다. 그들은 막연히 트렌드만 쫓지 않았고 자신들만의 시대에 산다고 여기지도 않았다. 그렇게 하다 보면 사고에 한계가 생기기 때문이다.

그들은 새로운 아이디어나 새로운 방법을 시도했다. 시대를 이용하는 게 아니라, 그들이 직면한 상황이나 대처해야 할 문제를 이용하고 그러한 것들을 살릴 수 있는 힘을 만들어냈다.

이렇게 구텐베르크는 기술의 이점, 미쓰이 그룹은 마케팅이 가진 새로운 개념의 우위성, 롤스로이스는 특별한 시장의 이점, 맥코믹은 보다 우수한 방식의 장점을 살릴 수 있었다. 드러커는 실제로 시어즈 로벅의 창업 초기 율리우스 로젠발트(Julius Rosenwald)가 시도한 행동에서 소셜 마케팅의 기원을 찾아냈다.

이는 드러커의 마케팅 고찰에서 중심을 이룬다. '성공을 거둔 마케터는 사회가 원하고 필요로 하는 상품을 윤리적으로 공급하기 위해 최선을 다한다'는 것이다. 그의 결론은 마케팅 사상의 발전 과정을 이야기해 온 사람들과 다른 접근법으로 이끌어 냈다. 그 결론을 요약하자면 아래 내용 정도로 정리할 수 있을 것이다.

1. 마케팅은 모든 비즈니스의 기초이기에 비즈니스의 모든 측면에서 매우 중요한 의미를 갖는다.
2. 마케팅 사상은 반드시 서양에 기원을 둔 것으로 볼 수 없다. 따라서 마케팅의 중요성은 지리적으로 다른 장소에서도 충분히 중시될 수 있다.
3. 마케팅 발전을 시대별로 나누기보다 역사상 인물이나 조직이 초래한 중요한 사건을 분석 틀로 활용했다.
4. 하나의 지식 체계로 마케팅 콘셉트를 얻기 위해선 마케팅에 관한 모든 정의가 하나하나 비판적으로 검증되고 다양한 쟁점사항이 심도있게 고려되어야 한다.

2장

기업의 목적은 이익이 아니다

드러커 아래서 공부하던 시기, 그가 남긴 기묘한 이야기를 여러 차례 들은 적이 있다. 그 중 "기업의 목적은 이익이 아니다."라는 발언이 가장 인상적으로 다가왔다. 드러커 수업을 받은 동료 대부분이 나와 같았다. 실제 드러커가 등장하기까지 대부분의 사람들은 기업의 목적이 돈 버는 것, 바꿔 말해 이익을 올리는 것임을 거의 정설처럼 믿고 있었다.

이 생각은 자연히 '또 하나의 신화'로 귀결된다. '모든 기업의 최종 목적이 이익'이라는 명제 아래선 어떤 사업에 진출할 때, 그 목적은 최대한의 이익 창출이어야 한다. 기업의 목적이 이익이란 주장을 받아들이면 그 다음은 자연스레 '이익 극대화(Profit Maximization)'로 귀결된다. 많은 사람들에게 이 명제는 지극히 당연한 주장처럼 들릴지 모른다.

1987년 공개된 영화 〈월스트리트〉에서 마이클 더글러스가 연기한 고든 게코가 이야기한 (악명 높은) 대사를 인용하자면 '욕망은 곧 선(Greed is good)'이다.

현재 많은 사람들이 욕망이나 이익의 최대화가 반드시 선이 아니란 사실을 잘 알고 있다. 사업 성공을 위해 바른 목적과 함께 바른 처방전이 필요하다는 사실 또한 잘 알고 있다. 그로 인해 우리는 기업 윤리와 개인 윤리 사이의 대립을 종종 접하곤 한다.

물론 고든 게코가 한 말을 그대로 신봉해선 안 된다. 생전 드러커는 "누구나 알고 있는 사실이 도리어 틀린 경우가 많다."는 말을 입버릇처럼 자주 했다. 이는 헐리웃 영화라고 결코 예외가 아니다.

드러커는 우리들에게 "이익은 기업의 목적이 아니며 이익 최대화 개념은 무의미할 뿐 아니라 위험하다."고 단언했다. 그러면서 드러커는 "기업 이사회가 온통 천사들로 구성되더라도 상황은 크게 달라지지 않는다."고 덧붙였다. 이사들 역시 채산성(Profitability)을 확보해야 할 현실에 직면하기 때문이다. 다만 그는 "채산성이 반드시 이익 최대화를 의미하는 건 아니다."라고 말한다. 이익 최대화와 채산성 사이의 모순은 모든 마케터들이 고민해야 할 사안이다.

'이익 최대화'가 위험한 이유

드러커는 혼란이 발생하는 이유가 대다수의 이코노미스트가 '이익 최대화'를 기본 원리로 다루기 때문이라고 설명한다. 단순히 말해 '이익 최대화'란 기업이 싸게 사들여 비싸게 파는, 더 엄밀히 말해 최대한 싸게 사서 비싸게 파는 과정을 지칭하는 표현이다.

하지만 이 단순 처방전만으로는 어떤 사업의 성공이나 실패를 설명할 수 없다. 많은 기업이 부진에 빠진 현 상황이나 과거 수많은 경영 실패를 보고 '싸게 사서 비싸게 파는' 이치만으로 기업의 파산 이유를 설명할 수 없다. 마찬가지로 최근 경제적 난맥상과 관계없이 일단 큰 성공을 거둔 기업의 성공 요인 또한 제대로 설명할 수 없다.

'이익 최대화'는 암암리에 가격을 올리거나 매출과 비용 차를 크게 하면 성공할 수 있다는 점을 암시하고 있다. 어쨌든 이익률만 유지(내지 확대)하면 된다는 것이다.

실제 기름 값이든 재료비든, 사업과 관계된 비용이 늘어났을 때 이를 그대로 소비자에게 전가하는 게 대다수 기업들이 취하는 가장 안이한 대응책이다. 하지만 가격 인상과 무관하게 대부분의 기업은 성공하거나 실패한다. 따라서 최종 소비자에게 비용을 전가하는 게 성패의 결정적 요인은 아닐지도 모른다.

최근 나는 집 근처의 레스토랑이 농산물 가격 상승 때문에 폐업했다는 이야기를 들었다. 하지만 거의 동일한 지역에서 같은 소비자를 타깃으로 한 다른 레스토랑은 문을 닫지 않았다. 실제 몇 군데 레스토랑은 원재료 값 상승이라는 동일 조건 아래에서도 폐업은커녕 오히려 매출을 늘렸다.

이윤 동기의 문제

드러커는 이윤 동기(Profit Motive)에도 강한 의문을 제기한다. 그는 '이익 동기를 뒷받침할 증거는 지금까지 단 하나도 없었으며, 이윤 동기는 고전주의 경제학자들이 자신들의 균형이론에서 설명할 수 없는 사안을 위해 고안해낸 이론에 불과하다'고 주장했다.

드러커의 논점을 뒷받침하듯 이윤 동기에 대한 반증 재료는 수없이 많다. 연 수입 1달러로 정부 요직을 맡는 사람들은 이윤 동기와 상반되는 사례다. 그러나 우리는 그렇게 멀리 보거나 이상주의를 좇을 필요 없이 시중의 자원봉사 활동만 봐도 그 사실을 쉽게 알 수 있다. 대부분의 개인이 종교나 봉사 활동, 보이스카웃 등에서 공공이익을 위해 열심히 일한다. 그들은 관련 활동에 대한 대가로 1달러, 아니 1페니조차 받지 않는다.

실제 수많은 우수 인재들이 개인적 관심이나 사명감을 위해 경제적 보수가 적은 직업을 선택하는 데까지 굳이 이 명제를 끼워 넣을 필요는 없다.

그동안 수많은 사회과학자들은 직원들이 자신의 일에서 어떤 요인을 가장 중시하는지를 알아내고자 다양한 산업을 연구, 분석했다. 심리학자인 내 아내에 따르면, 오랜 시간에 걸쳐 수십만 명을 조사한 앙케이트 결과가 더 이상 특별한 비밀도 아니라 한다.

존 나이스비트(John Naisbitt)와 패트리시아 애버딘(Patricia Aburdene)이 함께 쓴 책《기업 재창조(Reinventing the Corporation)》에는 공공의제 연

구재단(The Public Agenda Foundation)이 실시한 조사 결과가 나온다. 이 조사는 직원들이 생각하는 직업 선택의 중요도에 순위를 매겼다.

1위. 자신을 존중하는 사람들과 일하는 것
2위. 흥미를 가질 수 있는 일
3위. 일에 대한 내외의 평가
4위. 기술(기능)을 연마할 수 있는 기회
5위. 업무 개선안을 수용하는 사람을 위해 일하는 것
6위. 지시대로 실행하는 게 아니라 스스로 생각할 기회를 갖는 것
7위. 자신의 일이 가질 최종 결과를 직접 확인할 수 있는 것
8위. 유능한 경영진을 위해 일하는 것
9위. 일이 너무 쉽지 않을 것
10위. 상황을 잘 알려주는 것
11위. 고용 안정
12위. 높은 연봉
13위. 좋은 수당과 복리후생

위의 13가지 요소 중 높은 연봉이 아래에서 두 번째 놓인 사실을 유의해 봤으면 한다. 여기에는 명확한 경제-경영 환경이 작용하고 있다. 만일 불황 아래 가장 중시되는 고용 안정을 예로 들어보자. 위의 조사에서는 비록 11위에 랭크되었지만, 경제 상황이 나쁠 때 많은 직원들이 1위로 고용 안정을 들어도 전혀 이상할 게 없다.

결국 시대나 산업을 불문하고, 직원 개개인에게 고용 안정을 직업 선택의 최우선 요소로 가정하는 건 결코 일반적이지 않다. 또 드러커에 따르면 '위 리스트 중 맨 아래 세 가지 요소(고용 안정, 높은 연봉, 좋은 복리후생)는 모두 기업이 드는 목적성으로 직원들에게 별다른 설득력을 주지 못한다'고 한다.

우리는 여기에서 '이익은 의욕을 높일 요소 정도는 될 수 있지만 반드시 주요한 동기가 되진 않는다'는 사실을 알 수 있다. 그리고 '이익 최대화가 기업의 목적 혹은 개인의 인생 목표가 된다는 생각은 과장'이라 결론내릴 수 있다.

그럼에도 여전히 중요한 이익

물론 드러커는 여기에서 이야기를 끝내지 않았다. 그는 '채산성은 일종의 신화이므로 크게 신경 쓸 필요 없다고 여기는 경우가 있는데, 어쩌면 이것이 가장 위험하다'고 지적한다.

혹자는 '이윤을 추구하는 게 시간 낭비일 뿐 아니라 도의에 어긋난다'는 잘못된 확신을 갖곤 한다. 그래서 엔론(Enrone) 같은 회사가 파산하거나, 버나드 매도프(Bernard Madoff) 같은 희대의 사기꾼이 등장할 때마다 위법 행위나 도덕적 해이만이 아니라 과잉 이익을 추구한 이들을 처벌하라는 목소리가 나온다.

'월가를 점령하라(Occupy Wall Street)' 운동은(전 세계까지는 아니더라도)

미국에서 과도한 이익을 얻는 은행가들을 징벌하려 했다. 그 중에는 자본주의의 기본 원리 자체에 의문을 품고 이익이 정말 필요한지 되묻는 사람조차 있었다. 정부 관계자들도 왕왕 이 함정에 빠지곤 한다.

나는 그들이 "우리는 이익을 위해 일하는 게 아니다. 그런데 왜 기업이나 각 산업은 이익을 위해 일해야 하느냐?"는 말까지 들어본 적이 있다. 결국 '이윤 추구가 도의에 어긋난다'는 주장은 이익, 나아가 자본주의의 존재 자체에 대한 적의를 낳기에 더더욱 유해한 것이다.

드러커가 '산업사회에서 가장 위험한 병'이라 부른 이 적의는 몇 가지 공공정책상의 잘못을 초래한다. 그에 따라 실제 기업의 사회공헌 능력이 채산성에 크게 의존함에도 불구하고 '이익과 기업의 사회공헌 능력이 본질적으로 모순된다'는 오해까지 낳았다.

드러커는 '기업의 채산성을 신화로 다루는 게 위험하다'고 지적한다. 왜냐하면 채산성은 신화, 부도덕, 불필요한 요소는커녕 개별 기업 및 사회의 성공 과정에서 필수 불가결하기 때문이다. 실제로 그는 (이익의 최대화는 아니지만) 기업이 이익을 올리는 건 개별 기업 이상으로 사회에도 중요하다고 여겼다.

이익은 산소 같은 것

이익과 채산성은 절대 필요조건이다. 영리 목적이 아닌 비영리조직조차 채산성을 위해 노력하는 것도 이 때문이다. 조직은 이익 없이 존속할 수 없다. 공립대학이나 그 외 공공서비스가 현재 처한 어려움을 한 번 생각해 봤으면 좋겠다.

다만 이런 평가가 기업이나 비영리 공적기관의 기본 목적이 이익이라는 사실을 의미하진 않는다. 채산성은 현재 그 자체가 필수 구성요소이자, 최대(Maximum) 규모보다는 오히려 최적(Optimal) 규모의 관점에서 이야기하는 게 좋을지 모른다.

드러커는 이 명제를 지지하며 다음과 같이 주장했다. '모든 사업에서 가장 시험받는 건 이익 최대화가 아니라, 기업 재무 활동의 리스크를 고려해 충분한 이익을 달성하고 나아가 파산에 이를 정도의 파괴적 손실을 피하는 것'이다. 또 "기업의 이익은 기업과 사회 양쪽에 혜택을 초래하는 성공"이라고 말했다.

그럼 왜 이익이 필요하고 중요할까? 기업에게 이익은 마치 인체 활동에 필요한 산소 같은 것이기 때문이다. 산소가 있기에 인체는 생존하며 성장할 수 있다. 산소가 없으면 죽는다. 기업에게 이익도 같은 논리로 말할 수 있다. 이는 해당 기업이 법률상 영리기업이든 비영리기업이든 마찬가지다.

산소는 인체에 필요한 에너지를 공급한다. 드러커에 따르면 '이익은 마케팅과 이노베이션이라는 두 가지 기본 기능이 유지될 때 기업에 에너지를 공급하는 역할을 다 한다'고 한다.

기업 활동만이 고객을 창조할 수 있다. 그건 곧 이노베이션이자 광고이며, 판매 기술과 전략, 서비스 그 외 여러 가지를 가리킨다. 그리고 그런 기업 활동에 드는 비용은 싸게 사고 비싸게 파는 차액을 통해 발생한다.

과도한 이익, 즉 기업 활동에서 그 외 요소를 고려하지 않은 이익 최대화는 과잉 산소를 섭취하는 것과 마찬가지로 문제를 일으킨다. 만일 이익 최대화에만 초점이 맞춰질 경우 고객은 무시되거나 뒤로 밀리게 된다.

이는 안일한 경영 판단으로 이어져 안전성이나 서비스 혹은 제품 성능 면에서 뒤처지는 결과를 초래할지 모른다. 우리는 최근 제약과 항공, 자동차를 비롯한 수많은 산업에서 이 같은 사례를 발견했다.

이익 최대화에만 몰두한 결과 나타나는 안일한 경영적 판단은 모든 산업에서 발생할 수 있으며 실제 수많은 기업에서 벌어지기도 한다. 이익 최대화를 목적으로 하는 기업이 나타날 경우, 보다 우수한 목적을 가진 경쟁 기업은 부가가치 높은 상품이나 저렴한 가격을 제공해 시장을 빼앗을 수 있다. 산소의 독성이 인체에 해를 미치듯 이익 최대화는 조직적인 독성을 낳기도 한다.

최근 커피 체인점 스타벅스(Starbucks)는 순수하게 이익만을 위해 매장 수 확대를 목표로 삼는 실수를 범했다. 실제 스타벅스는 매일 일곱 개씩 매장을 오픈하는 목표를 설정, 2008년 이를 100% 달성했다. 그럼에도 스타벅스에게는 더 큰 목표가 있었다. 바로 전 세계에 걸쳐 30,000점을 운영하는 것이다.

하지만 매장 수가 15,000점에 달했을 때 CEO 하워드 슐츠(Howard Schultz)는 뭔가 잘못되고 있다는 사실을 깨달았다. 경기 침체가 본격화되기 전부터 이익을 상실해 버린 것이다. 급격한 이익 감소를 극복하고 다시 궤도에 오르기까지 스타벅스는 900점 가까운 매장을 폐쇄하고 34,000명 이상의 인원을 줄여야만 했다. 경영적 판단 실수가 초래한 대가는 그만큼 쓰고 가혹했던 것이다.

드러커에 따르면 기업의 정당한 목적은 단 하나 밖에 없다. 바로 '고객 창조(Customer Creation)'이다. 그는 그 이유를 이렇게 설명했다. '고객은 기업의 기반이자 고객이 기업을 존속시킨다. 그리고 고객만이 고용을 창출한다. 고객의 욕구와 요구를 채우기 위해 사회는 기업에 부를 창조할 자원을 잠시 위임했을 뿐이다'

우리가 자기 조직의 성공을 바란다면 가슴에 새겨둬야 할 점이 있다. 이익은 이노베이션과 마케팅 활동을 실시하기 위해 필수 불가결하지만, 이익 최대화는 기업의 단일 목적이 아니라는 점 말이다. 그 뿐 아니라 과도한 이익은 사회에 해를 끼치고 조직 건전성에도 유해함을 끼칠 수 있다는 점 역시 반드시 유의해야 한다.

3장

기업이 가진 두 개의 기본적 기능

드러커는 매니지먼트에 초점을 맞춘 초기 저서에서 '기업의 목적은 고객 창조이며 기업의 기본적인 기능은 두 개 밖에 없다'고 썼다. 바로 '마케팅과 이노베이션'이다. 그는 '마케팅과 이노베이션은 성과를 낳으며 그 외 나머지는 모두 비용에 해당된다'고 설명했다.

그로부터 20년 가까이 지난 1974년 드러커는 여기서 한 걸음 더 나아간다. '마케팅과 이노베이션은 목표 설정의 기초 영역이다. 두 가지 영역에서 기업은 성과를 얻고 고객은 그 성과와 공헌에 대가를 지불한다'

이쯤에서 의문이 생긴다. 과연 드러커가 지나치게 문제를 단순화한 것일까? 아니면 이 두 가지 기능에 지나치게 의존한 것일까? 혹은 그의 주장 자체가 틀린 건 아니었을까? 오랜 기간 기업이 이익을 위해 존재하며 그 기능은 주주와 고객, 직원, 그리고 사회에 대한 책임과 의무를 지는 것이라 주장해 온 식자들을 그는 완전히 부정한 것일까? 그렇다면 경영 간부가 아닌 전문직이나 현장 감독자들에게 이는 어떤 의미가 있을까?

사실 드러커가 여기에서 든 개념은 대기업이나 고위 간부에만 해당되는 게 아니다. 그건 중소기업이나 신생기업, NPO, 그리고 마케팅에만 한정되지 않고 어느 분야의 전문직에도 충분히 적용될 수 있다.

또 드러커가 제시한 개념은 기업이나 조직의 어느 부문에 속하더라도 마케팅이 중요하다는 사실을 부각시킨다. 다만 이 점이 제대로 전달되지 않았을지도 모른다. 왜냐하면 드러커의 사고가 때때로 16세기 예언자 미셸 드 노트르담(Michel de Nostredame, 통칭 노스트라다무스)의 예언과 비슷한 형태로 수용되기 때문이다.

드러커와 노스트라다무스의 차이

노스트라다무스 예언의 문제점은 그것이 명확하든 명확하지 않든 제대로 해석하기 어렵다는 점이다. 비판적인 사람들은 '노스트라다무스 예언의 대부분은 역사적 사건이 벌어진 뒤 해석되어 다분히 정확도를 뒷받침하는 형태로 분석되는 경향이 있다'고 지적한다.

하지만 드러커에게 그런 지적은 타당하지 않다. 드러커는 경영에 관련된 수많은 예측 가운데 헬스케어의 등장이나 온라인을 통한 직원 교육을 일찍이 예견했다. 그리고 반 세기 전부터 경영진과 노동자 양쪽의 지나친 욕심 탓에 사회가 지불하게 될 막대한 비용(대가)에 대해서도 경종을 울렸다.

당초 드러커는 독일 쾰른대학의 교수가 되기를 강력히 희망했다. 하지만 그가 독일에서 탈출한 건 히틀러가 정권을 잡고 며칠이 지나서였다. 이는 도래해야 할 세계(상황)를 정확히 그려내고 예측하는 그의 남다른 능력을 보여준다.

그렇다 해도 누군가는 드러커의 관측에서 노스트라다무스 같은 분위기를 연상하고, 드러커의 조언을 적용하기는커녕 이해하기조차 쉽지 않다. 그의 컨설팅을 받은 누군가는 몇 년 전쯤 다음과 같은 말을 남겼다.

“드러커가 말한 게 명확하지 않은 건 아니지만 그가 쓴 것만큼은 하나같이 명료하다. 다만 문제는 드러커가 우리에게 무엇을 해야 한다고 자주 설명하면서 어떻게 해야 할지를 설명하지 않았다는 것이다. 그는 우리 자신이 풀어야 할 문제만 던져준다.”

이노베이션이 초래할 변화

나는 마케팅에 관한 드러커의 제언과 씨름하며, 그가 기업의 기본적인 두 가지 기능으로 마케팅과 이노베이션을 든 진짜 이유를 찾으려 했다.

이노베이션이란 단어를 사전에서 찾으면 '개량'과 '진보', '창의'라는 설명을 볼 수 있다. 의미 자체로는 '새롭고 보다 좋은 것을 도입하는 과정' 자체를 가리킨다. 또 드러커는 최대한 강한 말을 구사해 '새로운 것보다 나은 것에 대한 욕구'를 정당화했다.

드러커는 '기업이 과거 성공으로 이끈 방식을 고집한다면 결국 문을 닫을 것'이라 단언했다. 이는 인간의 직감에 반하는 말이다. 지금껏 성공해 온 것이라면 그 성공에 도움이 되는 방식으로 지속해야 한다고 보는 게 일반적인 이치에 더 부합할지 모른다. 그러나 늘 그랬듯 이번에도 드러커가 맞았다. 그의 주장을 뒷받침한 사례는 이 자리에서 일일이 다 열거할 수조차 없다.

그리 멀지 않은 과거에 전 세계 기술자들은 수학 계산에 계산척(로그 눈금이 새겨진 평평한 두 고정자와 그 사이를 움직이는 안쪽자 및 계산 눈금을 맞추는 커서로 이뤄진 계산기-옮긴이)을 썼다. 실제 엔지니어들은 소형 계산척을 주머니에 넣거나, 길이 30㎝ 정도의 계산척을 벨트에 장착해 휴대할 수 있었다. 현재 휴대폰을 핸드백이나 주머니에 넣는 것처럼 사람들이 계산척을 벨트에 장착해 들고 다닌 것이다.

계산척의 기원은 스코틀랜드 귀족이자 수학자인 존 네이피어(John Napier)가 1612년 로그를 발견한 지점까지 거슬러 올라간다. 로그에 의해 곱셈이나 나눗셈을 덧셈이나 뺄셈으로 연산하는 게 가능해졌다. 이 기본 개념은 개량된 고정자에 끼워 슬라이드 하는 정규(활척)와, 양자를 묶는 커서로 완성되었다. 이것이 바로 우리가 아는 계산척이다.

17세기말 계산척은 대중적으로 널리 보급되었다. 이후 기술자들은 종이와 펜을 쓰지 않고 그 자리에서 바로 계산할 수 있는 계산척을 갖고 다녔다. 사람들은 이를 이용해 복잡한 계산도 단 몇 분 만에 끝낼 수 있었다.

코이펠 앤에서(K+E), 피케트(Pickett)를 비롯해 계산척 제조사들은 높은 수익을 통해 채산성을 높였다. 기술자들은 계산척을 구입할지 고민할 필요도 없이 계산척을 필수품처럼 소유했다.

이에 따라 계산척 제조사들은 과거의 성공 방식을 고수하며, 계산척에 일부 개량만 더하면 앞으로 300년은 끄떡없을 것이라 자신했다. 하지만 현실은 달랐다. 1970년대 초가 되자 자신들의 주력 상품을 더 이상 팔 수 없게 된 것이다.

일단 주소비자인 기술자들이 계산척을 사지 않았다. 휴대용 전자식 계산기가 도입되며 계산척이 더 이상 불필요해졌다. 당초 조 슈거맨(Joe Sugarman, 훗날 블루 브로커 선글래스를 TV 통신판매로 판 기업가)의 통신 판매 상품으로 등장한 탁상 계산기는 시어즈 로벅도 취급하며 어디서나 쉽게 살 수 있는 범용품이 되었다.

이 과정 자체가 단지 특이하고 드문 사례일까? 결코 그렇지 않다. 이런 상황은 다른 분야에서도 항시 벌어지고 있다. 비닐판 레코드 제조사는 수 억 달러 규모의 사업에 손을 댔지만 CD가 탄생하자 불과 2년 만에 소멸되어 버렸다. 계산척처럼 비닐판 레코드는 보다 좋은 비닐판 레코드에게 패한 게 아니라, 레코드를 진부한 상품으로 만들어버린 신기술 제품에게 패한 것이다.

대통령이 가발을 쓸 수 없게 된 이유

18세기 신사들은 가발을 쓰지 않고 공공장소에 나서지 않았다. 가발이란 장신구는 발모제 로게인(Rogaine, 존슨 앤 존슨이 개발, 출시한 발모제 브랜드-옮긴이)의 선구자로, 원래 비어있는 머리를 가리기 위해 고안된 게 아니었다.

가발은 전적으로 계몽시대의 심각한 문제였던 머릿니를 막기 위해 등장, 유럽 각지에서 큰 인기를 끌었다. 하지만 위생 환경이 개선되며 머릿니가 자취를 감췄지만 가발은 여전히 필수품으로 살아남았다. 당시 상류 계급의 전문직이나 신사들은 가발을 수트나 넥타이 같은 필수 소품으로 다뤘다.

가발은 주변의 크고 하얀 외관 때문에 가루를 뿌려야 했다. 그로 인해 '조지 워싱턴(George Washington, 미국의 초대 대통령-옮긴이)의 머리가 실은 하얀 머리가 아니라 붉은 머리였다'는 사실을 안 건 내가 10대 후반에 이르러서다.

하지만 미국 대통령은 5대째까지만 가발을 쓸 수 있었다. 높은 사회적 지위를 표시하고자 가발을 쓰던 습관은 1800년대 초 들며 완전히 끝났다. 그로 인해 가발 제조업자는 이노베이션에 나서지 않으면 폐업할 상황에 처하게 된다. 기술 탓도 머릿니 탓도 아닌, 문화적 변화가 주 원인이었다.

가발의 도입이든 쇠퇴든 '이노베이션은 그 시대에 무엇인가를 원한다는 사회적 관념에 따라 진보, 내지 개선하는 것'으로 간주할 수 있다.

2차 세계대전 후 프랑스 출신 기술자 루이 레알(Louis Réard)이 비키니를 고안하기 전, 수영이나 일광욕을 즐기는 사람들이 비키니를 입으면 바로 체포되었다. 그럼에도 불구하고 비키니라는 이노베이션은 급속히 사회에 수용되었을 뿐 아니라 여성의 수영복 문화에 일대 혁명을 초래했다. 이에 따라 비키니는 현재 연간 8억 달러 규모를 자랑하는 산업으로 성장했다.

이노베이션은 기존 기업만이 아니라 신생기업에도 불가결하다는 점을 꼭 유의해둘 필요가 있다. 나는 한 대학에서 미 중소기업청(SBA)이 출자한 프로그램을 담당한 적이 있다. 교수진이 경영학 전공 학생으로 구성된 팀을 이끌고, 지역 내 중소기업이나 영세기업에 무상으로 다양한 컨설팅을 실시하는 과정이었다.

이 때 세탁소나 레스토랑, 미용실, 또는 두부 제조공장의 오너들이 단순히 '사업을 하고 싶다'는 바람만으로 창업한 경우가 많다는 사실에 새삼 놀랐다. 이들은 개업과 동시에 자동적으로 성공을 거둘 수 있다고 믿었지만 실상은 그 반대였다.

마케팅처럼 기업들에게 이노베이션은 항시 요구된다. 업계에 신규 참여한 기업은 잠재 고객이 왜 꼭 자사 제품을 사야 하는지 생각하지 않기 때문에 더더욱 어려움에 빠지는 것이다.

서로 대립할 수 있는 판매와 마케팅

이처럼 이노베이션은 항시 필요하다. 하지만 드러커는 왜 마케팅을 이노베이션과 함께 중요한 요소로 여긴 것일까? 이 의문에 대한 답은 판매, 마케팅 양쪽과 밀접하게 연결되어 있다.

여러분이 아직도 판매와 마케팅을 거의 동일한 의미라고 생각한다면 틀렸다. 왜냐하면 답의 일부 밖에 얻지 못하기 때문이다. 드러커는 '판매와 마케팅은 별개일 뿐 아니라, 우수한 판매는 실은 우수한 마케팅과 대립할 수 있다'는 사실을 잘 알고 있었다.

왜 그랬을까? 그 답을 이해하기 위해선 일단 판매가 자신이 가진 물건을 예상 고객에게 사도록 설득하는 과정과 관계있다는 사실을 유념해둘 필요가 있다. 이에 반해 마케팅은 잠재 고객이 요구하는 물건을 이미 갖고 있는 것이다. 채산성을 가까스로 맞춘 상품을 팔기 위해 판매원이 움직이는 판매는 기본적으로 마케팅과 대립한다.

어떤 이노베이션에 시간과 돈, 노력을 기울일지 판단하는 의사 결정은 마케팅의 일부다. 마케팅은 판매보다 더 폭넓고 전략적인 개념이라는 점을 알 수 있다. 이 점에 대해선 3부 5장에서 상세히 살펴본다.

드러커는 "마케팅이 완벽하게 수행되면 판매는 불필요해진다."고 말했다. 물론 대개의 경우 마케팅은 완벽하게 이뤄지지 않으며 판매는 항시 요구된다. 그러나 본래 팔아야 하는 게 아닌 제품이나 서비스로 양호한 판매 실적을 올리면 시간과 돈, 노력을 그냥 낭비해 버릴지 모른다.

예상 고객이 보다 커다란 가치를 발견할 수 있는 물건을 사전에 찾아 더 낮은 비용으로 대량 판매가 가능하다는 인식이 가장 필요하다.

이익 창출이 1의 책무

모든 사업에는 목적이 있다는 데 아무도 이의를 제기하지 않는다. 하지만 안타깝게도 사업에 종사하는 개개인이나 사업의 운영 책임자는 자주 그 목적을 간과해 버린다.

이에 대해 드러커는 영리 기업의 사례를 든다. 경영 간부는 기업의 목적이 이익을 낳는 것이라 생각할지 모르나, 그는 이런 인식을 부적절하다고 말했다. 이익은 목적을 달성하기 위한 수단에 지나지 않는다. 때문에 드러커는 '모든 기업의 궁극적인 목적은 고객 창조'라 결론지었다.

많은 이들이 기업의 궁극적인 목적으로 이익을 중시하는 건 그 자체가 가장 알기 쉬운 이치이기 때문이다. 그러나 이 초점은 오히려 성공을 방해할 가능성이 크다. 일부 기업이 장기 불황 아래서도 품질이나 서비스 레벨을 향상시키거나 훌륭한 제품을 개발해 경비 삭감에 주력하는 경쟁 기업을 능가하는 건 이 때문이다.

고객은 제대로 초점을 맞춘 기업에만 관심을 두고, 이러한 기업이 존속해 채산성을 유지할 뿐 아니라 불황에서 벗어나 대성공을 거둔다는 사실 또한 잘 알고 있다. 반면 단지 채산성만을 위해 서비스나 품질, 개발비를 줄인 기업은 어려운 시기를 버텨낼 가능성이 그만큼 낮다는 사실 뿐이다.

드러커는 '기업의 존속과 성장을 위해 이익이 필요하다'는 사실을 확고히 인식하고 있다. 실제 그는 "이익을 책무(Responsibility)라는 말로 바꿔야 한다."고 이야기한 적도 있다. 그러면서 "이익이 기업 책무의 전부는 아니지만 제1책무"라고 덧붙였다. 자본이나 이노베이션 비용을 조달하고 장래 리스크에 대비하기 위해 반드시 이익이 필요하다는 사실 때문이다.

그러나 드러커는 동시에 '기업의 궁극적인 목적은 이익이 아니다'라고 결론지었다. 기업의 목적은 오히려 제품이나 서비스가 무엇이든 만족하는 고객과 이용자를 창조하는 것이다. 드러커는 '만족하는 고객을 창조해 번영하는 기업이 시장에서 우위성을 갖는다'는 점을 누구보다 잘 알고 있었다.

모든 직무에 적용되는 평가축

영어로 Business(비즈니스, 사업)라는 말은 현재 Responsibility(책무, 책임)의 동의어 중 하나로 꼽힌다. 그래서 드러커가 '책무'라는 말의 사용 여부를 검토했을지 모른다. 또 Profit(이익)에는 Return(리턴, 대가)

이라는 의미도 담겨 있다. 바꿔 말하면 뭔가에 돈을 투자하고 그 투자에서 이익을 얻는 것이다.

일부 사업에서는 당신이 일종의 책무로서 돈을 투자하고 그 투자에서 어떤 대가나 이익을 예상한다. 하지만 당신은 상품 판매에 직접 관여하지 않는 경우가 있다. 그런 경우 이익은 어떻게 평가할까? 이 때 돈으로 평가받는 건 거의 없다. 오히려 일의 결과물이 갖는 유효성, 또는 효율성에 의해 측정될 뿐이다.

예를 들어 당신이 채용 담당자라고 치자. 기술자든 영업 담당자든 혹은 전문직이든 당신이 채용한 적임자가 투자 결과로 생기는 이익이 된다.

이 때 발생하는 리턴은 현재 당신의 고객에 의해 평가된다. 성공이란 당신이 제공한 서비스 이용자가 만족하는 것을 의미하며, 그것이 당신의 비즈니스가 갖는 궁극적인 목적이 된다. 이는 제조나 판매를 비롯해 사내 모든 직종, 모든 책무에도 적용이 가능하다.

자신의 직무가 갖는 진짜 목적을 인식하고 그곳에 집중하는 게 중요하다. 아래 그 이유를 들어보자.

1. 당신이 소속 부문과 관계없이 비즈니스에 관여하기 때문에
2. 당신의 결과물은 투자에 대한 이익이나 대가를 발생시켜야 하기 때문에
3. 이익은 당신의 고객, 비즈니스가 지원하는 조직에게 평가되기 때문에

이는 해당 제품에 만족하는 이용자를 창조하기 위해선 조직 내 많은 계층(부서)에서 바른 목적과 이익이 필요하다는 점을 시사하고 있다.

기업을 성공으로 이끈 두 가지 기능

드러커는 '어느 기업이나 기본적인 기능은 마케팅과 이노베이션'이라는 결론을 내렸다. 이에 대해 '그가 판매 활동과 영업직에 대해 이야기했을 뿐'이라 미뤄 짐작하는 사람도 있을지 모른다.

결론부터 말하자면 그렇지 않다. 앞서 살펴봤듯 드러커는 '마케팅과 판매는 다를 뿐 아니라 양자 사이에 특별한 보완관계조차 갖지 않는다'고 지적했다.

드러커는 '마케팅은 상대가 무엇을 요구하는지 파악하는 노력에서 시작한다'고 썼다. 그리고 우리는 '상대가 무엇을 중시하는지', '상대의 목표가 무엇인지', '상대는 무엇을 성과로 여기는지' 알아야만 한다.

마케팅은 상대가 누구인지를 결정하는 것만이 아니라 타깃과 모든 상대를 결정할 가능성이 있다. 이 때문에 마케팅은 모든 사람을 대상으로 한 전략과도 밀접하게 연관되어 있다.

마케팅의 기초를 배운 사람이라면 누구나 마케팅이 전술적으로는 4개의 P로 이뤄진 마케팅 믹스(Marketing Mix)를 통해 설명될 수 있다는 점을 안다.

4P란 'Product(제품, 서비스)', 'Price(가격)', 'Promotion(판매 촉진)', 'Place(유통)'를 가리킨다.

판매 촉진을 더 세부적으로 나눠보면 그 중 하나로 '대면 판매(Personal Selling)'를 꼽을 수 있다. 이는 판매는 마케팅의 일환이며 마케팅을 지지하는 활동이라는 사실을 의미한다.

일반적으로 판매 실적이 잘 나올 때 전체적인 마케팅(전략) 대응도 훌륭하며 양자 사이에는 명확한 상관관계가 있다고 여길지 모른다.

예전에 나는 유명한 하버드대 교수가 '마케팅 전술이 우수하면 터무니없는 가격으로도 충분히 성공할 수 있다'고 쓴 기사를 읽은 적이 있다. 하지만 마케팅의 기본을 이해한다면 그런 논리는 절대 나올 수 없다.

이미 여러 차례 이야기했지만 판매는 마케팅과 동일한 것도, 보완하는 것도 아니다. 게다가 좋지 않은 상품을 모양새 좋게 팔거나 올바른 상품을 잘못된 시장에 파는 건 아무리 판매에 성공해도 한정된 경영 자원의 배분을 왜곡시킬 우려가 있다.

기업도, 군대도 원리는 마찬가지

모든 사업이 두 가지 기능밖에 갖지 못한다면 고객 창조를 목적으로 한 모든 이의 대처는 이노베이션과 마케팅뿐이다.

오늘날에는 물류, 교육과 훈련, 연구 개발, 또 군대의 전투부대에서도 일상적인 대화에 고객과 서비스, 가격이라는 말을 자주 사용한다.

이전에는 군대가 피지원부대, 의무 대상이라 말하는 경우 대개 피해 입은 희생자로 범위가 한정되었다.

예를 들어 어떤 훈련 기관이 훈련생이 아닌 고객이 있다는 사실을 깨달았다고 하자. 이 때 고객이란 기본적인 훈련을 마친 병사를 채용할 전투 조직을 말한다.

기초 코스를 수료한 훈련생은 즉시 전력감으로 전투태세를 갖춘 조직에 편입될 수 있도록 한다. 이를 통해 해당 조직은 훈련생에게 소수의 팀으로 행동하는 능력이나 사격 기술, 전장에서의 스킬을 기대하게 된다.

훈련은 가격과 시간에 민감하며 제공받은 서비스의 수준은 신중히 고려해야 할 비용에 해당된다. 훈련 기관은 포괄적인 전략의 일환으로서 타깃 고객을 선택할 수 없을지 모른다.

하지만 시간과 예산 제약 속에 고도로 훈련된 병사를 제공하고 혁신하며 훈련을 개량하는 데 모든 노력을 기울여야만 한다. 단적으로 말하자면 마케팅과 이노베이션에 철저히 입각한 것이다.

자신의 조직에 적용하는 두 가지 기능

두 가지 기능을 당신이 소속된 기업 혹은 조직에 적용해 보자. 인사부장의 주 임무가 기업 내 다양한 부서에 적절한 인재를 공급하는 것이라면, 바로 그 다양한 부서야말로 진정한 고객이 된다. 만일 성공이 마케팅과 이노베이션이라는 단 두 가지 기능에 연관되었다면 인사부장은 많은 과제에 직면할 것이다.

어려운 경기 상황으로 인해 각 사마다 예산이 엄격히 제한되어 있다. 그로 인해 신규 채용할 수 있는 인재의 수나 지불할 수 있는 임금 수준, 신규 채용자의 경험 수준, 결원 모집 광고에 투입 가능한 자금 등에도 다대한 영향을 미친다.

앞서 드러커가 말했듯 '상대가 무엇을 요구하는지?' 파악하는 의문에서 시작해 보자. 이 사례에서 고객은 확실히 적격 인재를 요구하지만 의문은 여전히 남는다.

고객은 무엇을 중시하고 있을까? 각 부서에서는 적격 인재를 고용할 때 제각기 다른 관점을 갖고 있다. 어느 부서는 실력 자체가 우수한 인재를 중시하지만, 어느 부서에서는 인재의 질보다 채용의 신속함을 중시할지 모른다.

뛰어난 인재보다 지금 바로 일할 수 있는 사람을 더 원하는 것이다. 이 경우 우수한 마케팅이란 해당 부서의 장-단기 목표와 그 부서가 생각하는 성과가 무엇인지 이해하는 게 가장 중요하다.

고객이 특정 직책에 인원을 시급히 필요로 할 경우, 그 고객은 여러 선택지보다 첫 후보자를 즉시 보내주길 바랄지 모른다. 기업에서는 항시 추가적인 전술상의 문제가 발생한다. 이미 대규모 미디어 광고에 쓸 예산이 없다면, 이노베이션을 구사하고 인재 획득이나 새로운 심사 방식을 도입할 필요가 있다.

물론 이는 한 부서의 사례에 지나지 않는다. 어떤 경우든 사람은 자신의 직책에 사업의 진짜 목적과, 마케팅-이노베이션이라는 두 가지 필수 기능을 적용해야만 한다.

각 간부들에게 그건 개개인의 담당 기능이나 직책과 상관없이, 조직 전체를 통합해 두 가지 기능을 향해 움직이는 전 과정을 의미한다.

4장

드러커의 마케팅관

〈더 뷰〉는 미 ABC 방송국의 인기 아침 토크쇼다. 이 프로그램에는 분야도 경험도 다른 여성 다섯 명이 나와 최신 사건에 대해 토론하며 자신의 견해를 시청자들에게 강하게 호소한다. 하지만 드러커는 이 프로그램보다 몇 년 앞서 자신의 견해(View)를 명확히 드러냈다. 그는 TV에 직접 출연한 적은 없지만 오랜 기간 자신만의 관점을 강하게 호소해왔다. 드러커는 이를 '마케팅관(The Marketing View)'이라 불렀다.

본인은 싫어했지만, 후에 마케팅관은 '토탈 마케팅 어프로치(The Total Marketing Approach)'로 불리게 된다. 드러커가 이 말을 싫어한 건 아마 용어 자체가 지나치게 화려하고, 실제 토탈 마케팅 어프로치가 없으면 드러커 자신의 마케팅관도 없는 것처럼 오해되기 때문이다. 그렇다 해도 명칭은 바뀌지 않았다. 하지만 예나 지금이나 어떤 호칭으로 불려도 그 개념만큼은 마케팅 사고에서 가장 중요하다.

앞서 우리는 드러커가 내린 '모든 사업의 기본적인 기능은 마케팅과 이노베이션 두 가지 밖에 없으며, 판매 실적을 넘어 다양한 성과 목표를 설정하는 과정에도 이 두 가지 기능이 기초가 된다'는 결론을 살펴봤다.

마케팅이 모든 성과 목표의 기본이 된다면 마케팅은 비즈니스의 모든 측면, 나아가서는 모든 기업 그 이상의 기초를 이룬다. 드러커는 1990년 출간한 서적에 코틀러와의 대담을 실으며 다음과 같은 내용을 이야기한 적이 있다.

"코틀러 당신은 조직에서 마케팅이 전체 과제이며, 특히 고객과 관계된 직무의 경우 더더욱 그렇다고 말했죠. 단순 기능이 아니라 기본적인 약속 혹은 책무(Commitment)에 대해서 이야기했군요. NPO에서 마케팅을 논할 때도 기본 목적을 달성하는 것만이 아니라 그 체제를 갖춘 조직을 만드는 행동에 대해서도 강조했더군요. 저 역시 이같은 당신의 시각에 전적으로 동의합니다."

바로 이것이 '드러커의 마케팅관'이다. 우리는 마케팅을 기능이라 부를지 모르나 드러커는 더 넓은 의미에서 기본적인 약속이나 책무로 혹은 커다란 관점으로 다루고 있다. 이는 그의 비즈니스에 관한 저작물이나 분석, 사고에서 초기부터 일관성을 갖고 유지해 온 테마이다. 드러커는 매니지먼트에 초점을 맞춘 초기 저작《경영의 실제》에서 마케팅을 이렇게 정리하고 있다.

'마케팅은 사업 전체를 완전히 포괄한다. 그건 최종 성과의 관점, 즉 고객의 관점에서 본 비즈니스의 전부나 마찬가지다. 그로 인해 마케팅에 대한 배려와 책임을 기업 전체에 침투시켜야만 한다' 이같은 개념은 드러커의 또 다른 저작《피터 드러커의 다섯 가지 경영 원칙(The Five Most Important Questions You Will Ever Ask About Your Organization)》에서도 재확인된다.

1. 우리의 사명은 무엇인가?
2. 우리의 고객은 누구인가?
3. 고객이 가치있게 여기는 건 무엇인가?
4. 우리의 성과란 무엇인가?
5. 우리의 계획은 무엇인가?

이 다섯 가지 질문은 모두 직, 간접적으로 마케팅과 연관되어 있다. 1964년 드러커는 다음과 같은 말도 남겼다.

"벌써 10년여 간 마케팅관 개념이 널리 알려졌다. 아니, 더 나아가 '토탈 마케팅 어프로치'라는 멋지고 화려한 명칭을 얻는 데까지 이르렀다. 하지만 이름이 화려하다 해서 그 내용까지 모두 이름에 걸맞다곤 할 수 없다. 마케팅은 이미 시대적 유행어가 되었다. 하지만 묘를 파는 사람을 아무리 장의사라 불러도, 묘 파는 일 자체가 바뀌지 않고 매장비도 변하지 않는다. 많은 판매부장들이 '마케팅 담당 부사장'으로 직책명을 바꿨지만 결론적으로는 경비와 급여만 늘어났을 뿐이다."

실천의 기초가 되는 네 가지 지시사항

놀랄 이들도 있을지 모르지만 드러커는 "마케팅과 판매를 별도의 활동으로 구별한 것만이 아니라, 이 두 가지 활동은 반드시 조직적으로 통합되지 않는다."고 말했다. 또 책의 서두에서 살펴봤듯 "두 가지는 서로 대립하는 경우조차 있다."고 말하며 지금까지의 마케팅 정설에 정면으로 도전했다.

그는 확실히 자신의 마케팅관 속에서 마케팅이란 용어를 사용할 때 마치 이질적이고 폭넓은 어떤 것을 의미하고 있었다. 드러커의 마케팅관은 마케팅 담당이나 그 외 경영 간부에 대한 네 가지 지시사항이 실천의 기초가 된다.

1. 마케팅을 조직 내 모든 계층에 침투시킨다.
2. 마케팅과 판매의 차이를 이해하다.
3. 교육하고 선도한다.
4. 고객 관점으로 비즈니스에 임한다.

01. 마케팅을 조직 내 모든 계층에 침투시킨다

Market Marketing to All Internal Organizations At All Levels

지금부터 20년 전 '종합적 품질관리(Total Quality Management, 이하 TQ

M)'라는 용어가 미국을 석권하고 나아가 전 세계로 퍼져나갔다. 하지만 나는 다양한 이유에서 TQM을 좋아할 수 없었다. TQM은 일시적인 유행으로 조직 내 구성원이 모두 믿고 실천하지 않는 한 큰 효과를 얻지 못한다. 그 결과 일부 조직은 사원에게 압력을 넣었고, TQM을 믿지 않는 사람은 괜히 불만을 표출했다가 처벌받곤 했다.

이로서 TQM에 반대하는 이들은 거의 모두 배제되었다. 채용으로 강제하는 방식은 도의적으로 어긋난다 해도 매우 교묘하고 유효한 방법이었다. 그리고 마지막에 TQM은 과정을 중시하며 목적이 바뀌었다.

바꿔 말해 '고객의 니즈나 가치관 혹은 기호 등은 신경 안 써도 된다. 대신 고객 니즈 등을 만족시키는 과정에만 집중하면 된다'는 것이다.

드러커는 언젠가 TQM의 의도에 대해 우호적인 발언을 남긴 적이 있다. 하지만 나는 그렇다고 그가 TQM을 지지한 것으로 절대 보지 않는다. TQM에 관한 군 매뉴얼에 내 이름이 올라 있는 사실을 확인했을 때도 나는 꽤나 낙심했다.

물론 TQM에도 내가 바람직하다고 여기는 점이 몇 가지 있었다. 지속적인 개선이나 당사자 의식 개념이 특히 그렇다. 의사 결정 관여, 참여라는 개념도 좋다. 또 품질의 유지, 향상에도 이견을 제시할 여지가 없다. 하지만 내 생각에 앞서 이야기한 요소들은 결국 '우수한 리더십(Good Leadership)'으로 귀결된다.

휴스턴의 석유판매회사 월레스 컴퍼니(The Wallace Company)가 명예로운 말콤 볼드리지 국가품질상(Malcolm Baldrige National Quality Award)을 수상하고 얼마 지나지 않아 파산 신청을 했을 때 나는 별로 놀라지 않았다. 그리고 〈포춘〉지가 기업의 TQM 도입 이전과 이후로 나눠 조사할 때 긍정적 영향보다 부정적 영향이 더 많이 나온 사실을 알고서도 그리 놀라지 않았다.

지나친 의견 대립은 좋지 않다. 일정 시간이 흐르고 난 뒤 TQM은 재평가되어 이전만큼 극단적이지 않고 다분히 합리적인 개념이 되었다. 물론 이견을 말한 사람에게도 TQM에는 매우 좋은 효용성이 하나 있었다. 나는 행정기관이나 전화회사, 항공사 등에게 최악의 서비스를 받았다고 느낄 때 "당신 조직에는 아직 TQM 개념이 충분히 전파되지 않은 것 같네요."라고 말했다.

말할 것도 없이 TQM은 당시 대부분의 회사에서 전파, 교육되었다. 내가 앞의 대사를 남기자마자 상대의 태도가 바뀌고 그 때까지 거절당하던 도움을 얻을 수 있었다. 이처럼 마법 같은 주문이 지금까지 유효하다면 좋겠지만, TQM 신화에는 이전 같은 위세가 사라진 게 사실이다.

마케팅을 침투시키는 건 그리 어려워 보이지 않는다. 모든 성과 목표는 최종적으로 마케팅과 연관되기에 왜 그런 이치로 이뤄지는지 충분히 이해할 수 있다. 판매 실적과 관계있다는 점에 이견을 내는 이도 거의 없을 것이다. 하지만 안타깝게도 그 외 부서에서는 그렇게 여기지 않았다.

예를 들어 낮은 제조 원가로 신제품을 생산하는 기술자의 일은 시장에서 해당 제품의 가격과 채산성을 결정할 때 중요한 요인이 된다. 적절한 원료를 정하는 기술자의 선택은 제품의 내구성과 신뢰성, 그리고 고객의 비용에도 영향을 준다.

우수한 인재를 잡아두는 회사 방침을 책정한 인사부의 능력은 전략을 세울 수 있는 마케팅 능력과 해외 계획, 합변회사 등에 종사하는 이들을 포함해 모든 부서에 영향을 끼친다.

요컨대 자신의 조직에서 마케팅관이 효과를 얻길 바란다면 TQM이 이전 추천하고 가르쳐 준 것처럼 마케팅관을 폭넓게 추진할 필요가 있다. 그렇게 함으로서 구성원 모두가 마케팅관을 이해하고 그 중요성을 파악해 도입하려는 것이다.

02. 마케팅과 판매의 차이를 이해하다

Understand The Difference Between Sales and Marketing

마케팅과 판매의 차이는 매우 심플하면서, 또 매우 중요하다. 몇 년 전 나는 어느 회사에서 연락을 받고 "프로젝트 매니저 면접을 보지 않겠느냐?"는 제안을 받았다. LA까지 날아가는 비용은 모두 회사가 지불했다. 당시 그 회사가 진출한 사업은 레이더 시스템의 개발이었다.

나는 공군에서 많은 경험을 쌓았고 항공우주산업의 유력 기업에서도 근무하며 관련 장치의 개발을 주도했다. 이 때문에 나는 그 기업에서 비슷한 역할을 맡을 자신이 있었고 면접도 나름 잘 봤다고 생각했다.

며칠 뒤 그 회사의 사장에게서 전화가 왔다. 그는 "만일 내가 원한다면 프로젝트 매니저 일을 할 수 있다."고 말했다. 하지만 "회사로서는 마케팅 담당 부사장이 더 시급해 그쪽에 흥미는 없는지" 물었다. 나는 MBA 학위를 취득했지만 마케팅 코스는 하나도 택한 적이 없었다. 그리고 11세 때 한 신문 배달을 제외하고 한 번도 판매 활동에 종사한 적이 없었다.

나는 사장에게 "최근 판매 경험이 거의 없으므로 마케팅 담당 간부 일에는 흥미가 없다."고 전했다. 그러자 그는 "마케팅은 판매가 아니며, 마케팅은 판매를 세련되게 표현하는 말도 아니다."라고 했다. 그는 이것저것 내게 설명하려 했지만 나는 그리 내키지 않았다. 결국 그에게 예의를 갖춰 제안을 거절했다.

결과적으로 그건 내 잘못으로, 전적으로 무지에서 기인한 실수였다. 하지만 나보다 훨씬 경험이 풍부한 경영자들조차 지금껏 같은 잘못을 범하고 있다.

드러커가 판매부장이 마케팅 담당 부사장이 되는 사례를 든 것도 결코 무리는 아니다. 그는 "두 가지 직책에 요구되는 기능과 경험, 교육, 그리고 성격이 전혀 다르다."고 말했다. 또한 그는 지금도 판매 관리를 광고 및 판매 촉진과 함께 한 명의 마케팅 담당자의 관할 아래 두는 마케팅 교과서를 비판했다.

전형적인 드러커주의(Druckerism)에 기반해 그는 이렇게 썼다. '브랜드화되어 대량 판매되는 소비자 대상의 제품을 다뤄 본 대형 제조사들의 경험은 종합적 마케팅 업무가 달성 불가능하다는 점을 시사한다. 이러한 기업에는 방문 판매, 즉 제품을 움직이는 것과 동시에 광고, 판매 촉진처럼 사람을 움직이는 과정에서 고도의 유효성이 필요하다'

이전 하버드 비즈니스 스쿨에서 경영관리학 교수로 활동하며 유명한 마케팅 논문 중 하나인 〈마케팅 근시(Marketing Myopia)〉를 쓴 시오도어 레빗(Theodore Levitt)은 '판매 활동이 판매자의 니즈와 제품을 현금으로 바꾸는 필요성에 중점을 둔 데 반해, 마케팅은 구매자의 니즈와 제조된 상품을 통해 고객을 만족시키는 필요성에 중점을 둔다' 라고 써, 판매와 마케팅의 차이에 관한 드러커 해설을 뒷받침했다.

다른 관점에서 보자면 판매 담당자는 고객을 감화시켜 조직이 이미 제조한 제품을 사게 하는 한편, 마케터는 고객의 요구를 발견해 조직에 영향을 주고 그것을 새롭게 만들도록(생산토록) 하는 것이다.

결국 드러커가 여러 번에 걸쳐 남긴 경고나 논평과 관계없이, 많은 이들이 판매와 마케팅이 정말로 다르다는 점을 이해하지 못한 사실을 알 수 있다.

나는 이것이 마케팅 이외의 전문직 종사자에게도 똑같이 적용될 수 있다고 생각한다. 그러므로 기업 또는 조직의 모든 부서 멤버들은 이 기본적 차이를 제대로 이해해야만 한다.

03. 교육하고 선도한다

Educate and Lead

물론 당신이 조직 전체를 이끄는 입장이라면 괜찮다. 하지만 실제 당신이 마케팅 부문장이나 관련 부문의 멤버라면 문제가 있다. 리더십에 대한 연구는 조직이 모든 지위에서 이끌 수 있다는 사실을 증명하고 있다. 이 경우 다룰 수 있는 건 전적으로 '사용하는 수단' 뿐이다.

만일 조직 전체를 이끄는 책임자라면 동원할 수 있는 수단이 엄청나게 많다. 상층부에서 말단에 이르기까지 연수를 의무적으로 실시할 수 있고, 마케팅 목적을 중심으로 기업의 경영 자원을 재편성하는 것도 가능하다. 모든 부서에 마케팅 활동을 지원하는 평가기준을 갖추게 해 성과도 공표할 수 있다. 공적인 장소에서 성공에 대한 감사의 뜻을 표할 수도 있다.

경영진에게는 명령을 내릴 권한이 있고 부하를 설득할 수단도 있다. 마케팅관을 최대한 이용하기 위해 조직을 재편성, 재구축할 수 있다. 최단 시간에 마케팅관에 따른 최대한의 개혁을 실시할 힘 또한 갖고 있다.

만일 당신이 마케팅 부문만 책임지는 사람이라면 많은 것을 할 수 있으나, 결국은 내-외부 설득을 통해 더 노력해야만 한다. 자신이 하고 싶은 것에 대해 상사를 설득하고, 그것을 어떻게 실시할지 계획을 세움과 동시에 성과 측정법도 설정해야 한다. 상사만이 아니라 다른 부문의 사람들도 당신이 왜 그런 판매 촉진책을 실행하고 싶은지, 또 어떻게 실행해 갈지 알고 싶어할 것이다.

경우에 따라 자신의 생각을 이해시키기 위해 설득이나 프리젠테이션에도 각별히 신경 쓸 필요가 있다. 다른 부서 책임자의 승인을 얻을 수 있다면 사내 다른 조직에 부하를 보내 1대1로 혹은 발표 형식을 빌려 당신이 무엇을 하려는지 설득할 수 있을 것이다.

다른 부서에 손을 빌려 유의미한 측정법을 개발, 도입할 수도 있다. 조직 전체를 통해 실현한 결과를 분석해 사내에 주지시키고, 마케팅 조직을 통해 더 많은 아이디어를 모을 수도 있다. 최종적으로는 다른 조직이나 고위 관리직에게도 제언할 수 있을 것이다.

그렇다면 당신이 유일한 마케팅 담당자였다면 어떨까? 그 경우 할 수 있는 게 있을까? 물론 있다. 이 때도 당신은 상사를 설득하고 실천 계획과 성과 측정법을 갖춰야만 한다. 그러나 단 한 명의 마케팅 담당자란 점에서 더 많은 이점을 갖는다. 덕분에 당신의 능력은 확실히 돋보일 수 있고, 당신의 아이디어를 제시해 자신의 소속 부서 외에도 리더십을 어필할 수 있다.

대학원에서 내가 가르친 젊은 여제자가 바로 이 경우에 해당했다. 그녀의 아이디어가 수용된 지 불과 9개월 만에 그녀는 부장으로 승진할 수 있었다. 드러커의 마케팅관을 실천하는 건 커리어 형성에도 큰 도움이 되는 것이다.

04. 고객 관점으로 비즈니스에 임한다

Approace The Business From The Customer's Point of View

비즈니스는 모든 요소를 내포하고 있다. 제품과 전략, 인재, 방침, 그 외 다양한 요소가 포함되어 있다. '누가 우리의 고객인지? 고객은 무엇을 중시하는지?' 묻는 물음이 가장 기본적인 요소로 연상된다.

아래와 같은 물음도 마찬가지다. 그들은 어디에 있으며 돈을 얼마나 쓸까? 그리고 무엇을 읽고 들을까? 어떻게 하면 그들에게 잘 팔 수 있을까? 그들에게 물건이나 서비스를 제공할 최선책은 무엇일까? 아울러 그들이 가진 고정관념은 무엇일까?

물론 물음은 이 외에도 많이 있다. 중요한 건 이러한 점을 자신의 눈이 아니라 고객의 눈으로 분석하는 일이다. 천재라 해도 때때로 잘못을 범한다. 스티브 잡스(Steve Jobs)가 이전에 발표한 컴퓨터 '리사(Lisa Computer)'는 자립성이 높게 설계되어 소유자는 그 내부 구조나 감춰진 장치에 손도 댈 필요가 없었다.

고객에게는 선택지가 따로 없었다. 하지만 고객의 관점에서 보면 도리어 이것저것 만져보는 행위 자체가 큰 의미를 가질 수 있다. 결국 리사는 시장에서 실패하고 말았다. 델(Dell Computer)은 이와 정반대의 접근법으로, 고객에게 자신의 컴퓨터 시스템을 자유로이 설계할 수 있도록 해 큰 성공을 거뒀다.

일부 기업이나 조직은 제품이 조악하기 때문이 아니라, 고객 관점에서 봤을 때 그 서비스가 부적절하기 때문에 실패한다.

피닉스대(Univ. of Pheonix)의 기본 구상은 1960년대 말 산호세 주립대(San Jose State Univ.)의 교수였던 존 스펄링(John Sperling)에게서 나왔다. 당시 스펄링은 일하는 학생이 마치 이류 시민처럼 취급당하는 사실을 발견했다. 그들은 일로 인해 자신이 원하는 수업을 이수할 수 없었다. 그로 인해 졸업장을 따기 위해선 통상적인 학생들보다 몇 년이란 시간이 더 필요했다.

스펄링은 근무지인 산호세 주립대 경영진에게 이 문제에 대한 해결책을 제시했다. 하지만 산호세 주립대 경영진은 그 필요성을 인정하지 않았다. 그들은 '교육을 받는 학생이 도리어 학교 체제에 맞출 필요가 있다'는 생각이 강했다.

이에 따라 스펄링은 처음 학생 여덟 명으로 독자적인 학교를 설립했다. 그는 학생들이 자신이 원하는 서비스를 얻기 위해선 추가 요금이 필요하다는 사실을 이해하도록 했다.

여덟 명에서 시작한 피닉스대는 어느새 50만 명의 학생을 가진 미국 최대 규모의 학교로 성장했다. 캘리포니아주의 주립대학을 비롯해 많은 학교들이 스펄링의 아이디어를 채용하기 시작했지만, 뭔가 뒤처진 느낌만큼은 부정할 수 없었다.

당신이 드러커의 마케팅관을 채택할지, 아니면 그보다 세련된 호칭인 '토털 마케팅 어프로치'를 채택할지는 크게 상관없다. 어느 쪽이나 마찬가지다. 중요한 건 그것을 채택한다는 행동 그 자체다.

5장

마케팅은 리더십이다

드러커의 사상 중 가장 통합적인 부분에 해당한 개념은 거의 알려지지 않은 게 사실이다. '우수한 리더십이란 본질적으로 마케팅'이라는 것이다. 실제 그는 리더십을 마케팅으로 불렀다. 안타깝게도 리더십 연구자나 실천자들의 다수는 이 개념을 간과하고 있다. 그리고 마케팅은 오로지 판매, 소비자 설득과 연관된다고 여긴다.

드러커의 생각은 '모든 지식노동자가 조직의 공동경영자'라는 견해에 기초해 있다. 공동경영자이기에 지식노동자에게 이것저것 명령하거나 일방적으로 관리할 수 없다. 그들과 함께 해야 하며 그곳에는 설득이나 전략적 사고, 분류를 비롯해 마케팅의 다양한 요소들이 연관되어 있다. 이 때문에 드러커는 '리더십의 실천은 마케팅'이라고 결론지었다. 이러한 결론은 비즈니스의 두 가지 규율에서 커다란 의미를 지닐 가능성이 있다.

리더십이 마케팅이라면, 마케팅은 곧 리더십이다

리더십이 본질적으로 마케팅이라면 그 반대도 해당될 것이다. 바로 이 점이 중요하다. 왜냐하면 마케팅에서 이뤄지는 연구 성과를 리더가 적용하는 것처럼, 마케터는 리더십에 대한 연구에서 성과를 얻기 때문이다.

나는 마케팅과 리더십이라는 두 가지 규율에 대해 가르치고 연구해왔다. 언젠가 특정 연구 주제를 두고 드러커와 상담한 적이 있다. 전투에서 리더십이 갖는 의미와 역할, 더 나아가 군 지휘관에서 민간 기업의 리더로 전향해 성공을 거둔 이들의 경험에 기초한 연구였다.

드러커는 나를 격려하며 "전투 때만큼 적은 정보 혹은 신용할 수 없는 정보에 기초해 리더가 결정을 내려야 할 상황은 거의 존재하지 않는다."고 말했다. 전투에서의 리더십은 아마 가장 곤란한 형태의 리더십 과제가 된다. 전투라는 건 항시 조건 자체가 가혹하다. 두려울 정도로 위험하며 노동 조건도 나쁘다. 드러커가 말했듯 "전투에는 모든 인간 활동 중에서 가장 커다란 불확실성이 엄존한다."

나는 전투에서 리더십이 갖는 가치를 명확히 인식하고 있었다. 다만 그곳에 모든 리더십의 성공 근원을 이루는 원리 원칙과 교훈이 있는지는 한 번에 판단하기 어려웠다. 이 의문에 대한 답을 안다면 모든 조직의 리더가 그 원리원칙을 사용해 어떤 조직에서나 생산성을 높이고 성공률을 끌어올릴 것이다.

해당 연구를 진행하며 200명 이상의 전투부대 전임 대장들에게 질문지를 보냈고 수백 명의 군인 출신과도 대화했다. 특히 나는 전쟁을 경험한 뒤 실업계나 그 외 비군사 활동에서 성공한 이들을 찾았다. 초기 단계에서 받은 응답지 가운데 62명분은 장군들에게 받았다. 하지만 그 외 모든 계급이나 연령에서 리더 역할을 경험한 비교적 젊은 남녀에게도 응답지를 받을 수 있었다.

연구는 군 내 모든 직무를 포함했다. 나는 이러한 리더들에게 전투에서의 리더십을 통해 무엇을 배웠는지 물었다. 그리고 그러한 교훈을 민간 기업에 적용했을 때 성공했는지 여부도 함께 물었다. 그 결과 성공한 리더들은 다양한 스타일로 조직을 이끌고 모든 조직에는 생산성을 높이며 성공을 거두기 위한 보편적 원칙이 있다는 사실을 깨달을 수 있었다.

놀랍게도 내가 받은 응답지 중 95%는 여덟 가지 기본 원칙으로 집약되었다. 전투 리더들은 모두 '여덟 가지 원칙 중 한 가지 혹은 그 이상이 민간에서의 성공 과정에 도움이 되었다'고 답했다. 내 연구 프로젝트를 응원하는 메모나 편지를 첨부해 준 사람도 적지 않았다. 그들은 교훈의 가치를 알고 그것이 아무 소득 없이 낭비되길 원치 않았다.

나는 연구가 진행된 최종 단계에서 또 다른 성공 리더들과 인터뷰했고, 해당 기업에서 벌어진 사건이나 그 때 최고 임원들의 대처방안을 몇 가지 검증해 봤다. 여기에는 전투 경험이 있는 사람도 있고 없는 사람도 있었다. 오랜 시간에 걸쳐 자기 자신의 리더십 원칙 리스트를 만든 사람도 있었다. 그들의 리스트는 각기 달랐지만 단 하나, 내가 조사 결과에서 뽑아낸 여덟 가지 원칙만큼은 형태만 바꿔 포함되어 있었다.

나는 관련 개념을 뒷받침하기 위해 7,000년에 이르는 역사적 기록도 함께 고찰했다. 그곳에는 이 개념을 뒷받침하는 증거가 상당수 들어 있었다. 사람이 다른 사람을 이끌 때 준수해야 할 기술이나 원칙은 여러 부분에 걸쳐 있다는 데 이론의 여지가 없다. 하지만 이러한 '여덟 가지 보편적 원칙은 항시 존재하며 그 여덟 가지가 필수 조건'이라는 게 내가 내린 결론이었다.

점심 식사를 함께 하며 드러커에게 연구 결과를 설명하자 그는 강한 동조의사를 보였다. 그러면서 연구 성과를 출판하고 직접 강연에 나서도록 격려했다. 이에 힘입어 나는 1998년부터 리더들을 상대로 집필이나 강연 활동을 정력적으로 해왔다. 하지만 '마케팅이 리더십'이라는 드러커의 개념과 사례를 활용해 설명한 건 이 책이 처음이다.

간혹 이러한 대다수의 원칙을 깨고서도 성공하는 경우가 있다. 하지만 대부분의 사람은 제1원칙을 깨는 것만은 절대 허락하지 않는다. '절대적인 성실함만은 지킨다'는 원칙 말이다.

어떤 경우에도 100% 성공을 보증할 수는 없다. 왜냐하면 리더가 할 수 있는 것, 또는 피할 수 있는 것 이외의 요소가 너무 많기 때문이다. 그 중에는 우리가 아예 예상할 수 없는 것조차 있다. 그러나 당신이 기본적인 원칙을 준수하면 성공률이 훨씬 높아지는 것만은 틀림없다. 아래 내용이 내가 연구해 발견해 낸 여덟 가지 원칙이다. 당신이 지도자로서 실무를 담당하거나 지도자를 연구한다면 대부분의 항목은 금세 이해할 수 있을 것이다.

1. 절대적인 성실함을 유지할 것
2. 자신의 자질을 알 것
3. 기대하는 성과를 확실히 말해둘 것
4. 특별한 헌신을 보일 것
5. 좋은 결과를 기대할 것
6. 사람을 소중히 할 것
7. 자기 자신보다 의무를 우선시할 것
8. 선두에 설 것

보편성 여부는 차치하고, 이러한 리더십 원칙은 마케팅과 어떤 관계가 있을까? 내가 이러한 원칙이 마케팅에서도 중요한 의의가 있다고 생각한 건 다이렉트 마케팅(Direct Marketing)의 실천자로 유명한 밥 헤밍스(Bob Hemmings)와 점심 식사했을 때의 일이었다.

그는 2차 세계대전 때 처음에는 해병대 중대장으로, 이후 해병대 비행사로 참전했다. 전쟁 후에는 판매, 마케팅 분야에 뛰어들어 60년 이상이 지난 지금까지도 커리어를 유지하고 있다. 그동안 그는 유명 광고대행사를 세우고 다이렉트 마케팅협회(DMA)를 위해 전 세계를 무대로 다이렉트 마케팅을 지도하는 대표자가 되었다.

그의 영향력이 매우 컸기에 DMA가 '커뮤니케이션 분야 명예의 전당(DMA's Hall of Fame)'에도 들어갈 수 있었다. '다이렉트 마케팅 업계의 미다스'를 꼽으라면 단연코 헤밍스일 것이다.

최근 그는 마케팅 분야에 새로 들어온 젊은이들을 위해 책《당신의 커리어를 시작하고 발전시키는 법(How to Jump-Start Your Career)》을 썼다. 그곳에 MBA 학위를 막 취득한 젊은이와 면접했을 때의 이야기를 담았다.

명문대를 나왔음에도 불구하고 이 젊은이는 밥을 설득해 채용되는 데 실패했다. 면접 과정에 대한 밥의 설명을 분석해 보면, 청년의 설득 실패는 앞서 그가 내세운 여덟 가지 원칙을 모두 무시했기 때문이라는 점을 알 수 있다. 여덟 가지 원칙은 모두 잠재적인 고용주에게 자신을 파는 마케팅의 목적을 내포하고 있다.

그렇다면 이러한 원칙 하나하나를 '리더십에 관한 여덟 가지 원칙'이 아닌 '마케팅의 원칙'으로 살펴보자.

01. 절대적인 성실함을 유지할 것

Maintain Absolute Integrity

리더인 당신은 뭔가를 말하면 반드시 그것이 진실이 되도록 노력해야 한다. 뒤에 실언했다고 깨달은 경우 스스로 잘못을 바로잡아야만 한다. 뭔가를 하겠다거나 약속하는 경우 반드시 실행해야 한다.

현재 아비즈(Arby's)는 전 세계 3,600점 이상의 매장을 갖춘 패스트푸드 체인이다. 하지만 레오나르도 로버츠(Leonard Roberts)가 CEO에 취임했을 때 사업은 제대로 이뤄지고 있지 않았다.

그는 매출이 매년 10~15%씩 떨어지던 시기에 회사를 맡았지만 멋지게 재건시켰다. 아비즈의 프랜차이즈 가맹점에 다양한 지원책을 약속해 위기를 극복할 수 있었다.

로버츠는 약속을 다 지켰고 매출은 크게 늘었다. 하지만 이 같은 성공에도 불구하고 그는 이사회에 불려 나갔다. 로버츠가 출석한 첫 이사회는 불과 15분 만에 끝났다. 이익 확대를 바라던 아비즈 오너는 '로버츠가 프랜차이즈 가맹점에 실시하던 지원을 끊겠다'는 의사를 표명했다. 그리고 "로버츠의 부하들에게 성과에 따른 대가로 약속했던 보너스도 지불하지 않겠다." 말했다.

이에 로버츠는 이사직을 사임했고, 오너는 이에 대한 보복으로 그를 CEO에서 해임하기에 이른다. 불행히도 로버츠는 그 이후에도 재차 자신의 성실함을 시험 받는 상황에 빠졌다.

그는 테네시주 내쉬빌에 본사를 두고 2,000개 매장을 갖춘 쇼니즈(Showney's)라는 레스토랑 체인의 회장 겸 CEO에 새로 취임하게 된다. 하지만 쇼니즈가 사상 최대의 인종 차별 소송을 당했다는 사실을 알고서 그 뜻을 접어야 했다.

당시 이 문제는 사소한 오해에서 비롯된 해프닝성 문제가 아니었다. 쇼니즈의 전임 회장이 '아프리카계 미국인을 고용하지 않는다'

는 사내 방침으로 야기된 일이었다. 전임 회장은 이 명령에 따르지 않는 점장들을 해고해가며 이 방침을 고수해 왔다.

"이 역사적 소송에서 이뤄낸 화해가 내 인생에서 가장 자랑스러운 일이었다." 훗날 로버츠는 한 인터뷰에서 이렇게 말했다. "전임 회장은 돈을 지불하고 화해하는 데 동의했다. 극적 화해가 회사를 구했다. 하지만 전임 회장의 사임 뒤 나도 사임하는 데 동의해야만 했다. 내가 자리를 잃은 건 2년 동안 벌써 두 번째에 해당한다. 물론 내가 성실함을 지키는 건 아내와 아이들에게도 힘든 일이었다. 하지만 나는 그것을 반드시 해야 할 일이라고 생각했다."

로버츠는 쇼니즈를 거친 뒤 라디오쉑(Radio Shack)의 CEO에 취임했다. 그리고 1년 뒤에는 모회사인 탠디 코퍼레이션(Tandy Corporation)의 전체 CEO직에도 올랐다. 이는 수많은 명예로 채색된, 10년간에 걸친 성공 커리어의 시작이었다. 〈브랜드 위크〉지는 그의 공적을 높이 평가하며 '소매업계 연간 최우수 마케터(Retail Marketer of the Year)'라는 칭호를 수여했다.

로버츠는 말한다. "성실함이란 결코 속일 수 없다. 무슨 일이 있어도 바른 것을 위해 맞서야 한다. 물론 내 가정에 심각한 타격을 주고 자리 자체가 위협받으면 성실함을 지키기란 쉽지 않다. 그리고 자신의 성실함을 90% 유지하고 리더로서 성공하는 것도 불가능하다. 결국 힘들고 어렵더라도 성실함이라는 건 반드시 100%여야 한다."

드러커는 확실히 이 말에 찬성했다. 마케터로서 로버츠의 성공은 이 같은 제1원칙에 철저히 입각한 것이다.

02. 자신의 자질을 알 것

Know Your Stuff

빌 게이츠(Bill Gates)는 스스로 창업해 거대 기업의 반열에 오른 마이크로소프트(Microsoft Corporation)의 회장이었다. 그의 개인 자산은 추정 580억 달러가 넘는 것으로 알려져 있다.

그는 성공의 대부분을 20대 때 이뤘다. 10억 달러 이상의 자산을 가진 부호에 들어간 건 31세 때였다. 그렇다면 빌 게이츠는 단지 좋은 시기에 좋은 자리에 있었던 것뿐인가? 그는 단지 행운만으로 그만큼의 부를 성취해낸 것일까?

게이츠의 커리어를 살펴보면 그가 자신의 자질을 아는 데 많은 시간을 투자했다는 사실을 알 수 있다. 그의 성공 비결은 사내 정치가 아니라 지식이자 전문성이었다.

게이츠는 막 10대가 되었을 때 컴퓨터 프로그래밍을 배웠다. 그리고 고등학교 입학 때는 프로그래머 집단을 이끌 정도의 지식을 쌓아, 자신이 다니는 고등학교의 급여 계산을 컴퓨터화 해냈다.

이후 그는 지방 정부에 교통량 측정 시스템을 파는 회사를 설립, 경영하면서 마케팅을 배웠다. 하버드대에 입학할 때는 이미 유명한 컴퓨터 전문가가 되어 판매와 마케팅, 매니지먼트 지식을 두루 갖췄다.

하버드대 1학년 때 게이츠는 세계 최초의 마이크로컴퓨터를 위한 언어를 작성하며 시간을 보냈다. 그리고 2학년 때 하버드대를 중퇴하고 최종적으로 마이크로소프트를 창업했다.

그가 아직 20대 때로, 대학교를 졸업하지 않았다는 사실은 그리 중요치 않았다. 오히려 중요한 건 그가 어떻게 창조하고 어떻게 창조물을 판매하는지 아는 일이었다.

03. 기대하는 성과를 확실히 말해둘 것

Declare Your Expectations

자신이 기대하는 바를 선언하는 방법은 몇 가지 있다. 그 중 하나가 자신만의 목표를 설정하는 것이다. 전술적인 판매 활동에서 전략적인 마케팅에 이르기까지 목표 설정은 필수 불가결하다. 내가 처음 수치 목표 달성의 중요성을 배운 건 신문 배달하던 어린 시절 신규 고객과 계약하던 때였다.

이러한 목표는 말단 사원부터 최고위 경영진에 이르기까지 모든 레벨에서 확실히 말해둬야 한다. 이러한 기대치를 우리는 '비전(Vision)'이라 부르도록 한다. 이와 마찬가지로 설득력 있는 비전은 성공 과정에서 가장 중요한 요소가 된다.

영세기업이든 〈포춘〉지 선정 500대 기업 리스트에 이름을 올린 대기업이든 혹은 스포츠 팀이나 전투 부대든 모든 성공 조직은 명확하고 설득력 있는 비전 위에 성립한다. 이 비전이 조직에 관련된 모든 이들에게 일정한 방향성을 전해준다.

비전은 모든 행동의 방침이 되어 조직이 향하는 목적지를 가르쳐 준다. 비전에 적정 수준으로 관여함에 따라 각 조직 구성원은 스스로 목적을 위해 일하게 된다.

버락 오바마(Barack Obama)는 모두의 예상을 뒤엎고 '첫 아프리카계 대통령'이 되어 전 세계를 감동시켰다. 그런 그조차 몇 년 전까지만 해도 사실상 무명에 가까웠다. 워싱턴 중앙 정계에서 상원의원이 된 지 채 2년도 지나지 않은 신인이었다.

그런 그가 민주당 내에서 맞선 후보는 상원의원 힐러리 클린턴(Hillary Clinton)이었다. 힐러리는 상원에서 8년의 의정 경험을 가진 것만이 아니라, 빌 클린턴(Bill Clinton) 전 대통령의 아내로서 전국적인 지명도도 매우 높았다.

그녀에게는 자신의 공적으로 부를 수 있는 실적과 정치적 연줄이 많았다. 오바마가 당내에서 힐러리를 꺾고 후보자로 지명되더라도, 본 선거에서는 전쟁 영웅이며 또 한 명의 상원의원으로 유명한 거물급 상대와 맞서야 했다.

존 매케인(John McCain) 상원의원은 힐러리 이상으로 오랜 의정 경험을 갖고 수많은 공적을 남겨왔다. 그럼에도 불구하고 오바마는 이 싸움에서 승리했다. 그것도 싱겁게. 어떻게 그런 일이 가능했을까?

물론 승리의 배경에는 오바마가 가진 지성과 카리스마, 호감도, 그리고 그가 인기 없던 전임 정권을 상대로 완벽에 가까운 선거운동을 전개한 전략 등 다양한 요인이 있다.

NBC 뉴스의 정치 디렉터 출신으로 선거 이후에는 백악관 담당 기자로 활동한 척 토드(Chuck Todd)는 2008년 대통령 선거를 분석한 《버락 오바마는 어떻게 승리했나(How Barack Obama Won)》를 썼다.

그는 NBC의 간판 프로그램 〈투데이〉에 출연해 맷 라우어(Matt Lauer)와의 대담에서 자신이 발견한 흥미로운 사실을 이야기했다. 그 중 하나가 "세 명의 유력 후보 중 오바마는 국가의 미래상을 보인 유일한 후보였고, 셋 중 출마 의향과 비전을 선언하는 연설을 실시했던 유일한 후보였다."는 발언이다. 사람은 '그곳(목표)'이 어딘지 모르면 '그곳'에 도달할 수 없는 법이다.

04. 특별한 헌신을 보일 것

Show Uncommon Commitment

델은 설립 불과 6개월 만에 인터넷상 업계 1위의 소매업자가 되었다. 델의 매출은 매달 20% 속도로 급성장했다. 어느 해에는 업적이 폭발적으로 늘어 매출이 47%나 늘어난 78억 달러, 이익이 91% 늘어난 5억 1,800만 달러에 달했다.

그 비밀은 스피드로 상징되는 서비스와 철저한 납기 준수에 있었다. 창업자이자 CEO인 마이클 델(Michael Dell)은 "이 비즈니스에서는 서비스가 곧 전부나 다름없다. 우리는 업계 전체를 이끌며 페이스를 정한다."고 말했다.

해당 콘셉트에 대한 델의 절대적인 믿음과 헌신이야말로 직원들의 의욕을 끌어내고, 일을 성취할 수 있다는 자신감을 이끌어냈다. 이를 통해 고객, 경쟁사에게도 마찬가지로 존경을 얻어냈다. 델은 몇 차례 위기가 있었지만 2008년에는 전미 1위, 글로벌 시장으로는 휴렛 팩커드(HP)에 이어 2위 컴퓨터 제조사의 지위를 획득했다.

마케팅팀에서는 리더 이상으로 강한 헌신을 보이는 이가 없다. 여기에는 딜러나 하청업자도 포함된다. 리더가 믿음을 갖고 헌신한다는 건 그만큼 성취하고 싶은 의지, 리더가 절대로 포기하지 않는다는 사실을 의미한다.

05. 좋은 결과를 기대할 것

Expect Positive Results

좋은 결과를 기대하는 건 마케팅 캠페인에서 기적을 연출할 가능성을 의미한다. 그러나 반대 논리 역시 마찬가지다. 슈퍼 커츠(Supercuts Inc.)는 1970년 설립 당시 혁명적인 콘셉트였다. 오랜 이발소나 미용실을 제치고 저렴한 가격으로 심플한 남녀 공용 헤어스타일링이 가능한 살롱에 초점을 맞췄다.

슈퍼 커츠는 금새 성공을 거뒀다. 회사는 급성장을 이뤄 프랜차이즈 매장은 미 전역으로 확산되었다. 하지만 안타깝게도 어느 시점부터 조직은 스스로를 의심하기 시작해 성공에 대한 확신이 사라져 버렸다.

마케터가 불안해질 때 종종 나타나는 것처럼, 슈퍼 커츠는 광고를 줄이기 시작했고 가맹점에 대한 지원을 줄였다. 가맹점은 자신들의 이익을 지키기 위해 조합을 결성했고 슈퍼 커츠 경영진은 이를 저지하려 했다. 그 결과 회사에 대한 집단소송이 일어났다. 매출은 급격히 추락했고 직원들의 사기는 저하되었다. 모든 지표가 바닥을 기기 시작했다.

이 같은 상황은 투자회사가 슈퍼 커츠를 매수해 베시 버튼(Betsy Burton)이라는 이름의 새로운 CEO를 영입하는 데까지 이르렀다. 어려운 시기에 취임했지만 버튼은 성공을 예상했다. 그녀는 그 때까지 줄이던 광고를 오히려 늘리고 회사 측의 경비로 가맹점의 조합 결성을 도왔다. 이 외에도 슈퍼 커츠의 밝은 미래에 대한 그녀의 신념을 뒷받침하는 다양한 정책들을 더했다.

그 후 16개월 이내 이익은 10%나 증가했고 3년 내 프랜차이즈 가맹점의 매출은 두 자릿수 성장세를 보였다. 매출은 1억 2,600만 달러에서 1억 7,000만 달러를 넘는 수준으로 확대되었다.

슈퍼 커츠는 새롭게 100개 매장 이상의 가맹점까지 더할 수 있었다. 가맹점도, 직원도, 경영진도 모두 좋은 결과를 예상했다. 왜냐하면 위대한 리더이자 위대한 마케터인 베시 버튼이 처음부터 좋은 결과를 예상했기 때문이다.

06. 사람을 소중히 할 것

Take Care of Your People

여기에서 사람은 직원 혹은 고객을 가리키는 개별적 용어로 받아들여지거나 둘 다를 지칭하는 경우도 있다. 직원과 고객은 하나다. 만일 리더가 직원을 소중히 여긴다면 그들은 고객을 소중히 하는 데에도 한층 더 주의를 기울여야 한다.

나는 최근 1년 이상 찾지 않던 레스토랑에서 오랜만에 식사를 했다. 하지만 그 레스토랑은 이미 내가 알고 있던 레스토랑이 아니었다. 요리의 질도, 고객 서비스도 모두 떨어져 있었다. 웨이터, 웨이터리스도 하나같이 무뚝뚝한 표정으로 일할 뿐이다.

아무 것도 모르는 오너가 "손님이 더 오면 더 좋은 요리사를 고용하고, 비싼 재료를 쓸 수 있으며 더 좋은 웨이터리스를 고용할 수도 있다. 결국 이 모든 게 다 불경기 탓"이라 떠드는 모습을 손님들이 들어야 했다.

레스토랑 오너는 자신의 레스토랑을 찾지 않는 고객을 비난하고 있었다. 레스토랑 문제에서 그가 취한 대응책이라곤 저렴한 임금으로 사람을 쓰고, 그 외 방법으로 서비스를 줄여 요리의 질까지 떨어뜨린 것이다.

내가 마지막에 가고 나서 얼마 지나지 않아 이 레스토랑은 문을 닫았다. 이후 새로운 경영자가 매장 자리를 사서 완전히 다른 태도로 가게를 열었다. 그는 직원과 고객 둘 다 소중히 여겼다.

나는 그 가게에 손님이 넘쳐난다는 사실을 깨닫고 이유가 궁금해 다시 한 번 찾아봤다. 웨이터도, 웨이터리스도 모두 예의 바르고 친절했다. 서비스는 최고였고 요리는 훌륭했으며, 가격은 매우 합리적이었다.

불황일수록 더더욱 그렇지만 사람을 소중히 여기는 건 항시 마케팅의 가장 중요한 원칙 중 하나다.

07. 자기 자신보다 의무를 우선시 할 것

Put Duty Before Self

자기 자신보다 의무를 우선시 하는 건 항시 고객과 직원을 자신의 요구(필요)보다 우선시해야 하는 점을 의미한다. 고객이나 직원은 리더의 연봉이나 리더가 타는 고급차, 직위에 붙는 다양한 혜택에 관심이 없다.

아니, 조금 다르게 이야기해 보자. 고객이나 직원은 리더의 높은 연봉에 감탄할지 모르지만 그 인상이 제품, 서비스를 팔거나 성공하는데 전혀 도움이 되지는 않는다. 왜냐하면 여기에서 중점을 두는 건 리더가 받는 이익이지 직원과 고객이 받는 혜택이 아니기 때문이다.

오래 전 페르시아 사이러스 대왕(Cyrus King)의 아버지는 젊은 사이러스에게 사람의 신뢰와 충성심을 얻는 방법을 가르치려 했다. 여기에서 사람을 직원 내지 고객이라 불러도 좋을 것이다.

사이러스는 '최선책은 자신의 바람에 따른 자에게 보상하고 따르지 않는 자를 벌하는 것'이라 생각했다. 하지만 그의 아버지는 "대부분의 경우 그런 원칙이 적용될 수 있겠지만 어떤 경우에는 제대로 적용되기 어렵다."고 말했다. 아버지는 "가장 쉽게 신뢰와 충성심을 얻는 방법은 사람이 자신의 이익을 스스로 지키는 만큼 왕이 그들의 이익을 지켜주는 것"이라 말했다.

이후 사이러스는 일생 동안 이 교훈을 지키며 항시 그것이 제대로 적용되면 사람의 신뢰와 충성심을 얻을 수 있다는 사실을 깨달았다.

어느 날 사이러스는 이웃 왕국을 정복했다. 그러나 그는 패한 왕과 그 백성을 위로하기 위해 패한 왕이 약조한 금액의 두 배에 달하는 공물을 오히려 하사했다. 정치 지도자는 물론 마케터도 다른 사람과 접할 때 이 원칙을 실천하면 더 큰 성공을 거둘 수 있을 것이다.

08. 선두에 설 것

Get Out in Front

나는 '성공하는 마케팅이 오로지 훌륭한 아이디어에서 나온다'는 생각이 도대체 어디서 왔는지 모르겠다. 이 이론에 따르면 '훌륭한 아이디어로 제품을 팔면 만사 OK!'라는 것이다.

확실히 마케팅과 이노베이션은 기본적인 요소다. 하지만 성공한 마케터는 그게 전부가 아니라는 사실을 잘 알고 있다. 마케팅에는 우수한 아이디어 이상의 요소가 얽혀 있다. 어떤 마케팅 캠페인을 성공시키려면 리더는 캠페인 기간 중 계속 현장의 선두에 서야 할 필요가 있다.

한가로운 사무실에 앉아 생각만으로 성공에 이를 수는 없다. 리더는 사건이 벌어지는 장소에 있어야 한다. 현장은 행동이 보이고 사람을 볼 수 있는 장소다. 우수한 마케터는 이 과정을 지속적으로 발전시켜 항시 현장에서 선두에 서는 방법을 찾아낸다.

베스 프리처드(Beth Pritchard)는 일류 목욕용품 체인 배스 앤 보디웍스(Bath & Body Works)의 CEO다. 이곳에서는 로션과 입욕용품, 퍼스널케어용품, 그리고 방향제 등을 팔았다.

그녀는 CEO로서의 의무나 직책에 더해 매달 2일은 전국 각지의 배스 앤 보디웍스 매장을 찾아 최일선에서 일했다. 그녀는 그곳에 앉아 상황을 관찰하거나 단지 직원에게 명령하지 않았다.

프리처드는 현장을 보고 현장에 있는 모습을 사람들에게 보여준다. 현장에서 가르치고 배운다. 가게에서 장식하고 선반에 상품을 채우며 증정용 바구니를 정리한다. "내가 제일 힘든 건 POS 시스템(계산기)을 다루는 방법이예요." 그녀가 웃으며 말했다.

사실 그녀가 POS 시스템을 잘 다루는지 여부는 그리 중요하지 않다. 리더가 현장에 나오는 것만으로 충분한 효과를 발휘한다. 어쨌든 그녀가 향한 가게 계산대는 항시 사람들로 붐빈다.

베스 프리처드가 1991년 배스 앤 보디웍스의 CEO에 취임했을 때 그 매장 수는 95개, 매출은 2,000만 달러에 불과했다. 하지만 5년 뒤에는 매장 수 750개, 매출은 7억 5,300만 달러로 커졌다. 아마 이것이 수많은 일류기업이 그녀에게 최고경영자 자리를 제안하는 이유일지 모른다.

'리더십이 마케팅'이라는 드러커의 전제에 기초하면, 마찬가지로 마케팅이 리더십이란 원리에도 놀라지 않을 것이다. 한 쪽의 원칙을 적용하면 자동적으로 다른 쪽의 원칙도 적용되어 마케팅은 대성공에 이른다.

2부

이노베이션이란 무엇인가

'모든 비즈니스의 기초는 마케팅과 이노베이션이다. 그리고 이노베이션은 마케터들이 습득해야 할 핵심 요소이다'

- Peter Drucker

1장

이노베이션의 일곱 가지 근원

꽤 오래 전 이야기처럼 느껴지지만, 젊었을 때 나는 중견기업의 연구개발부장으로 일한 적이 있다. 그 회사는 미 공군뿐 아니라 외국 공군, 항공사를 대상으로 산소 마스크를 개발하거나 군용기, 전차 등에 사용되는 방호용 헬멧을 개발했다.

이전 나는 미 공군에서 연구 팀을 이끌고 외국에서 대형 항공기를 개발하는 프로젝트에 참여했던 경험이 있다. 그러나 그동안의 개발 경험과 파일럿으로서의 경력이 중견기업에서 강점이 될 수 있을지는 다소 의문스러웠다.

그 때까지 나는 어느 조직이나 가장 어려운 문제는 새로운 발상을 끄집어내는 일이라 생각했다. 당시 나는 이노베이션의 중요성을 호소한 드러커의 주장을 들은 적이 없었다. 하지만 모든 조직에게 경쟁 상대보다 앞서가는 게 중요하며, 이노베이션이 성공의 열쇠라는 사실을 이해하는 데 그만큼 고민할 필요는 없었다.

아이디어는 계속 흘러간다

이노베이션이 성공의 열쇠라는 점에서는 내 생각이 맞았다. 하지만 나 자신에게 커다란 과제는 신제품을 발안해내는 것이라 생각했다. 그 점에서 나는 큰 착각을 하고 있었다.

'사업적 돌파구(Breakthrough)'가 될 만한 우수한 아이디어가 개발 자금과 연구 허가를 바라며 잇달아 내 자리로 몰려들었다. 연구개발부장 자리에 오르고서 3일 만에 내가 가진 예산은 몇 배 규모로 커졌다. 나는 여섯 명의 프로젝트 엔지니어 팀을 이끌었다. 예산만 더 있다면 그 10배쯤 되는 개발자를 동원할 수 있었지만 그만큼의 자금은 없었다. 그렇다 해도 우수한 아이디어는 계속 모여 들었다.

내 직속상관은 사장이었다. 사장은 이미 몇 년 전 내 자리를 거친 인물이기에 업무 이해에서 큰 도움이 될 거라 생각했다. 하지만 도움은커녕 거꾸로 부담만 늘어났을 뿐이다.

그는 이노베이션에 남다른 열정을 가졌지만, 안타깝게도 그건 비용이나 한정된 경영 자원의 제약을 받지 않는 류의 열정이었다. 내심 그가 아직도 내 자리에 있고 싶어하는 건 아닐까 하는 생각마저 들었다.

사장과 내가 거친 연구개발부장 직무는 이미 다섯 명의 관리직을 좌절시킨 악명 높은(?) 이력이 있었다. 모두 기술자로서 전문성에서는 나보다 훨씬 뛰어난 재능을 가진 이들이었다.

내 기억에 의하면 한 명은 유명한 엔지니어 협회장까지 지낸 사람이었다. 전임자 중 한 명을 찾아가 해임 사유에 대한 질문을 던졌지만, 그가 든 이유는 명확하지 않았다.

외부에서 고용된 나는 당초 이 문제를 확실히 이해하지 못했다. 하지만 상황을 파악하는 데까지 그리 오랜 시간이 필요하지 않았다. '혁신적인 아이디어가 너무 적은 게 아니라, 도리어 너무 많은 게 문제'였던 것이다.

다른 부문에서 오는 제안 외에 나는 매주 월요일마다 사장실에 불려 갔다. 사장은 내가 주말마다 떠올린 아이디어 중 하나를 채택하려 했다. 처음에는 나도 재기 넘치던 전임자들처럼 사장의 기대에 부응하려 노력했다. 하지만 그 기대를 충족시키기란 결코 쉽지 않았다.

매번 좋은 아이디어가 나오기도 어려울 뿐더러 무리한 요구에 매번 응하기도 어려웠다. 물론 사장은 내 상사이며 그의 뜻을 거스를 수 있는 방법을 찾기란 쉽지 않았다. 하지만 그를 만족시키지 못하면 나도 유능하지만 실패한 전임자들의 전철을 밟게 될 상황이었다.

자기방어를 위해 마침내 나는 한 가지 묘안을 떠올렸다. 결과적으로 그 방법은 유효했다. 월요일 아침 사장이 부르면 나는 현재 진행 중인 프로젝트와 각 프로젝트의 비용과 함께 진척 상황, 그리고 프로젝트가 연구개발 예산의 어디에 들어맞을지 기재한 리스트를 지참했다.

사장이 새로운 아이디어에 대해 설명하자, 나는 그것이 독특하고 성공 가능성이 있다는 데에 동의했다. 이후 우리는 함께 그 제품 개발에 드는 비용과 필요 시간, 그리고 인적자원에 대한 견적을 냈다.

이후 나는 현재 진행 중인 프로젝트 리스트를 사장에게 보여주며 이렇게 물었다. "사장님은 제 예산을 더 늘려줄 생각이 없나 봅니다. 그렇다면 새로운 계획에 착수할 자금과 인력을 빼내기 위해 다른 어떤 계획을 중지할까요?"

그는 언제나 1, 2분간 고민한 끝에 마지못한 듯 대답했다. 그리고 이렇게 지시했다. "아닐세. 일단 하던 작업을 마무리하고 가능한 한 빨리 새로운 계획에 착수하게나." 그리고 나는 그의 지시에 동의하며 사장실을 나왔다.

당시 사장이 제안한 아이디어 가운데 전망이 좋은 게 있었다면 어땠을까? 아마 내 리스트에 남아있던 기존(가능성이 높지 않은) 프로젝트를 뒤로 미루거나, 그 특별 프로젝트를 위해 일시적인 예산 증액을 추진했을 것이다. 하지만 이 같은 묘안 덕에 나는 예산과 시간, 성과를 적절히 조화시키며 담당 업무를 끝마칠 수 있었다.

반짝 아이디어의 위험성

드러커는 '좋은 아이디어는 훌륭한 전술'이라고 생각했다. 그는

"좋은 아이디어란 항시 그것을 개발하기 위해 쓸 수 있는 시간이나 자금, 엔지니어보다 수가 많다."고 말했다. 덧붙여 나는 드러커가 내 상사에게 빈번하게 나오던 아이디어의 위험성도 잘 이해하고 있다는 사실을 깨달았다.

'반짝 아이디어(Bright Idea, 참신하지만 다소 막연하다고 느껴지는 발상-옮긴이)'란 '명확한 분석을 충분히 거치지 않고 개발을 인정할 수 있는, 애매하고 다소 막연한 이노베이션'을 가리켜 드러커가 사용한 용어이다.

그는 단 하나의 반짝 아이디어로 홈런을 칠 수 있다는 사실을 애써 부정하지 않고, 실제 지퍼나 볼펜, 에어로졸 스프레이 등 그 아이디어 발안자에게 수백만 달러의 이익을 초래한 훌륭한 사례를 가르쳐줬다. 하지만 이러한 것들은 모두 예외적인 경우로, 그는 "이노베이션을 어떻게 대처하고 관리할지 고려할 때는 오히려 이를 무시해야 한다."고 말했다.

또한 드러커는 "반짝 아이디어는 혁신의 원천으로서 가장 리스크가 높고 가장 성공 전망이 옅다는 게 문제"라고 말했다. 그는 "투자액을 뛰어넘는 이익을 초래할 아이디어는 아마 500개 중 하나 정도"로 전망하며 "이노베이션을 반짝 아이디어에 의존하는 건 라스베가스에서 도박하는 것과 같으며 그 결과 역시 도박과 마찬가지"라 단언했다.

이에 대한 해결책을 그는 "혁신적인 아이디어의 일곱 가지 원천을 사용한 체계적인 분석"이라고 주장했다. 그러면서 "이것이야말로 목적을 명확하게 밝힌 이노베이션이며, 우리는 모두 전문 영역이나 기능 분야에 관계없이 이를 추구해야 한다."고 단언했다.

드러커는 '반짝 아이디어를 반드시 피해야 한다'고 경고했다. 그렇다면 그가 실제로 추천한 일곱 가지 원천이란 무엇일까? 한 번 살펴보도록 한다.

01. 첫 번째 원천 - 예기치 않은 것

The Unexpected

드러커는 '예기치 않은 게 성공하는 이노베이션의 가장 중요한 원천이지만, 이는 모든 분야의 경영자들에게 간과될 뿐 아니라 종종 의도적으로 무시된다'고 썼다.

이스트먼 코닥(Eastman Kodak)의 엔지니어 해리 쿠버 주니어(Harry Coover, Jr.)는 실험실 동료에게 시아노아크릴레이트(Cyanoacrylate)를 제트기 덮개의 내열 폴리머로 시험해보도록 제안했다.

그 동료는 계측 작업 중 두 가지 프리즘을 접촉시키는 실수를 저질러 비싼 실험기구를 망가트리고 말았다. 그는 해고될 거라 생각했지만, 쿠버 주니어는 도리어 폴리머를 사용해 파편을 접착시키려 했다.

이 예기치 않은 결과를 통해 쿠버 주니어는 자신들이 경이적인 강도의 접착제를 발견했다는 사실을 깨달았다. 그리고 이스트먼 코닥은 슈퍼 글루(Super Glue) 브랜드로 널리 알려진 강력 접착제를 판매해 막대한 수익을 거둘 수 있었다.

02. 불일치

The Incongruities

불일치도 예기치 않은 것이지만, 이는 다른 의미에서 예기치 않은 것을 뜻한다. 어떤 결과를 예상했는데 반대 결과가 생긴 경우를 가리키기 때문이다. 간혹 이는 경제적인 결과와도 관계있다.

1950년대 어떤 사람이 시장을 지배하는 기업이 지배하지 않은 기업보다 수익성이 높다는 사실을 깨달았다. 이는 곧 자산 운용 포트폴리오 매니지먼트로 유명한 'BCG 매트릭스(BCG Matrix, 미국 보스턴컨설팅 그룹이 개발한 전략 평가법으로 '기업이 사업에 대한 전략을 결정할 때 시장점유율과 성장률을 고려한다'는 가정을 따른다-옮긴이)'로 이어진다.

이 때 유일한 문제는 이것이 제대로 기능하지 않았다는 사실이다. ISC라는 직원 96명의 작은 회사가 이 같은 불일치 과정에 착안해 비밀을 풀어냈다. 요컨대 시장을 어떻게 정의하고 고객에게 어떻게 초점을 맞춰나갈지가 중요한 문제라는 것이다.

커다란 기업이 지나치게 광범위한 정의를 선택할 경우, 도리어 작은 기업이 시장에서 커다란 기업에게 승리를 거둘 수 있다. 이 때문에 강대한 IBM이 대형 컴퓨터 시장을 지배했을 때 ICS는 교육시장 대상의 컴퓨터로 특화해 그 틈새시장을 파고들었고, 결국 IBM을 관련 시장에서 내쫓을 수 있었다.

최근 스타벅스는 고객이 아니라 사업 확대에 집중하는 함정에 빠졌다. 얼마 전 스타벅스의 CEO 하워드 슐츠는 뉴스캐스터 케이티 쿠릭(Katie Couric)과의 인터뷰에서 "우리는 사업 확대를 서비스 결과 대신 전략으로 삼아 버렸다."고 후회했다. 슐츠가 불일치를 깨닫고 방침을 전환하기까지 사업 확대 전략은 회사에 막대한 손실을 초래했다.

03. 과정상의 필요성

Process Need

과정상의 필요성은 '필요는 발명의 어머니(Necessity is the mother of invention)'라는 속담과 관계 있다. 때문에 이 원천은 상당히 이해하기 쉬울지도 모른다. 사람은 '뭔가'를 달성할 필요가 있으면 어떻게 할 수 있는지 알 때까지 오로지 '뭔가'에만 집중한다.

윌버(Wilbur)와 오빌 라이트(Orville Wright) 형제는 엔진을 동력으로 삼은 비행기 제작에 고군분투했다. 둘의 계산으로는 중량 200파운드 미만, 출력 8마력의 엔진이 필요했다. 하지만 막상 조사해보자 그런 엔진이 존재하지 않는다는 사실을 깨달았다.

기존 엔진은 너무 무거워 출력이 약하고 그들이 원하는 기본 사양을 만족시키지 못했다. 결국 형제는 자신들이 엔진을 조립할 수밖에 없다는 결론에 도달했다.

이들은 내부 직경 4인치, 스트로크 4인치의 실린더를 네 개 갖추고 비품도 더한 총 중량 200파운드 이하의 엔진을 개발했다. 그러나 인공적인 바람으로 양력을 낳아 날개에 추진력을 발생시킬 수 없다면 엔진 그것만으로는 전혀 도움이 되지 못했다.

그럼 바람을 만들어내는 프로펠러는 어디에서 구할 수 있을까? 비행기 프로펠러에 관한 데이터가 존재하지 않아 라이트 형제는 이 또한 스스로 개발할 수밖에 없었다.

이들은 프로펠러가 단지 '나선형 궤도로 날아가는 글라이더'라고 결론지었다. 직선 궤도의 글라이더 효과가 계산할 수 있는 것이기에 나선을 그리는 글라이더 효과를 계산하지 못할 이유도 없다고 여겼다. 얼핏 간단한 원리처럼 보이지만, 실제로는 어디서부터 손댈지 모를 만큼 난해한 프로젝트였다. 프로펠러 혹은 프로펠러가 작동하는 환경은 무엇 하나 정지하지 않았기 때문이다.

추진력은 프로펠러의 날개가 공기에 부딪히는 속도와 각도에 의해 좌우된다. 날개가 공기에 부딪히는 각도는 프로펠러의 회전 속도와 비행기의 전진 속도에 좌우된다.

이러한 요소가 하나라도 바뀌면 남은 요소 역시 모두 바뀌어버린다. 왜냐하면 모든 요소가 상호의존 관계에 있기 때문이다. 이는 그리스 신화 시시포스(Sisyphus)의 인내를 시험하는 것만큼이나 힘든 작업으로 당연히 수많은 시행착오가 반복되었다.

이웃고 라이트 형제는 문제를 해결했다. 그러자 그것이 다음 문제를 낳았지만 둘은 그 다음 문제 역시 해결했다. 파일럿이 비행기를 조정할 수 있는 삼축 제어(Three-Axis Control)의 발명이었다.

그들은 문제에 뒤이은 문제를 하나씩 해결해가며 착실히 혁신을 이뤄나갔다. 그리고 1903년 12월 17일 당당히 그 노력의 집대성이라 할 만한 인류 첫 유인 동력 비행에 성공할 수 있었다.

04. 산업과 시장의 구조

Industry and Market Structures

사람은 대개 전과 같은 방법으로 행동하는 경향이 있으며, 그런 패턴은 산업이나 시장에서도 그대로 통용된다. 나는 이전 이런 이야기를 들은 적이 있다.

남편이 아내에게 "왜 구운 고기를 요리하기 전 끝 부분을 잘라내느냐?"고 물었다. 그러자 아내는 태연히 답했다. "이 방식이 지금까지 해온 방식이니까요." 남편은 아내의 어머니가 같은 행동을 해왔다는 사실을 깨닫고 장모님에게도 왜 그렇게 했는지 다시 한 번 물었다. 그러자 장모님 역시 태연하게 답했다. "구운 고기 요리는 원래 이렇게 하는 걸세."

어느 날 부부는 아내의 외할머니 댁을 방문했다. 그녀 역시 구운 고기를 준비하고 있었다. 하지만 외할머니는 고기의 끝 부분을 잘

라내지 않았다. 젊은 남편은 외할머니에게 왜 잘라내지 않는지 물었다. 그러자 외할머니는 태연히 답했다. "그래, 나도 몇 년간은 자르고 요리했었네. 그런데 딸이 결혼해 집을 나간 뒤 겨우 끝을 잘라내지 않아도 고기가 전부 들어가는 냄비를 샀지."

기업도 마찬가지다. 헨리 포드(Henry Ford)가 창업한 포드 자동차(Ford Motors)의 기적 속에 감춰진 비밀은 무엇일까? 통상적인 오해와 달리 포드는 조립 라인을 발명하지 않았다. 왜냐하면 조립 라인이 높은 수익과 성공을 위해 필요하지 않았기 때문이다. 롤스로이스의 성공 사례가 이를 증명한다.

포드가 한 일이라곤 시장의 구조가 크게 바뀌었기 때문에 '말 없는 마차(Horseless Carriage)'가 이미 단순한 부자들의 완구가 아니라는 사실을 깨달은 것뿐이다.

여기에서 그는 비교적 저렴한 비용으로 대량생산할 수 있고 운전도, 수리도 소유자 스스로 할 수 있는 자동차를 설계했다. 조립 라인은 이노베이션의 전체 과정 중 일부에 해당한다. 포드는 산업과 시장의 구조 자체를 바꾼 것이다.

드러커가 지적했듯 이노베이션은 포드와 반대 방향으로 향하더라도 동일한 성공이 가능하다. 하지만 그 경우 같은 사업에서 현존하는 산업과 시장 구조를 이노베이션의 원천으로 사용할 수 있다.

포드가 혁신을 이룬 것과 비슷한 시기에 롤스로이스도 독자적인 이노베이션을 도입했다. 이미 비싼 가격을 네 배 이상 더 높이고, 조립 라인을 무시한 채 중세 이래 쓰지 않던 제조법과 재료로 되돌아간 것이다.

포드와 달리 롤스로이스는 자사 제품이 오래 쓸 수 있다는 사실을 보증했다. 소유자가 스스로 운전하고 수리하도록 설계하지 않았다. 일반인을 장래 고객으로 상정하는 대신, 롤스로이스는 판매처를 왕족이나 왕족과 동등한 자금력을 가진 소수 부유층으로만 제한했다. 그 결과 롤스로이스도 커다란 성공과 이익을 거둘 수 있었다.

05. 인구 동태

Demographics

인구 동태는 교육과 문화, 수입 등의 요소와 관계있다. 이러한 요소는 정적인 게 아니라 시간과 함께 점진적으로 변화한다. 예를 들어 현재 평균 수명이 길어졌고 고령자들의 건강 상태도 과거 세대보다 좋다. 지금 80대 연령층이 보인 특성은 과거 60대와 비슷하다는 말까지 있을 정도다.

그렇다면 당신은 여기에서 이노베이션의 원천을 발견할 수 있을까? 이러한 인구 동태 변화는 고령자의 건강 유지에 대한 관심을 폭발적으로 키워 건강 유지를 위한 기관이나 건강 관련 뉴스 레터, 비타민제, 고령자 대상의 SPA 등을 시장에 초래했다.

약 15년 전 드러커는 '간부 교육의 미래는 온라인에 있다'는 대담한 전망을 내놓았다. 그러한 예상은 부분적으로 기술과 편이성에 기반해 있었다. 하지만 그와 동시에 컴퓨터 리터러시(Computer Literacy, 컴퓨터를 비판적이고 현명하게 이용할 수 있는 능력-옮긴이)와 소유가 간부 교육의 수요보다 빠르게 성장한다는 사실에도 입각한 것이었다.

전통적 방식의 교육자들은 대부분 원격 교육이라는 방식을 낮춰 보고, 교육은 '고대 그리스에서 이뤄진 것처럼 교실에서 대면 방식으로 이뤄져야 한다'고 주장했다.

그들은 '대면 환경에서 토론과 질의응답이 이뤄져야 하며, 그렇지 않으면 교육은 무의미하다'고 단언했다. '학생들이 온라인에서 정보나 아이디어를 발견할지 모르지만 온라인에서는 제대로 된 지식을 배울 수 없다'고 비판했다.

하지만 드러커는 여기에서도 남다른 통찰력을 드러냈다. 이후 대부분의 조사 결과에서도 '온라인 학습이 교실에서의 학습보다 빠르며 유효하다'고 판명났다. 그리고 지금은 하버드나 스탠포드 같은 명문대학 모두 온라인 과정을 갖췄다. 심지어 보스턴 대학교처럼 완전히 온라인으로 박사 학위를 취득할 수 있는 학교도 있다.

06. 인식 변화

Changes to Perception

우리가 사물을 어떻게 바라볼지는 매우 중요하다. 심리학에서는 이와 관련해 오랜 사례가 있다. 나도 이 사례를 처음 봤을 때 매우 놀랐다. 그건 젊고 매력적인 여성으로도, 나이 들고 못생긴 여성으로도 볼 수 있는 그림이기 때문이다. 어느 쪽의 이미지가 보이는지는 그림을 어떻게 보느냐에 달려 있다. 인식 여하에 따라 어느 쪽의 이미지가 보이더라도 전혀 이상할 게 없었다.

이후 나는 보는 사람이 어느 쪽의 이미지를 볼지 충분히 컨트롤할 수 있다는 사실을 깨달았다. 그림의 선 몇 개를 다시 그리고 젊은 여성 혹은 늙은 여성으로만 보이는 그림을 먼저 보여주는 것만으로도 충분했다.

내가 교실에서 사용한 방법을 소개해 본다. 나는 봉투 두 장을 준비해 한 쪽에는 젊고 매력적인 여성으로 보이는 그림을 넣고, 다른 한 쪽에는 못 생기고 늙은 여성 그림을 넣었다.

젊은 여성 그림이 들어간 봉투를 교실의 왼쪽 절반 학생들에게 나눠주고, 늙은 여성 그림이 든 봉투를 오른쪽 절반 학생에게 나눠줬다. 그리고 모두 봉투를 열어 10초간 그림을 본 뒤 봉투에 다시 넣어두도록 지시했다. 이어 젊은 여성으로도, 늙은 여성으로도 보이는 그림을 스크린에 비췄다.

나는 학생들에게 태연히 물었다. "젊고 매력적인 여성이 보이는 사람 있나요?" 그러자 교실 왼쪽 절반의 학생이 손을 들었다. 교실 오른쪽 절반 학생들은 다소 곤혹스러운 표정을 지었다.

이에 대해 나 역시 뭔가 불가사의하다는 듯한 표정을 지었다. "그렇다면 늙고 매력적이지 않은 여성이 보이는 사람 있나요?" 그러자 오른쪽 절반의 학생들이 손을 들자, 이번에는 왼쪽 절반의 학생들이 뭔가 이상하다는 듯한 표정을 지었다.

드러커는 작은 도구조차 필요로 하지 않고 더 간단한 예를 사용했다. 컵에 물을 절반 정도 채운 상태에서 "이 컵에 물이 절반 정도 들었나요? 아니면 절반이 비었나요?"라고 물었다. 이 때 사물을 어떻게 인식하느냐에 따라 전혀 다른 응답이 나왔다.

보는 사람의 기분이나 가치관, 신조, 이전에 본 것, 또는 알고 있는 게 그 인식에 영향을 줄 가능성이 있다.

그렇다면 우리는 인식을 어떻게 혁신의 원천으로 활용할 수 있을까? 예전에는 옷에 찢어진 부분이 있으면 품질 검사관에게 불량품으로 지적받아 곧바로 폐기처분되었다. 찢어진 부분이 작을 경우 가격을 크게 낮춰 덤핑으로 판매했다.

그러나 1960년대 들어 히피 세대가 등장하며 젊은이들은 종종 일부러 찢어진 옷을 입었다. 거의 하룻밤 새 너덜너덜해지고 색은 바래며, 찢어진 청바지가 계층과 지위를 상징하는 심볼이 되어 젊은이들을 매료시켰다.

매력으로 간주되는 부분에 관한 새로운 인식이 모든 것을 180도 바꿨다. 이에 따라 청바지 제조업자는 예전 같으면 불량품으로 간주될 청바지조차 의도적으로 상품화 시킬 수 있었다.

07. 새로운 지식

New Knowledge

혹시 당신은 '새로운 지식이 이노베이션과 경쟁 우위의 직접 원천이 되어, 기업이 업계에서의 지위 향상과 새로운 필요성을 채우는 과정을 돕는다'고 여길지 모른다.

안타깝게도 그건 전혀 진실이 아니다. 이노베이션을 초래하는 형태로 새로운 지식이 적용되는 데에는 적게는 몇 년, 많게는 수십 년 이상의 시간을 필요로 한다.

알렉산더 플레밍(Alexander Fleming)은 1928년 페니실린을 발견한 공적을 인정받았다. 그러나 문서상 남아 있는 페니실린을 통한 치료 사례는 1942년까지 나오지 않았다. 이는 그가 발견하고서 14년이나 흐른 뒤의 일이었다.

또 균류를 처음으로 치료에 이용한 사례는 1870년까지 거슬러 올라가 지식과 이노베이션의 시간적 격차는 한층 더 커졌다.

그런 사례는 아직 또 있다. 빵에 살아 있는 푸른곰팡이가 부상병의 치유를 촉진하는 데 도움이 된다는 사실이 관찰된 건 훨씬 전인 중세 시대다. 즉, 이 경우에는 지식과 이노베이션 사이에 수백 년의 격차가 존재한다는 사실이 명확히 드러났다.

인터넷을 개발하기 위해 필요한 지식은 1960년대 초에도 얻을 수 있었다. 인터넷과 밀접한 관계를 갖는 컴퓨터 지식은 이미 1962년부터 존재했다. 이처럼 고도의 기술을 필요로 하지 않는 아이디어조차 이노베이션을 만들어내기까지 상당한 시간이 걸린다.

마케팅 계획(Marketing Plan)을 한 번 생각해 보면 좋을 것이다. 2차 세계대전 이전의 사례를 찾아보면 아무 것도 얻을 수 없다.

〈마케팅저널〉지의 전후 기사는 전쟁 중 알려진 전략 계획과 비슷한 마케팅 계획을 홍보하기 시작했다. 하지만 거의 모든 조직이 신기축을 도입해 과정을 채용하고, 그 결과로 탄생한 마케팅 계획을 내놓기까지 20년이 넘는 시간을 필요로 했다.

이 사실이 보여주는 건 이노베이션의 원천인 지식이 발견되고 이용 가능할 때는 그 지식이 아직 미래를 위해 이용되지 못한다는 점이다.

드러커는 우리에게 '끊임없이 혁신해야 한다'는 사실을 가르쳐줬다. 하지만 그 뿐만이 아니다. 드러커는 우리에게 '새로운 아이디어의 가장 좋은 원천을 이용하고 조직의 성공을 구축, 유지하기 위해 이노베이션에 어떻게 대처해야 하는지'도 가르쳐 줬다.

2장

수요 측의 이노베이션

'수요 측의 이노베이션(Demand-Side Innovation)'은 소정의 목표를 향해 과감히 돌진하는 작업을 동반한다. 문제가 생긴 경우 대부분의 해결책은 이노베이션을 동반하게 된다. 신제품이든, 문제를 해결하는 과정이든 기존 형식과 다른 새로운 게 필요하기 때문이다.

목표는 그때 그때 상황에서 나오는 필요성을 철저히 따른다. 뭔가 곤란하거나 시장의 니즈, 해결이 필요한 문제 혹은 그 이상의 별도 문제일지 모른다. 드러커는 비즈니스에서 전형적인 이노베이션 목표를 아래의 다섯 가지로 분류했다.

1. 마케팅 목표를 달성하기 위해 필요한 신제품, 서비스
2. 기존 제품, 서비스를 진부하게 만드는 기술적 진보 때문에 필요해진 신제품, 서비스

3. 마케팅 목표 달성을 위해 혹은 예상되는 기술적 진보에 대응하기 위한 제품 개량
4. 시장 목표를 달성하기 위해 필요한 새로운 과정과 기존 과정의 개량
5. 비즈니스의 모든 보조업무에 필요한 이노베이션과 개량

반복 작업에 의한 '이노베이션 실천'

이노베이션 목표를 달성하기 위해선 체계적인 반복 작업이 필요하다. 드러커는 이 반복 작업을 '이노베이션 실천(The Practice of Innovation)'이라 부르며 "이를 위해 분석과 체계, 그리고 다대한 노력이 필요하다."고 말했다.

또한 드러커는 여타 일상 업무처럼 '이노베이션으로 비범한 재능을 발휘하는 이는 엄격한 규율 아래서도 실천의 달인이 된다'고 주장했다. 체계적인 방법론을 동반한 노력은 특별한 의미를 지녀 재능과 창조력, 지식보다도 훨씬 더 중요하다.

체계적인 이노베이션 테크닉

드러커는 '이노베이션은 체계적인 방식으로 달성해야 하지만 실

제 추진 과정에는 수많은 방법이 있다'고 인식했다. 서양에서는 이를 '고양이의 허물을 벗기는 방법(The Way of Skinning A Cat)'으로 비유하곤 한다. 역사가들에 따르면 '다소 병적인 수준에 가까운 이 같은 비유가 원래는 그 대상이 강아지였지만 애견인들의 기분을 손상시키지 않기 위해 바뀐 것'이라 한다.

이유야 어쨌든 의미하는 건 마찬가지다. 체계적인 이노베이션의 달성에 유효한 테크닉은 여러 가지가 있지만, 실제 상황별로 가장 유효한 방법(가능성)은 따로 있다.

드러커는 강의실에서 '혁신적인 해결책으로 문제를 푸는 능력'에 대한 질문을 받았을 때 "나를 성공으로 이끈 건 특정 산업에 관한 지식이 아니라 오히려 무지였다."고 주장했다. 이 점을 증명하기 위해 드러커는 학생들에게 아래의 이야기를 들려줬다.

허드슨강의 유령함대

오래 전 허드슨 강에는 고정된 채 더 이상 쓸 수 없는 수백 척의 배가 방치되어 있었다. 대부분이 비슷한 형체와 길이(약 400피트)로 단단히 결박되어 있었다. 배의 전체적인 인상은 '마치 잠들어 있는 거인 같은' 느낌이었다. 사람들에게 리버티선(Liberty Ships)이라 불린 이 배는 2차 세계대전 때 급히 건조되었다.

1939년 2차 세계대전이 촉발되고 영국은 독일 잠수함의 공격을 받아 수천 톤의 화물이 실린 선박을 빼앗기고 말았다. 영국 정부는 전쟁을 계속해 나가기 위해 배로 운반하는 식량이나 군수 물자가 필요했다. 이 때 영국이 내놓은 해결책 중 하나가 비교적 염가의 화물선을 설계하는 것이었다.

이러한 선박은 전쟁 종결 때까지만 쓸 수 있으면 충분했기에 매우 간소한 형체를 띄었다. 게다가 이 배들은 느리고 무거우며 효율도 떨어졌지만 다른 어떤 화물선보다 빨리 건조할 수 있었다.

배 한 척을 건조하는데 8개월밖에 걸리지 않았고, 이는 그 때까지의 화물선 건조에 드는 시간과 비교했을 때 대폭적인 기간 단축이었다. 사실 이 같은 배의 건조 자체가 대단한 이노베이션이었다.

리버티선만큼 설계 형태가 단순한 배라도 건조하기 위해선 숙련공이 필요했다. 당시 영국은 독일과의 전면전 중에 있었기에 새 화물선의 건조를 위한 인력도, 조선소도, 더 나아가 기본 설비조차 갖추지 못했다. 이 지점에서 영국은 새로운 화물선을 건조하기 위해 '아직 전쟁에 휘말리지 않은' 미국으로 눈을 돌렸다.

그러나 안타깝게도 미국은 당시 상선 건조 분야에서 충분한 실적을 갖고 있지 못했다. 이전 10년간 미국에서 건조된 원양 화물선은 단 두 척에 불과했다. 하지만 당시 배 한 척이 아쉽던 영국은 미국에 원조를 요청했다. 대부분의 선진국들이 전쟁에 휘말린 채 적 진영에 선 상황에서 다른 선택지가 없었다.

영국은 미국의 제조업자를 선정할 때 그 대상을 조선업자로만 한정지을 수 없었다. 이 때 이들이 접촉한 사람 중에는 헨리 카이저(Henry Kaiser)라는 실업가가 있었다.

그는 조선업에 대한 지식이 거의 없고 화물선에 대해서도 문외한에 가까웠다. 하지만 그는 일을 성취해내는 능력만큼은 높이 인정받고 있었다.

카이저는 영국의 설계도를 면밀히 분석하고 영국의 도움과 전문지식보다는 오히려 그 자신의 무지를 바탕으로 일을 진전시켜 나갔다.

물론 당시 카이저는 경험이 풍부한 조선 인력을 구하기도 어려웠다. 하지만 그 와중에도 어떻게 하면 일을 한 걸음씩 진전시켜 나갈 수 있을지 끊임없이 자문했다. 그리고 자신의 무지에 기초해 독창적인 해결방안을 강구해냈다.

카이저는 '기존 부품을 사용해 조립공정을 재설계하고 모든 작업원들이 조선이라는 전체 일의 일부만 알면 충분하다'고 생각했다.

그리고 카이저는 미국식 조립 라인의 기술력도 적극 도입했다. 영국에서는 선박을 건조할 때 정밀한 조합을 위해 금속을 정확히 절단하는 특수 기계가 필요했다. 하지만 카이저는 이 같은 사실을 모를 뿐더러 그런 기계조차 한 대도 갖고 있지 못했다. 여기에서 그는 재차 특수한 기계를 쓰지 않고 목표를 달성하는 이노베이션을 떠올렸다.

카이저는 작업원들에게 산소 아세틸렌 토치(Oxy-Acetylene Torch)로 금속을 절단하도록 명했다. 이는 전통적인 영국식 방법보다 염가이며 빠른 작업 속도를 낼 수 있었다. 무지 때문에 도리어 리벳(Rivet, 금속, 강재를 잇는 징-옮긴이)을 용접으로 바꿀 수 있었다. 용접 역시 기존의 리벳보다 염가에, 신속성을 얻을 수 있는 방식이었다.

리버티선의 건조를 시작한 결과 한 척을 만드는 데 1년도 채 걸리지 않았다. 1년은커녕 8개월도 걸리지 않았다. 그의 무지로 인해 도리어 카이저는 전 공정을 통틀어 1개월 만에 배를 건조하는 데까지 이르렀다. 조선 경험이 없던 초보자 미국인은 고작 30일 만에 영국식 설계의 선박을 만들어낸 것이다.

카이저는 그 후 제조 기간을 2주 정도로 단축했으며, 일부 홍보용 선박의 경우 나흘 반나절 만에 건조한 경우까지 있었다.

자신의 무지를 바탕으로 문제 해결에 나선 카이저는 기존 외국 조선소와 비교해 확실히 단기간에, 게다가 1/4 정도의 비용으로 1,500척 가까운 배를 건조할 수 있었다.

이 얼마나 대단한 이노베이션인가? 다른 미국 조선소는 금세 카이저의 방식을 채용하기 시작해 리버티선을 건조했다. 재미있게도 리버티선은 내구성을 고려하지 않고 건조했음에도 불구하고 두 척은 아직까지 사용되고 있다. 적어도 1975년 드러커가 이 이야기를 해준 당시에도 여전히 사용되고 있었다.

드러커는 이 이야기에 뒤이어 '(헨리 카이저처럼) 드러커 자신도 사소한 지식조차 갖지 않은 채 익숙하지 않은 상황을 보아왔다'고 강조했다. 카이저가 무지 때문에 자문하고 스태프에게 질문했듯, 드러커도 무지에서 초래된 질문을 계속 해왔다.

그가 상담하거나 도움을 청한 사람들 중에는 때론 무지에서 생긴 질문이 문제의 유효한 해결책으로 이어지는 데 놀라곤 한다. 물론 드러커는 '이노베이션의 성공을 초래하는 단 하나의 전략 같은 건 존재하지 않는다'는 사실을 잘 알고 있었다.

'체계적인 방법은 필수적이지만, 이노베이터가 직면한 각각의 상황은 개별적으로 제로 베이스에서 생각해야 한다'는 사실 또한 잘 알고 있었다. 아래에서는 드러커가 필요하다는 사실을 알고 카이저가 사용했던 체계적 방법을 몇 가지 살펴보려 한다.

좌뇌적인 접근법을 통한 해결 방안

좌뇌에 의한 효과적인 방법론은 오랜 기간 사내 연구회에서 이용되었다. 이 방법론은 복잡한 문제를 정리, 분석하고 혁신적이고 논리적인 해결책을 도출할 때만이 아니라, 타자에게 정보를 제시해 이노베이터의 해결책이 갖는 정당성을 납득시킬 때에도 매우 유효했다.

나는 이 접근법이 19세기 어느 육군학교에서 개발되었다고 알고 있다. 하지만 이후 이 방법이 실은 하버드대에서도 사용되었던 것이나, 변호사와 의료 관계자가 어려운 문제에 직면했을 때 자주 비슷한 접근법을 사용했다는 사실을 발견할 수 있었다.

좌뇌적인 접근법은 문제를 정의하고 상황에 영향력을 주는 관련 정보를 특정하며, 이노베이션의 포함 여부와 관계없이 대체 해결안을 짜내 분석하고 그 결과 가장 좋은 해결책을 개발해 최종적으로 사용하는 과정을 의미한다. 나는 오랜 기간 조직적인 문제나 사업상의 문제 해결에 이 접근법을 사용해왔다.

나 자신도 드러커와 만나기 전부터 실천했지만, 이 접근법은 확실히 드러커식 사고에 부합하며 때때로 그가 무의식중 추천한 체계적인 방법과도 일치한다. 내가 여기에서 무의식중이라 말한 건 드러커가 '사안을 곰곰이 생각하는 게 어떤 방법론보다도 우수하다'고 믿었기 때문이다.

그렇다곤 하나 드러커식 사고는 체계적이고 하나의 방법론으로 문서화 되면서 한층 더 명확해지는 점도 있다. 아래에 든 건 그러한 경우에 해당한다.

01. 문제의 정의

Problem Definition

사람은 '그곳'이 어디인지 알기까지 '그곳'에 다다를 수 없다. 이는 드러커가 경계하는 요소 중 하나가 아니라, 내가 경계하며 추후 3부 2장에서 전략에 대한 드러커의 견해를 살펴볼 때 재차 다룰 내용이다.

이는 문제 해결 차 좌뇌적인 이노베이션을 만들어내기 위해선, 일단 무엇이 문제인지 정확하게 이해해야 하는 점을 강조한 내 나름의 방식이기도 하다. 이것이 문제 상황에서 '그곳'에 해당한다. 드러커는 카이저의 도전을 '직면한 제약에 기초해 영국이 설계한 선박을 어떻게 건조할지에 해당하는 문제'라고 정의했다.

02. 관련 요인

Relevant Factors

카이저의 사례에는 그 문제에 직접 연관된 수많은 상황 요인이 있다. 그 때문에 필요한 정보를 모두 수집해야 한다. 카이저는 자신이 무엇을 갖고 있지 않은지를 잘 알고, 자신이 실제 가진 자원이나 가질 수 있는 자원이 무엇인지 명확히 알아둘 필요가 있었다.

카이저는 이 점을 상세히 조사, 분석했다. 그리고 헨리 포드의 조립 라인 기법을 선박 건조에 적용했다.

03. 행동의 대체안

Alternative Courses of Action

이 부분에서 카이저는 문제 해결을 위한 선택 판단을 내려야 한다. 하나의 선택지는 곧 새로운 전술을 짜내는 것일지 모른다. 혹은 중립국의 숙련된 조선 인력을 찾는 조사를 실시해 보다 높은 임금을 약속하는 것일지 모른다. 아니면 새로운 금속 절단기를 설계하고 독자적인 방법으로 신속하게 생산하는 것일지도 모른다.

카이저가 조선업에 몰두하던 때와 비슷한 시기, 아시아의 숙련공들은 다른 문제를 안고 있었다. 버마(현 미얀마)와 중국 사이의 산악지대를 연결하는 총 길이 717마일의 버마 도로(Burma Road)를 건설하기 위해 전혀 다른 해결책을 적용했던 것이다. 당시 20만 명의 노동자가 주 7일, 24시간 태세로 밤낮없이 일했다.

여기에서 유의할 점은 '버마 도로 건설에는 제대로 기능한 이 방법이 그만큼의 노동자가 존재하지 않던 미국에선 성공 가능성이 전혀 없었다'는 사실이다. 다양한 상황 아래 다양한 이점이나 결점은 완전히 다른 선택지를 의미한다.

모든 선택지에는 강점과 약점이 함께 존재한다. 카이저는 자신이 정한 해결책에 막대한 리스크를 짊어졌다. 최초의 배를 건조하기 전 이미 수백만 달러를 투자했다. 그가 사용한 방법 대부분은 그 때까지 한 번도 채용된 적이 없었으며, 그 중 다수는 이미 존재 그 자체로서 매우 혁신적이었다.

전해진 이야기로는 정비공이 배 사이에 놓인 높은 구조물 사이의 줄을 잇기 위해선 충분한 시간과 훈련이 필요했다고 한다. 그 때문에 카이저는 작업 시간의 단축을 위해 발레 댄서를 정비공으로 고용했을 정도였다.

04. 분석과 결론, 결정

Analysis, Conclusion, and Decision

분석 과정에서 개별 선택지의 이점과 결점의 중요성을 비교한다. 일부 선택지는 거의 결점이 없는 대신 커다란 이점도 없다. 어쨌든 이노베이터는 이를 고려해 자신의 사고를 세밀히 기록해둘 필요가 있다. 한 번 결단이 내려진 뒤, 그 결단을 타자에게 설명할 때 좌뇌적인 방법은 큰 효과를 발휘한다.

카이저는 반드시 자신이 추진하고 싶은 정책이나 방향성을 하위 관리직이나 노동자, 임원들에게 설명할 때 이 과정을 하나씩 거쳤다. 수많은 리스크가 존재함에도 불구하고, 바람직한 결과를 얻기 위한 최선책은 그 자신이 그린 방법으로 배를 건조한다는 결론(믿음)에 달했던 것이다.

우뇌적인 접근법을 통한 해결 방안

문제 해결에 대한 우뇌적 접근법 또한 무지에서 출발하며 기능하는 접근법이다. 그러나 좌뇌적인 접근법이 매우 구조적인 과정임과 달리, 우뇌적인 접근법은 해결에 도달하기 위해 의식적 혹은 일정한 논리적 단계를 사용하지 않는다.

미국 실업계에서 이 접근법이 적용된 사례는 유명한 발명가 토마스 에디슨(Thomas Edison)일 것이다. 정규 교육조차 제대로 받지 않았음에도 불구하고 에디슨은 전구나 실용적인 영화, 음성 녹음 등의 하이테크 기기를 발명했다.

그는 미국에서 1,093건에 달하는 특허를 갖고 해외에서도 엄청난 수의 특허를 보유하고 있었다. 생전 그의 작업을 돕던 어시스턴트의 말에 따르면 "에디슨의 우뇌적인 접근법은 어두운 방에 들어가 몇 시간씩 들어앉아 문제에 대한 해결책이 나타날 때까지 기다리는 것이었다."고 한다.

방 속에서 에디슨의 체계적인 접근법은 그가 가진 창조력을 자유로이 사용할 수 있었다. 그리고 이 같은 방식은 거의 에디슨을 배신하지 않았다.

기묘한 꿈에서 태어난 미싱

꿈을 꿀 때 우뇌적인 해결책의 촉매제로서 유효한 점이 있다. 1840년대의 일이다. 당시 아직 20대 젊은이였던 엘리아스 하우(Elias Howe)는 과거 100년간 선조들이 신속하게 봉제할 수 있는 기계를 발명하고자 분투해왔다는 사실을 잘 몰랐다.

그는 단지 기계를 사용해 수작업의 스피드를 높이는 데 매력을 느꼈다. 그래서 재봉 작업에 기계를 적용하는 데 점차 흥미를 갖기 시작했다. 하우는 '두 가지 별도 지점에서 풀려 나오는 실을 사용하면 기계가 잘 돌아갈 것'이라 생각했다. 문제는 바늘 침 뒷부분의 구멍에 실을 넣는 구조로는 기계화 자체가 불가능하다는 점이었다. 이 문제와 씨름하던 도중 하우는 기묘한 꿈을 꿨다.

그는 외로운 섬에서 식인종에게 공격을 받았다. 상대는 기묘한 창으로 무장해 있었다. 오른 창에 줄이 붙어 있었지만 그건 포경용 그물처럼 앞쪽에 큰 구멍이 있다는 점을 확인했다. 이 때 그는 눈을 뜨고 모든 게 꿈이었음을 알았다. 하지만 단 하나, 이 과정에서 하우는 중요한 사실을 깨달았다. 이 원리가 재봉의 기계화 과정에 중요한 단서가 될 수 있다는 점이었다.

덕분에 기계 침은 옷감에 실을 통과시켰다. 여기에서 옷감 반대쪽에 원 모양의 구멍이 생겨 셔틀이 왕복하며 두 번째 실을 그 구멍에 넣어 현재와 같은 재봉틀 박음질(Lock Stitch, 감침질-옮긴이)이 가능해졌다. 재봉 작업의 역사를 바꾼 이노베이션이 탄생하는 순간이었다.

체계적인 이노베이션의 룰

우뇌적인 접근법이 사용되든, 좌뇌적인 접근법이 사용되든 체계적인 이노베이션에는 일정한 룰이 있다. 드러커에게는 다섯 가지 이뤄야 할 룰과 세 가지 피해야 할 룰이 있다.

다섯 가지 '이뤄야 할 룰(Do Rule)'은 아래 내용이다.

01. 자신이 손에 넣은 기회 분석에서 이 과정을 시작한다

단, 이 때는 제약사항을 이것저것 생각하지 않는다.

02. 보고 묻고 듣는다

우뇌, 좌뇌 어느 쪽의 접근법을 사용하든 두 영역을 두루 사용한다. 이를 위해 수치와 사람을 제대로 봐야 한다. 다른 이에게 질문하고 이야기를 듣는 것으로 룰을 지킨다.

03. 심플한 마음가짐을 갖는다

당신의 이노베이션은 한 번에 하나의 난제를 극복해야 한다. 그렇지 않으면 사태는 더욱 혼란스러워진다.

04. 작게 일을 시작한다

우선은 소액의 자금과 적은 인력, 한정된 시장에서 생각한다.

05. 주도권을 노린다

당신의 이노베이션이 작은 것으로 끝날지, 전 세계를 제패할지 아무도 예측할 수 없다. 그러나 처음부터 주도권을 노리지 않으면 아무 성과도 얻지 못할 가능성이 크다.

그리고 '피해야 할 룰(Don't Rule)' 세 가지를 들어 본다.

01. 말만 번지르르해선 안 된다

생전 드러커는 "심플하든, 어리석든(Keep it Simple, Stupid)"이라는 말을 입버릇처럼 사용했다. 나는 최신 하이테크 기기를 사용하기 위해 취급설명서를 읽을 때마다 이 룰을 생각한다. 대다수의 경우 설명서를 쓰는 사람은 사안을 너무 복잡하게 생각해, 내용을 거의 이해 불가능의 상태로 만들어 버린다. 이건 그저 설명을 읽는 게 아니라 해석하는 거나 다름없다. 드러커가 이뤄야 할 룰에 심플함이 들어간 점에 각별히 유의해야 한다.

02. 한 번에 너무 많은 이노베이션을 생각해선 안 된다

헨리 카이저는 안고 있는 문제 전체를 해결하는 데 상당히 많은 이노베이션을 생각해냈다. 하지만 이는 극소수의 성공 사례에 해당한다. 따라서 혼란을 피하기 위해선 개별 문제를 하나씩 순번대로 다뤄야 한다.

03. 장래를 위해 이노베이션을 시도해선 곤란하다

상당히 앞선 이야기일지 모르나, 이노베이션이 결실을 맺고 최종적으로 우위성을 초래하기 위해서는 이노베이션이 처음부터 어떤 효과(이점)를 발휘해야 한다.

만일 당신이 마케팅 실천자로서 헨리 카이저가 되고 싶다면 드러커의 조언을 따를 필요가 있다. 수요 측의 이노베이션에는 분석과 체계, 그리고 다대한 노력이 요구된다. 룰을 준수해 수많은 마케터가 이 과정으로 성공했다. 이것이 '수요 측의 이노베이션'이다.

그러나 다음 장에서 보듯 능력에 기초해 역시 분석과 체계, 그리고 다대한 노력을 요하는 '공급 측의 이노베이션'도 있다. 그리고 공급 측의 이노베이션도 마찬가지로 마케팅 상 대성공의 길을 열었다.

3장

공급 측의 이노베이션

2차 세계대전 중 고무의 주원료는 남태평양 지역의 나무에서 채취했다. 하지만 당시 해당 지역은 일본군의 지배 아래 있었다. 이 같은 딜레마에 대응하기 위해 미국은 필사적으로 합성 고무나 고무 대용품을 찾기 시작했다.

GE의 엔지니어 제임스 라이트(James Wright)는 1943년 붕산과 실리콘유를 섞어 새로운 합성 고무(Synthetic Rubber)를 개발했다. 이 제품은 무엇보다 색다른 특성이 눈에 띄었다. 새로운 합성 고무는 사람 손에서 지면으로 떨어지면 그 손의 위치보다 훨씬 높이 튀어 올랐다. 부식도 없고 부드러운 데다 탄성까지 강했다.

원래 길이의 몇 배나 늘릴 수 있고 부서지지도 않았다. 그리고 그 재료를 이용해 특정 인쇄물에 압력을 걸면 인쇄된 이미지를 복제할 수도 있었다. 유일한 문제는 이만큼의 장점을 갖췄음에도 불구하고, 이 제품이 기존 고무의 대용품이 되지 못한 점이었다.

이윽고 라이트는 다른 기술 개발에 나섰지만, GE 경영진은 기존 고무와 다른 특성을 갖춘 이 기묘한 재료에 흥미를 보였다. 그러나 당시 GE는 공급 측의 이노베이션 원칙을 적용하지 않아 결국 시장성 있는 제품을 내놓지 못했다. 우수한 소재를 갖고 있음에도 적절한 용도를 찾지 못한 것이다. 하지만 다행히도 아무도 이 재료를 버리지는 않았다.

몇 년 뒤 전혀 생각지 못했던 이노베이터가 이 재료를 발견했다. 사실 이 사람에 대해선 여러 가지 설이 있었다. 당시 실업 중이던 마케팅 컨설턴트라는 사람도 있고 광고담당자 혹은 각지를 떠돌던 세일즈맨이었다는 사람도 있다. 하지만 단 하나 명확한 건 그의 이름이 피터 호지슨(Peter Hodgson)이라는 점이었다.

호지슨은 어느 날 저녁 이 재료를 놀이 소품으로 사용한 저녁 파티에 참석했다. 그곳에서 그는 대부분의 GE 기술자들이 간과한 점을 발견했다. 어른들이 이 재료를 이용해 놀 때 달라진 특성을 즐기는 장면을 목격한 것이다.

그는 당사자가 아이들이라면 더 재미있어 할 거라 생각했다. 매우 큰 규모를 자랑하는 유아 완구 시장을 예상하고, 더 나아가 '9세부터 90세까지' 흥미를 끌 상품이 될지도 모른다고 생각했다.

호지슨은 이것이 어디에서 왔고 누가 권리를 가졌는지부터 파악했다. 이후 GE는 호지슨에게 권리를 팔았지만 이 제품에 이름을 붙인 건 호지슨이었다. 바로 '실리 퍼티(Silly Putty, 장난감 찰흙의 일종–옮긴이)'다.

실리 퍼티가 대량으로 팔리고 50여년이란 시간이 흐른 뒤, 나는 중국 MBA 코스에서 학생들을 가르칠 기회가 있었다. 이 때 미국에서 이뤄진 마케팅 현황을 설명하기 위해 이 소재를 갖고 갔다. 가방에서 샘플을 꺼내자마자 교실에서 일제히 '실리 퍼티'라는 목소리가 터져 나왔다. 내가 아직 아무 것도 이야기하지 않았음에도 불구하고 말이다.

실업 중이든, 전국 각지를 떠돌든 공급 측의 이노베이션을 구사해 제품의 위대한 용도를 발견한 피터 호지슨에게 아마 이 이상의 칭찬은 없을 것이다.

두 가지 타입의 이노베이션

이노베이션에는 두 가지 타입이 있다. 하나는 앞 장에서 이야기한 '수요 측의 이노베이션', 다른 하나는 이번에 다룰 '공급 측의 이노베이션(Supply-Side Innovation)'이다. 이로 인해 이노베이션을 어떻게 관리하고 촉진하는지에 관해 두 가지 견해가 생긴다. 두 타입 모두 상황에 따라 적절하게 필요하지만 때론 다른 원칙이 더 중요해지기도 한다.

드러커는 '어느 타입의 이노베이션이든 조직화되고 체계화된 합리적 작업이 필요하다'는 공통점을 깨달았다.

내가 정의하는 공급 측의 이노베이션이란 '당초 의도한 목적과는 다른 기능에 기초한 이노베이션'이다. 실리 퍼티 이야기는 수요 측, 공급 측 양쪽의 이노베이션 사례를 잘 보여주고 있다. 하지만 이 경우 수요 측의 이노베이션이 제품 성공으로 이어지진 못했다.

당초 제임스 라이트는 명확히 정의되는 목표를 갖고 있었다. '새로운 합성 고무의 개발'이었다. 이러한 목표 달성에는 실패했지만, 그의 경력과 경험에서 보면 자신이 만들어낸 예기치 않은 성과를 통해 이노베이션을 일으킬 힘을 갖고 있었다. 유아 완구가 아니었다면 아마 실리 퍼티도 없었을 것이다.

전쟁에서 요구되는 것과 그 자신에게 주어진 임무가 명확히 정해진 가운데, 전쟁 이후 논리적 분석이 부족했던 GE는 이 제품에서 이노베이션 성공을 거두지 못했다. 하지만 새로이 생겨난 가능성은 있었다. 어쨌든 실리 퍼티의 원료는 그 후 악력 강화 상품으로 활용되어 아폴로 8호에 실린 채 우주까지 나갔다.

두 번째 이노베이터인 호지슨은 그저 한 파티에 참가했을 뿐이다. 판매 경험이 있는 전직 광고담당자(물론 이견도 있지만)로서 그는 놀이 소품으로 이용되는 제품의 또 다른 특성을 살려낼 능력을 갖추고 있었다. 사실 그가 한 일이라곤 소재가 지닌 가능성을 발견하고 실리 퍼티의 콘셉트를 만든 것뿐이다.

호지슨이 파티에 갔을 때만 해도 그런 일이 일어날 거라 아무도 생각지 못했다. 그는 제품의 기능이 실연되는 장면을 보러 갔던 것도 아니었고, 실제 눈으로 보기까지 제품의 존재를 알지도 못했다.

그가 그 자리에서 채산성을 높여 국제적으로 유명해진 완구를 만들려 했던 것도 아니다. 하지만 호지슨은 시간을 들여 공급 측의 원칙을 적용해 이노베이션을 초래할 수 있었다.

과학에 기초한 이노베이션의 불확실성

주로 플라스틱 관련 제품을 다루는 기업이 새로운 연구 부문을 창설했다. 이 회사는 신규 부문을 운영하기 위해 해당 분야에서 가장 두드러진 과학자를 영입했다. 그의 공적에 해당하는 발명 사례는 이미 몇 가지나 있었다. 그러한 발명으로 수많은 상을 받은 그는 '올해의 최우수 플라스틱 맨(Plastics Man of the Year)'이란 칭호까지 얻었다.

이 사람에게는 적절한 예산과 작은 연구소, 소수의 스태프가 지원되었다. 회사의 관심 분야 안에서 그가 흥미를 가진 것을 충분히 연구할 수 있었다. 아울러 회사는 그 외 구체적인 성과 목표를 따로 부여하진 않았다.

그가 손 댄 프로젝트에서 하나 정도는 이노베이션을 낳아, 회사에 경쟁우위를 줄 수 있는 제품을 선사할 것이라 기대했기 때문이다. 구체적인 목표가 없었기에 이는 회사가 공급 측의 이노베이션에 집중한 하나의 사례가 되었다.

하지만 5년 뒤 해당 연구 부문은 폐쇄되었고 책임 과학자는 해고되고 말았다. 연구소가 만들어낸 이노베이션이 중요하지 않았던 것도 아니고 이익 가능성이 불충분했던 것도 아니었다. 가능성만큼은 존재했지만, 이 부문은 5년간 커다란 성과를 올린 이노베이션을 하나도 만들어내지 못했다.

드러커의 연구 성과는 여기에서 벌어진 사안을 뒷받침한다. 그는 새로운 지식, 특히 과학에 기초한 이노베이션은 성공하는 이노베이션의 원천에 이르지 못할 뿐 아니라, 예상조차 불가능하다는 사실을 깨달았다. 이는 수요 측의 이노베이션이 유효하지 않다든지, 무시할만하다는 점을 의미하진 않는다.

내가 보기에 공급 측의 이노베이션과 이노베이터의 능력 및 의식에 기초한 이노베이션이 성공할 증거는 충분히 있다. 그리고 올바른 방식으로 시도하면 수요에 기초한 이노베이션보다 오히려 더 큰 가능성마저 가질 수 있다. 좋은 것이든 나쁜 것이든 예기치 않은 결과가 생길 때는 더더욱 그렇게 말할 수 있다.

하지만 안타깝게도 대부분의 경우 마케팅 의사를 결정하는 사람이 예기치 않은 결과를 무시하거나, 대성공에 이를 수 있는 잠재적 이노베이션을 포기해 도리어 큰 손해를 입는다.

실리 퍼티의 이노베이션을 이야기하자면, GE 경영진은 아마 합성고무의 개발에 초점을 맞춘 것이나 2차 세계대전 동안 나타난 니즈덕에 공급 측의 이노베이션 원칙을 적용하지 않았을 것이다. 적어도 GE는 권리를 호지슨에게 매각해 돈이라도 벌었다. 다른 기업은 잠재적인 이노베이션을 완전히 포기해, 사실상 이노베이션을 라이벌에게 빼앗겨 버리는 경우가 허다하다.

스스로 기회를 날려버린 R. H. 메이시

2차 세계대전 후 백화점 R. H. 메이시(R. H. Macy, 현 메이시스 Macy's)에서 가전제품 판매가 급증하는 양상을 보이기 시작했다. 판매가 늘어나는 것만이 아니라, 가전제품의 이익률이 메이시스의 주요 기반 상품인 패션용품보다 훨씬 더 높아졌다. 패션용품과 달리 가전제품은 반품이 거의 없고 소비자가 훔쳐가는 경우도 거의 없었다.

또한 가전제품을 사기 위해 방문한 고객은 점내에 머물며 패션용품 등 메이시스의 다른 취급 상품을 사는 경우도 많았다. 일반적인 경우라면 메이시스도 이 예기치 않은 수입 증가를 기뻐하며 이를 제대로 활용하려 했을 것이다. 하지만 경험이 풍부한 소매점이자 업계에서 최대 규모를 자랑한 백화점인 메이시스는 이 잠재적 이노베이션을 활용하는 데 실패하고 말았다.

메이시스는 총 매출에서 패션용품의 비율을 높이기 위해 의도적으로 가전제품 판매를 제한하는 캠페인을 펼친 것이다. 원칙적으로 보면 이러한 예기치 않은 사태에 해야 할 건 해당 아이디어를 더욱 정교하게 다듬는 일이다.

메이시스와 비슷하게 패션용품을 중시했던 '경쟁사' 블루밍데일즈(Bloomingdale's)는 당연히 그런 방향으로 나아갔다.

블루밍데일즈는 가전제품 판매를 강화한 것만이 아니라, '새로운 가정용품의 백화점'을 축으로 완전히 새로운 시장을 구축해냈다. 그들은 거기에서도 걸음을 멈추지 않았다. 가전제품 수요 증가의 배경에 있는 고객과 수요를 만족시킬 상품 라인업을 보다 다양하게 모색했다.

그 때까지 블루밍데일즈는 백화점 업계에서 4위 규모에 그치고 있었다. 하지만 예기치 않은 결과에 기초한 이노베이션을 성공시키며 매우 강력한 2위 자리에 오를 수 있었다. 반면 메이시스에서는 20년 뒤 새로운 경영진이 올 때까지 상황이 전혀 개선되지 않았다.

그렇다면 메이시스가 이노베이션의 명확한 신호를 거절했던 이유는 무엇일까? 답은 단순했다. 당시 백화점 업계 누구나 '경영 상태가 좋은 백화점은 패션 부문이 전체 매출의 70%를 만들어내야 한다'고 여겼기 때문이다. 그런데 기존 패턴에 어긋난 가전제품 판매고는 이윽고 메이시스의 전체 매출 중 60% 수준에 달했다. 이 수치는 메이시스 입장에서 더 독려해야 할 성장 가능성이 아니라 멈춰야 할 이상조짐이었다.

이 때 메이시스 회장은 '패션용품의 판매를 늘릴 수 없다면 가전제품 판매를 줄여야 한다'는 결론에 다다랐다. 그리고 당연히 가전제품 판매를 제한하는 '어리석은' 방침을 내놓기 시작했다.

예기치 않은 결과에 대처하는 방법

드러커는 '예기치 않은 결과에 어떻게 대응할지 판단할 때, 경영진이 예기치 않은 성공을 하나씩 검증하며 아래와 같은 네 가지 질문을 던져야 한다' 고 설명했다.

01. 예기치 않은 결과를 이용한 경우 자신들에게 어떤 의미가 있을까

즉, 예기치 않은 결과를 기회로 돌리기 위해 단기적인 비용과 편익은 무엇일까?

02. 이 결과가 자신들을 어디로 이끌 가능성이 있는가

단지 플라스틱제 호스에 구멍을 뚫는 것만으로 스프링클러 장치를 생각하는 사람은 일반 가정보다 양계장에서 예상 밖의 주문이 날아들지 모른다. 왜냐하면 양계장에서는 호스식 스프링클러를 염가 에어컨으로 사용하기 때문이다. 그는 양계장에 팔기를 주저하지 않았다. 이것이 새로운 시장을 열고 그는 그것을 적극 이용했다.

03. 예기치 않은 결과를 기회로 전환하기 위해 자신들은 무엇을 해야 할까

바꿔 말하면 회사에게 예기치 않은 결과를 수익성 높은 제품이나 시스템으로 전환하는 일반적인 방법에는 어떤 것이 있을까?

04. 어떻게 하면 할 수 있을까? 이를 위한 계획은 무엇인가

이 때 어떤 경영 자원이 필요하며 비용은 얼마 정도가 소요될까? 어떤 타이밍에 하면 좋을까? 투자가 초래하는 정량적 성과는 대략 어느 정도일까?

예기치 않은 실패에 대처하는 방법

예기치 않은 실패는 예기치 않은 성공과 마찬가지로 유익한 점도 있다. 대다수의 마케팅 담당자가 예기치 않은 결과가 생긴 진짜 이유를 제대로 검증, 조사하지 않기 때문이다.

마케팅 담당자들은 문제를 자주 '이해할 수 없는 고객(The Irrational Customer)' 탓으로 돌리곤 한다. 드러커는 포드 자동차가 에드셀(Ford Edsel)에서의 실패에서 다시 일어선 사실을 지적한다.

에드셀은 철저한 시장조사와 윌리엄 로이드 워너(William Lloyd Warner)가 1940년대 구축한 '올바른(Correct)' 사회경제적 분류법에 기초해 개발된 자동차였다. 철저한 공급 측의 분석 끝에 탄생한 자동차였지만 에드셀은 실패하고 말았다.

이에 대한 포드 측 조사에서는 별도의 구분법이 중요하다는 결과가 나왔다. 이를 통해 포드는 '썬더버드(Thunderbird)'라는 차량을 새로 개발했다. 이는 T형 포드가 발매된 이래 포드에서 가장 큰 성공을 거둔 자동차가 되었다.

하지만 이야기는 여기서 끝나지 않았다. 포드는 몇 년 뒤 또 다른 실패를 성공으로 바꿀 이노베이션 전략을 도출했다. 1950년대 후반 경제적인 외국산 소형차가 잇달아 미국 시장에 들어온 데 대응해 포드와 프리머스(Plymouth), 쉐보레(Chevrolet)는 잇달아 경제성 높은 차량을 투입했다. 포드의 팰컨(Falcon), 프리머스의 밸리언트(Valiant), 시보레의 콜베어(Corvair) 등이 그것이다.

이러한 신차들은 당초 성공 가능성을 보였지만, 어느 순간부터 판매 신장에 어려움을 겪기 시작했다. 이 때 포드는 재차 조사를 실시해 '팰컨 판매가 감소했지만 특정 옵션에 대한 소비자의 수요는 늘고 있다'는 의외의 사실을 발견했다.

당시 인기를 끌었던 건 버킷 시트(Bucket Seats), 패드가 들어간 대쉬보드(Padded Dash) 등 흔히 스포츠카에 갖춰진 옵션이었다. 포드는 여기에서 발견한 사실을 살려 포드 머스탱(Mustang)을 새로 출시했다.

예기치 않은 성공에 대한 네 가지 의문을 이야기할 때 드러커는 '분석(Analysis)'이란 말을 별로 좋아하지 않았다. 그는 "대기업이 예기치 않은 실패에 직면할 때 지나치게 분석하는 경향이 있다."고 말했다. 대신 드러커는 '조사(Investigation)'라는 말을 추천하며 질문하고 그 답에 진심으로 귀 기울이도록 했다.

그는 마케터에게 "누구나 알고 있는 사실에 집중하지 말라"고 조언했다. '누구나 알고 있는' 건 이미 기성사실에 해당한다. 메이시스처럼 경영 상태가 좋은 소매점이 어떤 모습이어야 한다는 정의, 포드 에드셀의 상품화에 활용된 적절한 시장 분류가 이에 해당한다.

예기치 못한 외부 현상에 의한 이노베이션

드러커는 이노베이션이 때때로 예기치 않은 외부 현상에서 생기는 점도 충분히 인식하고 있었다. 수많은 신제품을 통해 큰 부를 일군 기업가 조셉 코스먼(Joseph Cossman, 통칭 '조')은 실패한 제품을 연이어 성공으로 이끈 희대의 이노베이터였다. 그가 손 댄 각 제품은 항시 참신하고 최첨단을 달리는 듯 보였다. 그는 대부분 예기치 않은 외부 현상에서 이노베이션의 원천을 찾았다.

그가 손 댄 첫 히트상품은 '코스먼의 앤트 팜(Ant Farm, 개미집)'이었다. 코스먼이 등장하기까지 누구나 개미집이라는 도구를 들어본 적이 없었다. 하지만 이 제품은 이미 오래 전부터 존재했던 것이다.

제조업자는 나무와 유리를 사용해 개미 감옥을 만들었다. 대개 학교 선생님들은 개미집 만드는 법을 적은 설명서를 나눠주고, 학생들은 유리를 통해 개미집을 관찰할 수 있었다.

개미집은 진짜 의미로는 완구가 아니고, 오히려 교재이며 현재 교실에서 사용하는 부자재였다. 이 제품은 부분적으로 유리를 사용하기에 아이들이 개미집을 만질 때는 안전상 어른(대부분은 교사)이 감독하도록 했다. 개미집을 담는 이 같은 용기는 매년 수천 개씩 팔리고 있었다.

코스먼은 이 교재를 보고 유리와는 다른 신소재의 도입을 생각해냈다. 개미 감옥을 투명한 플라스틱으로 만들면 어른들의 감독 없는 곳에서도 아이가 관찰할 때 위험성이 크게 줄어들기 때문이다.

이로서 개미집은 단순히 교재를 넘어 모든 아이가 즐길 수 있는 교육 완구가 되는 것이다.

기존 나무와 유리 구조를 플라스틱 재료로 바꾸는 건 대체품(Substitution) 기능에 기반한 이노베이션이었다. 코스먼은 개미 감옥을 만드는 재료를 플라스틱으로 바꾸는 과정에서 다음과 같은 일을 했다.

1. 제품 이름을 '앤트 팜'으로 변경했다.
2. 기존 상품보다 저렴한 플라스틱 소재와 간단한 생산 방식을 이용해 가격을 낮춘다.
3. 각 상품마다 '사육증서(Stock Certificate)'를 넣었다. 코스먼에게 이 증서를 보내면 개미집을 만들기 위해 살아있는 개미 25마리를 보내주도록 보증한다. 이로서 소비자들은 자신들의 손으로 직접 개미를 조달할 필요가 없어졌다.
4. '앤트 팜'을 교육 완구이면서 하나의 가정 완구로 재정립한다.
5. 새로운 유통 경로를 모색한다.

이 같은 이노베이션이 초래한 결과는 실로 엄청났다. 코스먼은 단기간에 100만 개 이상의 '앤트 팜'을 팔아치웠다. 이로서 코스먼은 전국적으로 유명해져 캐롤라인 케네디(Caroline Kennedy, 존 F. 케네디 대통령의 딸-옮긴이)를 위해 백악관까지 '앤트 팜'을 팔았다.

그는 그 후에도 몇 번이나 외부 현상에 기초한 이노베이션으로 같은 과정을 반복, 연이어 빅히트를 날렸다.

어느 해에는 감자 풍작으로 예상 밖의 공급 과잉이 생긴 적이 있었다. 이 때 코스먼은 감자탄을 쏘는 장난감 총을 생산할 권리와 기계를 샀다. 권리와 기계에 지불한 돈은 단돈 500달러였다. 원래 이를 개발한 사람은 감자총을 10만정이나 만들었지만 1만정 밖에 팔지 못했다.

코스먼은 감자 농가에게 '감자 공급 과잉이 초래한 경제난에서 구출해주겠다'고 약속했다. 그러면서 이들 농가의 지원을 얻어 감자 5톤을 입수, 효과적인 프로모션을 전개했다. 〈LA 타임스〉는 '코스먼이 6개월간 감자총(Potato Guns)을 200만정 이상 팔았다'고 보도해 큰 화제를 모았다.

또 코스먼은 폐점 세일하던 액세서리를 1만점이나 구입한 적도 있다. 각각의 목걸이에 일곱 가지 인공 보석이 붙어 있는 제품이었다. 보기에 꽤 예뻐 보였지만 코스먼의 판로는 막혀 있었다. 아니, 전혀 팔 수 없는 상황이었다.

그 때 그는 TV에서 한 젊은 여성이 '최면술에 걸려 어린 시절로 돌아간 적이 있다'는 이야기를 들었다. 거기에서 한 최면술사가 기묘한 행동을 하며 그 여성에게 "전생에 아일랜드에서 살았으며 브라이디 머피(Bridey Murphy)라는 이름의 소녀로 살았다."고 말했다.

이것이 큰 화제가 되어 최면술에 대한 인기가 미 전역을 석권했다. 당시 이 장면을 지켜보던 코스먼은 무릎을 쳤다.

항시 새로운 아이디어에 관심을 가진 그는 이 때부터 최면술을 공부하기 시작했다. 당시 그에게 최면술을 가르쳐주던 사람이 "대상자를 최면에 의한 트랜스 상태로 유도하기 위해선 시선을 고정시키는 과정이 필요하다. 대상자가 전 신경을 집중시킬 수 있는 것이라면 뭐든지 좋다."고 말한 사실에 주목했다. 이에 코스먼이 "인공 보석은 어떠냐?"고 묻자 강사는 "충분하다."고 답했다.

훗날 코스먼은 "갑자기 내가 시선을 고정시키는 점(Fixation)을 7만개나 갖고 있다는 사실을 깨달았다."고 말했다. 그 자리에서 그는 최면술사와 함께 최면 유도와 그 외 정보를 비닐판 레코드에 녹음했다. 여기에 설명서와 무료 최면 보석을 붙여 수만 세트나 팔아 100만 달러 이상을 벌었다. 나 역시 10대 때 코스먼의 주요 고객 중 한 명이었다.

한편 잠수 기구를 전문적으로 만들던 회사가 부업으로 아이들 잠수 완구의 제조 판매에 나선 적이 있다. 잠수용 헬멧을 쓴 인형이 호스가 붙은 플라스틱제 벌브로 이어져 있었다.

인형은 꽤 무게가 나가 물에 넣으면 금새 가라앉았다. 하지만 아이가 플라스틱제 벌브를 쥐면 잠수용 헬멧에 공기가 보내져 헬멧과 인형이 동시에 수면으로 떠오르는 구조였다.

문제는 공기를 보내는 벌브 소재로 플라스틱이 좋지 않다는 점이었다. 벌브를 10번 정도 쥐면 금이 생겨 완구가 아예 망가져 버리기 일쑤였다.

코스먼은 수백 달러를 들여 이 완구의 권리와 제조 기계를 샀다. 아마 대부분의 마케터들이었다면 단지 플라스틱 벌브를 고무제로 바꾸고 끝냈을지 모른다.

그러나 코스먼은 '이 완구가 이미 판매에 악영향을 주는 악평을 얻고 있다'는 사실을 깨달았다. 거기에서 지역 대학을 방문한 그는 한 화학과 교수에게 "인형이 수면 아래서 움직이기 위해 쓸 수 있는 일반적이고 무해한 화학품은 없는지" 물었다. 이에 교수는 "물론 있다."고 답했다. 바로 입자 상태의 중탄산소다(Baking Soda Pellets)였다.

코스먼은 잠수용 헬멧도, 호수도, 벌브도 버린 채 인형 다리에 고무제 물갈퀴를 붙여 호스가 붙여진 곳에 입자 상태의 중탄산소다를 삽입했다. 그러자 코스먼의 신제품은 물 속에서 진짜처럼 수영할 수 있었다. 그는 이것을 '플리피 더 프로그맨(Flippy the Frogman)'이라 이름 붙여 수십만 개를 팔아치웠다.

여기에서 코스먼은 재차 외부에서 일어난 예기치 않은 결과에 집중했다. 수중에서 움직이는 플리피 더 프로그맨이 물고기들을 유도할 수 있었던 것이다. 이 같은 신기한 결과에 코스먼은 추가적인 기능을 더한 제품까지 개발, 판매를 시작했다. 바로 '피셔맨 조스 피싱 루어(Fisherman Joe's Fishing Lure)'가 그것이다.

성공하는 이노베이터의 특성

수요 측 이노베이션과 마찬가지로 성공은 바르게 실행될 때 찾아온다. 우리는 대개 먼저 정의부터 세우지만, 이노베이션에 대한 드러커의 정의를 안다면 그가 이야기한 내용의 의미, 그리고 체계와 분석(혹은 때로는 조사), 근면한 노력을 강조한 중요성을 깨닫게 된다.

동시에 드러커가 추천한 내용도 보다 깊이 이해할 수 있다. 그는 이노베이션을 '새롭고 미지의, 존재하지 않는 것에 대한 설계와 개발이자 오래 되고, 기존 요소의 새로운 경제적 구성을 확립한 것'이라 정의했다. 그러면서 드러커는 '이노베이션은 제각각의 요소를 잇는 혼합 연결망(Mixing Link)이자, 통합하면 위대한 힘을 갖게 되는 시스템'이라고 요약했다.

그 때문에 이노베이터에게는 그들을 비이노베이터(Non-Innovator)와 구별하는 커다란 특성이 있다. '다른 사람의 눈에는 그저 무관하며 별도 요소처럼 보이는 것을, 하나의 시스템으로 마음 속에 그리는 능력'이다.

이노베이션이 최대 기회를 낳는 분야를 개척하기 위해 드러커는 아래와 같이 이노베이터가 물어야 할 세 가지 질문을 추천한다.

1. 이미 가능한 것을 실제 사용하기 위해 무엇이 빠져 있는가?
2. 우리의 경제적 성과를 변모시킬 작은 단계는 무엇인가?
3. 우리의 자원 전체를 바꿀 작은 변화점은 무엇인가?

2부 2장에서 헨리 카이저가 자동차의 조립법을 조선 건조 과정에 적용할 때 중요한 변화점을 발견한 사례를 들었다. 엘리아스 하우는 바늘에 실을 넣는 구멍에서 작은 변화점을 발견했다.

이 장에서는 포드가 썬더버드와 머스탱에서 지금까지와는 다른 분류법을 이용하고, 코스먼이 앤트 팜에 별도 재료를 도입한 사례에 대해서도 살펴봤다.

'스펏 건(Spud Gun)'이라 명명된 코스먼의 감자총은 총탄과 그 조달처가 매우 중요한 혁신 요소였다. 그가 발견한 저렴한 액세서리는 최면에 의한 트랜스 상태를 가능하게 만들고자 시선을 고정하는 포인트로 전환되었다.

플리피 더 프로그맨에서는 대부분의 사람들이 생각할 수 있는 벌브 소재의 변경이 아니라 입자 상태의 중탄산소다를 이용했다. 어떤 경우라도 이노베이터는 작고 간단한 해결책을 찾는다.

드러커가 썼듯 '모든 비즈니스의 기초는 마케팅과 이노베이션이다. 그리고 이노베이션은 마케터들이 습득해야 할 핵심 요소'인 것이다.

4장

기업가적 마케팅

'기업가 정신(Entrepreneurship)'이란 이노베이션을 경제적인 물건이나 서비스로 바꾸는 것과 연관되어 있다. 그렇게 보면 기업가 정신과 마케팅 사이의 긴밀한 관계를 충분히 이해할 수 있을 것이다.

드러커는 그 관계를 특정한 것만이 아니라 두 가지 활동을 연결한 책까지 썼다. 또 그는 '기업가 정신과 그에 요구되는 전문적 마케팅의 원칙이 조직화될 수 있다'는 사실을 깨달았다. 이러한 원칙이 체계적인 적용을 위해 반드시 정리되어야 한다는 점 역시 그는 인식하고 있었다.

이 문제에 관한 드러커 연구는 지금으로부터 약 60년 전에 시작되었다. 뉴욕대 경영대학원에서 소수의 기업경영자들이 일주일에 한 번씩, 이 테마에 관한 세미나에 참가했을 때의 일이다.

모임은 드러커가 구축한 초기 개념을 시험할 수 있는 실험실을 제공했다. GE, IBM 등의 대기업 외에도 대형은행이나 출판사, 제약회사 등이 활동에 관여했다. 이외 가톨릭교회의 뉴욕대주교조차 해당 세미나에 참가했다.

이후 드러커는 다양한 컨설팅 활동으로 마케팅과 기업가 정신의 원칙을 뒷받침했다. 그 대상은 대기업이나 신생기업의 범위에 머물지 않고 노동조합, 릭 워렌(Rick Warren) 목사의 새들백 교회, 미 걸스카웃연맹까지 폭 넓은 규모를 자랑했다.

기업가적 마케팅의 네 가지 접근법

드러커는 체계적인 기업가적 마케팅 전략을 네 가지의 접근법으로 정리했다. 이러한 네 가지 요소는 서로 모순되지 않지만 각각 독자적 필요조건을 갖는다. 아래 내용이 그 네 가지 접근법이다.

1. 새로운 시장, 산업의 지배
2. 현재는 대응하지 않는 시장 개척
3. 특화된 '생태학적 틈새'를 발견하고 점령하는 것
4. 제품이나 시장, 산업의 경제적 특징을 바꾸는 것

01. 새로운 시장, 산업의 지배

Dominance of A New Market

드러커는 새로운 시장이나 산업의 지배를 '최대 세력과 속도로(Fustest with the Mostest)'라 명명했다. 그는 이 말을 남북전쟁 때 활약한 남부 연합 기병대 지휘관의 말에서 인용했다. 그의 이름은 네이선 베드포드 포레스트(Nathan Bedford Forrest)다. 그는 '남부 연합에서 가장 재능있는 인물 중 한 명'이었다.

남북전쟁 전 포레스트는 대규모 플랜테이션을 소유한 농장주, 노예상인으로 큰 부를 일궈 남부에서도 굴지의 부호로 알려져 있었다. 남부 연합 정부에서 병역을 면제받은 대부호임에도 불구하고 그는 일개 병사로서 남군에 입대했다.

군사 교육만이 아니라 대학 교육조차 받지 않았지만 그는 곧 장교로 임명, 입대 1년 만에 연이어 진급한다. 중령, 대령, 마지막으로 준장 자리에까지 올랐다. 그러나 사실 포레스트는 앞서 소개한 '최대 세력과 속도로'라는 말을 한 번도 이야기하지 않았다.

전쟁 중 남군 장군의 승리 여부를 묻는 질문에 그는 "나 자신은 단지 병사 대부분과 첫 전장에 도달했을 뿐"이라 말했다. 하지만 몇 년 뒤, 누군가 그를 '남부의 크래커(Cracker, 장난감 딱총을 말하는 조롱 섞인 말-옮긴이)'로 조롱하며 포레스트가 처음에 말했던 의미를 제멋대로 개악해버린 것이다.

포레스트는 '상대보다 우수한 전투력을 중요한 전장에 집중시키는 게 전략'이라 배웠다. 이를 달성하는 하나의 방법은 적보다 우수한 투쟁력을 갖고 중요한 전투지에 먼저 도착하는 것이었다.

일반적인 마케팅 전략 용어로 말하자면, 결정적으로 중요한 포인트를 지배하기 위해 우수 자원을 집중시키는 것이다. 기업가적 마케팅에서 이 전략은 신산업 혹은 신시장을 창출하는 과정을 지칭한다.

애플(Apple)이 탄생하기 전 개인용 PC 시장은 존재하지 않았다. 그저 IBM 5100, Wang 2200, HP 9830 시리즈와 Datapoint 2200이 프로용-사무용 컴퓨터 시장을 지배하고 있었을 뿐이다. 이러한 제품들은 모두 대당 가격이 5,000~20,000달러에 이르렀다.

경영 자원이 윤택한 대기업이 이러한 컴퓨터들을 생산했고, 그 중 선두 기업인 IBM은 시장 전체의 70%를 차지했다. IBM은 자원과 마케팅 능력을 갖고 있을 뿐 아니라, 누구나 인정하는 최고의 연구개발팀까지 보유하고 있었다.

가정용 컴퓨터 시장도 있었지만 주로 게임용이었다. 코모도어(Commodore), 라디오섁, 내셔널 세미컨덕터(National Semiconductor)는 모두 컴퓨터 숍, 가전판매점, 백화점 등을 통해 대당 500~1,000달러의 컴퓨터를 팔고 있었다. 그러나 이러한 제품은 프로그래밍이 가능한 컴퓨터가 아니었다.

애플을 공동 창업한 스티브 잡스와 스티브 워즈니악(Steve Wozniak)은 모두 돈이 없었다. 그리고 기술적인 노하우와 마케팅 경험도 갖추지 못했다. 개발팀이나 물건을 만드는 생산설비도, 유통 시스템도 갖고 있지 않았으며 둘 다 대학조차 제대로 졸업하지 못했다.

하지만 두 기업가는 가정이나 일터에서 누구나 쓸 수 있는 저렴한 컴퓨터의 필요성을 인식하고 그 시장이 아직 존재하지 않는다는 사실을 깨달았다. 만일 우수한 컴퓨터를 개발하기 위해 경영 자원을 모을 수 있다면, 이 시장을 창출하고 도전자가 나오기 전까지 시장을 지배할 수 있을 것이라 여겼다.

둘은 첫 신제품을 '애플 2'라 명명했다. '애플 1'은 진짜 의미로는 개인용 PC가 아니라 타사 컴퓨터용 주기판(Motherboard)에 지나지 않았다. 애플 2의 발매 후 매출이 20만 달러에 달하자 그들은 마케팅 능력이 뛰어난 인물을 채용해 사업 확대에 나섰다. 인텔의 마케팅 관리자였던 마이크 마쿨러(Mike Markkula)였다.

1979년이 되자 애플은 미국 내에서 자사 컴퓨터를 취급하는 소매점을 500점까지 확대했다. 하지만 애플의 성공 결과 30개사 이상이 개인용 PC 시장에 참여하기 시작했다. 대다수의 애널리스트들은 '애플이 스스로 개척한 틈새시장으로 사업 범위를 좁힐 것'이라 예상했다.

그러나 드러커가 그린 '최대 세력과 속도로' 전략에서 중요한 점은 틈새를 지배하는 게 아니라, 완전히 새로운 시장 전체를 지배하는 것이었다. 이미 애플은 그 지점에 도달하고 있었다.

애플은 이미 22,000 평방피트의 공장 면적을 10만 평방피트까지 확장했다. 자사 제품을 다루는 소매점을 늘리기 위해 독립계 유통업자 5개사를 통해 유통망 확대도 모색했다. 조업 개시 후 채 4년도 지나지 않아 애플 컴퓨터가 주식을 상장한 해에는 매출 2억 달러,

순이익은 1,200만 달러에 달했다.

그 이듬해 애플은 누구나 인정하는 개인용 PC 시장의 선두 기업이 되어 새롭게 등장한 경쟁 기업들을 잇달아 낙오시켰다. 이후 애플은 수많은 부침을 경험했지만, 시장을 창출하고 지배하기 위해 '최대 세력과 속도로' 전략을 실천해 온 건 누구도 부정할 수 없다.

드러커의 논법에 따르면 시장 내지 산업을 지배하는 전략(기업가적 전략 중 가장 리스크가 높은 전략) 실천은 아래 조건이 갖춰지고서야 비로소 성공할 수 있다.

1. 산업과 시장을 지배한다는 목적을 달성하지 못하면 모두 실패하고 만다.
2. 상황에 관한 면밀 혹은 신중한 분석(시산)에 기초하지 않으면 절대 성공할 수 없다.
3. 기본적인 아이디어가 성공한 뒤 선두 자리를 유지하기 위해 지속적인 노력이 이뤄지지 않으면 경쟁사를 위한 시장이 창출된다. 이 점에서 애플은 몇 번이나 위기를 겪지만 IBM이 참여할 때까지 주도권을 지킬 수 있었다.

   또 IBM은 성공적인 시장 참여를 위해 드러커와 다른 기업가적 접근법을 취했다. '창조적 모방'이라 불리는 수법에 대해선 이후 자세히 살펴본다.
4. 마케팅 전략가는 경쟁사에 앞서 체계적으로 가격을 낮춰야 한다.

02. 현재는 대응하지 않는 시장 개척

Development of A Currently Unserved Market

드러커는 부족한(빠져 있는) 재료를 제공해 새로운 시장을 만들어내는 접근법에도 화려한 이름을 붙였다. '사람 없는 곳으로 날려라(hit them where they ain't)'는 것이다.

이 말은 남북전쟁에 참전한 장교들에게서 유래한 말이 아니었다. 실은 야구 명예의 전당에 들어간 윌리 킬러(Willie Keeler)의 말이다.

키 165cm의 킬러는 메이저리그에서 뛴 선수치고는 키가 매우 작았다. 하지만 그는 작은 키에도 불구하고 1898 시즌에 올린 .385의 평균 타율로 '통산 1,000안타 이상 날린 선수가 기록한 타율 중 최고 수치'를 기록했다.

킬러의 전략은 매우 단순했다. 상대 팀 선수가 보이지 않는 곳으로 볼을 치는 것이다. 타자는 날아오는 볼을 자신의 방망이로 쳐서 성공을 거두려 한다. 킬러는 이에 더해 "타자는 수비가 비어있는 외야로 볼을 날려야 한다."고 말했다.

드러커의 '사람 없는 곳으로 날려라' 전략에는 기본적인 방법이 2개 있었다. 하나는 확립된 성공 사례를 흉내 내며 부족한(빠진) 재료를 채우는 창조적인 방법이다. 그는 이 방법을 설명하기 위해 하버드대의 마케팅 교수 시오도어 레빗이 처음 이야기한 말을 빌린다. 바로 '창조적 모방(Creative Imitation)'이다.

또 하나의 방법은 이미 존재하나 성공하지 못한, 혹은 적어도 아직 충분히 발달하지 못한 제품을 활용하는 것이다. 드러커는 이 방법을 '기업가적 유도(Entrepreneurial Judo)'라 불렀다. 바꿔 말하면 '한 쪽의 방법은 성공한 제품을 노리고, 다른 한 쪽은 아직 성공하지 않은 제품을 노리고 있다'라고 얘기할 수 있다.

'마케팅 구루'로 불린 마이크 브라운(Mike Brown)은 "마케터는 이 전략을 실천할 때 아래 사항을 항상 자문해야 한다."고 말했다.

1. 고객이 요구했는데 우리가 아직 채우지 못한 건 무엇일까?
2. 우리 제품이나 서비스에 대한 불만 중 가장 빈번히 고객에게서 나오는 건 무엇일까?
3. 우리 제품이나 서비스에 대한 불만 중 가장 빈번히 직원이 만들어 내는 건 무엇일까?
4. (업계를 불문하고) 가장 성공한 우량 기업은 자사 브랜드와 고객과의 관계를 강화하기 위해 무엇을 하는가? 어떻게 하면 우리는 그것을 모방할 수 있을까?

IBM으로 이야기를 돌려보자. 애플은 개인용 PC 시장을 창출하고 지배했다. 애플의 성공 이후 IBM은 당연히 그 시장에서 애플에 대한 반격에 나섰다. IBM은 그 자리에서 업계 표준인 OS와 컴퓨터를 개발해 목표를 달성할 수 있었다.

하지만 IBM이 추가한 재료에는 기술적 우위성이 없었다. 기술적 우위성은 애플이 그 후 몇 년간이나 유지했다. IBM이 한 일이라곤

'제대로 기능하는 신뢰성 높은 컴퓨터를 만들고, 브랜드명과 유통 시스템을 적절히 활용한' 것이었다.

무엇보다 누구나 그 컴퓨터의 소프트웨어를 쓸 수 있게 만든 개방성이 주효했다. 마지막 기능은 애플의 컴퓨터에는 없던 것이다. IBM은 이 마케팅 전략으로 불과 시장 참여 2년 만에 시장의 주도권을 쥘 수 있었다.

드러커는 '기업가적 유도가 리스크가 낮은 전략'이라고 생각했다. 이노베이터는 자신들이 처음 세상에 내놓은 제품으로 실패를 빈번하게 반복하는 경향이 있기 때문이다. 이를 위해 이노베이터에게서 시장을 빼앗는 건 비교적 쉬운 점도 있었다.

유도라는 운동은 상대 힘을 역이용하는 데 비밀이 있다. 이노베이터들은 스스로 발명한 제품을 무시할지 모른다. 일본 기업들은 그렇게 트랜지스터를 손에 넣을 수 있었다.

트랜지스터를 개발한 건 사실 미국의 벨 연구소(Bell Labs)였다. 하지만 그들은 '이 제품이 결실을 맺으려면 더 오랜 시간이 필요하다'고 여겼기에 트랜지스터는 무시되고 말았다. 하지만 실제 벌어진 결과는 전혀 달랐다.

혹은 '이노베이터는 자신들의 이노베이션에서 커다란 지배력을 갖기 위해 거의 영구적으로 프리미엄 가격을 유지할 수 있다'고 여기곤 한다. 드러커가 지적한 대로 이 같은 잘못은 틀림없이 경쟁사를 시장에 끌어들인다.

또한 이노베이터는 사는 쪽에서 가치를 구성하는 구조에 대해서도 오해하고 있을지 모른다. 무엇이 가치 있고 무엇이 가치 없는지를 결정하는 건 항시 사는(수요) 쪽이지, 파는(공급) 쪽이 아니다. 그리고 기업은 제품 최적화가 아니라 이익의 최대화를 모색할 가능성이 있다.

이는 포드 자동차가 T형 포드의 개발로 멋지게 이노베이션을 일으켰으나, 이후 GM이 다양한 색과 옵션을 제공하기 시작하며 포드는 40년간 이어온 대중차 시장의 선두 자리를 빼앗긴 사례에서 확인할 수 있다.

03. 특화된 '생태학적 틈새'를 발견하고 점령하는 것

Finding and Occupying A Specialized 'Ecological Niche'

드러커의 기업가적 마케팅 중 세 번째 접근법은 '틈새 마케팅(Niche Marketing)'이라는 코틀러의 전략과도 상당히 유사하다. '생태학적 틈새(Ecological Niche)'란 생태계 내의 특정 생명체가 존재하는 장소 내지 그것이 갖는 기능을 말한다.

드러커는 이 접근법을 앞서 말한 두 가지 접근법과 구별해 "경쟁 상대와 싸우는 것보다 지위 획득과 지배에 중점을 둔 접근법"이라고 말했다.

드러커에 따르면 '생태학적 틈새를 점령하면 마케터는 경쟁에서 영향받지 않게 된다'고 한다. 왜냐하면 이 같은 접근법의 포인트가 해당 제품이 필요 여하에 관계없이 눈에 띠지 않는 것, 혹은 잠재성이 한정된 것처럼 보여 경쟁사가 나오지 않도록 만들기 때문이다.

마케터는 제공하는 제품과 서비스, 그리고 그 회사를 생태계 내의 최적 틈새에 투입한다. 여기에서 내가 재차 사례로 든 건 ICS라는 작은 회사였다.

이 회사는 컴퓨터 시장의 성립 초기, 교육용 컴퓨터 사업으로 IBM에 도전해 IBM을 시장에서 쫓아내는데 성공했다. 사실 IBM 입장에서 보면 오히려 경쟁하는 게 노력의 낭비처럼 보였기 때문이다.

드러커는 이 접근법을 실천하는 세 가지 방법을 발견했다. 우선 그는 "톨게이트(Toll-Gate) 포지션을 획득해야 한다."고 말했다. 즉, '경쟁사가 필요로 하는 데 절대 빠질 수 없는 뭔가를 지배하면, 라이벌 기업도 당신이 공급하는 내용물 없이는 사업을 전개할 수 없게 된다'는 것이다.

시에라 엔지니어링 컴퍼니(Sierra Engineering Company)는 파일럿의 산소 마스크용 특수 밸브를 생산할 수 있는 유일한 회사가 되어 이 같은 지위를 얻었다. 산소 마스크를 팔고 싶으면 반드시 그 밸브가 필요하다.

특화된 생태학적 틈새를 점령하기 위한 다른 두 가지 방법은 전문기술을 갖고 있는지, 혹은 특수한 시장에서 일하는지 여부에 달렸다. 현재 사회 구조는 매우 전문화되어 있기에 특정 시장에서 (경쟁자가 적은) 전문성을 손에 넣는 건 그리 어렵지 않다.

이전에는 의학박사는 의학박사이고 척추 지압사는 척추 지압사였던 시대였다. 그러나 이는 이미 양쪽 직업에 관한 정확한 설명이 아니다.

예를 들어 정식 자격을 갖춘 상부경추 지압사를 찾아도 전미에 50명이 채 되지 않는다. 내가 아는 사람은 이 서비스를 받기 위해 1년에 몇 번, 대도시 사이의 편도 수백 마일이나 되는 길을 운전하고 있다. 이 특수 서비스가 필요하다면 당신도 비슷한 노력을 기울여야 할 것이다.

ICS는 어떤 사례에도 뒤처지지 않을 좋은 예다. 확실히 IBM이 마음만 먹었다면 ICS를 얼마든지 시장에서 몰아낼 수도 있었을 것이다. 하지만 IBM에는 그 외에도 해 나가야 할 일(분야)들이 많았기에 당시는 아무런 저항감 없이 시장에서 물러났다.

04. 제품이나 시장, 산업의 경제적 특징을 바꾸는 것

Changing The Economic Characteristics of A Product, A Market, or An Industry

드러커가 든 기업가적 마케팅의 마지막 접근법은 '유일하게' 이노베이션의 도입을 필요로 하지 않은 것이다. 이 접근법에서는 '전략이 곧 이노베이션'이 된다. 이러한 이노베이션 전략에는 네 가지 타입이 있고, 모두 고객을 창출해 내는 궁극적인 목적을 갖는다.

고객 창출은 경영 실무를 탐구하기 시작한 이래 지속적으로 드러커가 주장해 온 사항이다. 드러커가 말한 네 가지 이노베이션 전략은 다음과 같다.

1. 유용성을 만들어 내는 것
2. 고객 니즈에 따른 가격 설정
3. 고객의 사회적, 경제적 현실에 적응하는 것
4. 고객에게 진짜 가치를 제공하는 것

1. 유용성을 만들어 내는 것

Creating Utility

오래 전 시카고대에서 경제학을 배우던 때 나는 'Utils'라는 말이 '유용성(Utility)'의 약자이자, 그 유용성은 상대적인 고객만족도의 척도라는 사실을 깨달았다. 그 때문에 이 같은 접근법에서 드러커가 제시한 첫 전략은 '고객 만족을 높이기 위해 제품이나 서비스의 변경'을 의미했다.

콘 아이스크림의 사례가 이 분류에 들어갈지 모른다. 콘 아이스크림을 발안한 사람에 대해선 여러 설이 있지만, 첫 특허증은 1903년 이탈로 마르키오니(Italo Marciony)라는 이름의 이탈리아계 이민자에게 교부되었다.

처음 콘 아이디어가 떠오른 건 1896년으로, 가게에서 아이스크림을 담는 유리 용기를 고객이 깨거나 아예 집으로 갖고 돌아가는 문제를 해결하는 게 목적이었다.

마르키오니는 고객이 이전에 깨버리거나 갖고 돌아가는 용기를 도리어 먹을 수 있는 소재로 만들어 유용성을 높였다. 이 때 마케터는 기존에 보충해야 할 유리 용기의 비용을 삭감해 자신도 유용성(이점)을 높일 수 있었다.

사실 유용성을 높이는 방법은 무수하게 존재한다. 예를 들어 운동기기 제조사가 구매자에게 추가 제품을 제공한다. 레스토랑이 식사한 끼당 와인 한 잔을 무료로 제공해 식사 체험을 더 값어치 있게 만든다.

미 우체국(US Postal Service)의 경우 우선적으로 배송하는 짐용으로 다양한 사이즈의 무료 상자를 준비하여, 짐의 중량이 아니라 사이즈마다 일률적인 요금을 설정했다. '상자에 들어가면 배송된다(If it fits, it ships)'는 슬로건으로 호소한 유용성은 우체국의 매출을 큰 폭으로 늘렸다.

유용성을 만들어내는 건 간단하다. 고객 관점에서 자신의 고객을 정말로 즐겁고 유익하게 만드는 게 무엇인지 자문하는 것만으로도 충분하다.

2. 고객 니즈에 따른 가격 설정

Pricing in Accordance with The Customer's Needs

가격 설정은 예전부터 현명한 마케터들이 자주 사용해 온 전술이었다. 하지만 드러커는 "기업가적 마케팅에서 가격 설정은 기업이 파는 게 아니라, 고객이 사는 것과 고객의 니즈에 따라 철저히 이뤄져야 한다."고 말했다. 고객과 가격 설정을 중시하는 드러커의 생각은 5부에서 상세히 살펴본다.

3. 고객의 사회적, 경제적 현실에 적응하는 것

Adapting to The Customer's Social and Economic Reality

대부분의 마케터는 '이해할 수 없는 고객'에 대해 말한다. 그러나 드러커가 보기에 그런 건 애당초 존재하지 않는다. 드러커는 "마케터의 현실과 멀리 떨어져 있을지 모르지만 고객은 항시 합리적이라 여겨야 한다."고 말했다.

메리 케이 코스메틱스(Mary Kay Cosmetics)의 CEO로 이름을 널리 알린 메리 케이 애쉬(Mary Kay Ash)는 이전 자신의 생일 때 첫 신차를 사기 위해 돈을 모은 이야기를 한 적이 있다. 그녀는 다양한 브랜드가 출시한 모델들을 검토하고 매장 표시 가격을 모두 체크한 뒤 원하는 자동차를 선택했다. 당시 그녀는 자동차를 사기 위한 돈을 모두 현금으로 지갑에 갖고 있었다.

하지만 당시만 해도 자동차를 사는 여성이 많지 않아, 그녀는 매장 내 판매원에게 무시당하기 일쑤였다. 겨우겨우 주의를 끄는 데 성공했지만, 그 판매원의 태도가 상당히 퉁명스러웠기에 그녀는 점장과 직접 이야기하길 원했다.

점장은 한 시간 동안 점심식사를 먹기 위해 막 외출한 상태였다. 한 시간이나 낭비해야 했기에 그녀는 가까운 곳에 있는 경쟁 브랜드의 매장을 찾기로 했다.

그 매장에서 그녀는 "그냥 보기만 할게요."라고 말했음에도 판매원은 매우 상냥하고 정중히 응대해줬다. 결국 그녀는 그곳에서 자동차를 사고, 앞서 점장과 이야기하기 위해 처음 방문했던 매장으로 돌아가지 않았다. 이 같은 상황을 이해할 수 없을지 모르나 그녀의 현실에선 꼭 그렇지도 않았다.

마찬가지로 교묘한 가격 설정을 검토할 때 이렇게 생각해보면 좋을 듯하다. 세 가지 제품이 있고 어느 게 가장 좋은 제품인지 모를 때, 그 자리에서 반드시 결정해야 할 경우 세 가지 중 품질이 가장 좋은 게 어떤 것인지 어떻게 판단하면 좋을까?

대부분의 잠재 고객은 가격이 가장 비싼 것을 선택한다. 이는 이해할 수 없는 행동일까? 아니, 오히려 그들의 현실에서는 충분히 이해할 수 있는 일이다. 중요한 건 고객의 현실이라는 점을 항시 염두에 두면 좋겠다.

4. 고객에게 진짜 가치를 제공하는 것

Delivering What Represents True Value to The Customer

'진짜 가치(True Value)'는 품질과 마찬가지로 고객이 결정하는 것이지 마케터가 결정하는 게 아니다. 이 점이 중요한 건 고객이나 바이어가 어떤 제품이나 서비스를 살 것이기 때문이다. 그들은 욕망이나 요구의 만족감을 구입한다. 사는 쪽이 곧 가치를 사는 것이다.

큰 돈을 쏟아 부어 자사 제품에 덤을 붙이는 기업들이 있다. 이러한 기업들은 '덤이 고객에게 가치를 의미하고 고객을 기쁘게 한다'고 여긴다. 하지만 안타깝게도 대부분의 고객은 이러한 덤이 가치를 의미한다고 생각하지 않는다.

10대 소녀라면 가치는 일차원적 유행으로 정의될지 모른다. 그 때 그 지역에서 유행하는 패션이 이에 해당된다. 심지어 편안함조차 1위와는 거리가 먼 2위 정도에 해당될지 모른다.

10대 소녀들의 엄마에게 가치는 내구성일지 모른다. 그리고 아버지에게는 가격일지 모른다. 그렇다면 그 제품이나 서비스를 사용하는 건 누구일까? 그리고 구매 결정에 영향을 미치는 건 누구일까? 실제 돈을 내는 게 누구인지 알기 위한 조사가 중요한 이유가 바로 여기 있다.

'진짜 가치'란 서플라이어나 마케터가 가치로 간주하는 게 아니라 고객, 그리고 직, 간접적으로 고객에게 영향을 주는 사람이 가치로 간주하는 것을 의미한다. 마케터 중에는 이 역시 이해할 수 없다고 여기는 사람도 있다. 하지만 가치는 고객의 현실 중 일부에 해당한다.

만일 이 장에서 살펴본 것처럼, 당신이 드러커의 기업가적 마케팅은 다양한 마케팅의 장면에서 적용이 가능하다고 여긴다면 그건 바르다고 할 수 있다.

드러커가 기업가 정신이라는 말로 나타낸 마케팅의 금언은 이제 막 설립된 신생기업만이 아니라 대기업에서도 충분히 검토되어야 한다. 모든 이노베이션은 경제적 가치로 전환될 필요가 있고, 어떤 조직에서든 마케터 일의 일환이기 때문이다.

3부

드러커의 마케팅 전략

"창밖을 보고 무엇이 보이는지, 그것이 무엇을 의미하는지 말해 보라."

- Peter Drucker

1장

장래를 예상하는 최선의 방법

전 세계 지도자나 정치가, 그리고 기업 경영자는 모두 장래를 정확히 예측하고 싶어한다. 미래 기술을 아는 힘, 미래 경제와 정치 환경을 이해하고 그것이 언제 일어날지 아는 힘, 그리고 시장에 대해 알고 싶은 욕구와 소비자 니즈를 정확히 예측하는 힘. 특히 이 같은 종합적 능력은 마케터들의 영원한 꿈이자, 그 꿈을 이루기 위해 수많은 기업들은 매년 몇십억 달러에 이르는 자금을 쏟아 붓는다.

과학 소설은 이러한 꿈과 현실 사이의 간극을 메우려 한다. '시간 여행자가 미래로 여행을 떠났다가 현재로 돌아와, 장래 지식에 기초해 큰 부를 쌓는' 스토리는 이미 무수히 많다. 장래를 알면 그만큼 경쟁상 우위를 차지할 수 있는 것이다.

드러커에게 이는 더 이상 꿈이 아니었다. 그는 장래를 아는 방법을 발견했다. 아니, 더 정확히 말하자면 장래를 아는 방법을 두 가지 발견했다. 드러커는 두 가지 가설에서 출발해 "우리가 미래에 대해 아는 건 결국 두 가지 밖에 없다."고 단언했다.

1. 미래는 알 수 없다.
2. 미래는 현재 존재하는 것, 혹은 우리의 예상과 달라진다.

위 두 가지 가설이 드러커가 제안한 '장래를 아는 두 가지 방법'이다. 우선 그는 '장래 일은 아무도 모르며, 장래 일어날 미지의 사건에 기초해 지금 결단을 내리면 반드시 실패한다'고 결론지었다.

하지만 이미 벌어진 사건이 초래할 장래 효과를 예상해 볼 수는 있다. 바꿔 말하면 드러커는 장래 일어나는 일과 이미 일어난 일의 효과를 명확히 구별했다. 이러한 구분은 드러커식 방법론을 이해하는 데 결정적으로 중요하다.

이어 드러커는 '장래를 스스로 창조하는 힘에 의존하는 건 위험하다. 대부분의 경우 어려운 일이지만 적어도 그건 합리적 행동이며, 아무 것도 안 하는 것보다는 훨씬 더 리스크가 낮다'고 결론지었다.

그가 '장래를 예상하는 최선책이 장래를 창조하는 것(The best way to predict the future is to create it)'이라 해도 별로 놀랍지 않다. 사실 장래를 창조하는 과정에는 몇 가지 예상이 필요하다. 그러한 예상의 필요성은 '닭이 먼저냐, 달걀이 먼저냐' 같은 오랜 수수께끼와 비슷하다고 여길지 모른다.

다행히 이 수수께끼의 해결법을 드러커는 우리에게 조언해 줬다.

그 해결법은 단지 '자기 손으로 미래를 창조하면 좋다'는 식으로 간단하지만은 않다. 하지만 이 역시 우수한 지침이자 현명한, 더 나아가 독창적인 지시이기는 하다.

드러커가 장래를 예측할 수 있던 이유

생전 매니지먼트의 실천자보다 사회생태학자임을 자처했던 드러커는 큰 조직의 장래나 사회적 사건, 제품과 신규 사업 등을 직접 창조하는 입장은 아니었다. 그럼에도 불구하고 드러커는 빈번하게, 또 정확하게 장래를 예상했다. 그는 당연히 스스로 쓴 방법대로 이를 실천하고 실행했다.

정치, 사회나 경제 혹은 비즈니스든 사람의 활동으로 장래를 예상하는 건 무의미하다. 75년 앞을 읽는다는 게 얼마나 무의미한지는 더 말할 필요도 없다.

하지만 이미 일어나고 두 번 다시 바뀌지 않을 중대한 사건, 그것 때문에 10년, 20년 뒤 예상 가능한 효과를 초래할 사건을 특정 짓는 건 가능하고 또 유의미하다. 바꿔 말하면 이미 일어난 일의 장래를 특정하고, 그에 대처하는 건 충분히 가능하다는 것이다.

드러커는 헬스케어 산업의 태두나 지식노동자의 탄생, 그리고 그 중요성을 일찍이 예상했다. 또한 그는 40여년 전부터 '경영진과 노동자 양측의 욕심이 결국 커다란 사회 문제를 야기할 것'이라 경고했다.

언젠가 그는 강의 중 장래를 예상하는 힘에 대한 질문을 받은 적이 있다. 유머스러운 그답게 드러커는 위트를 담아 답했다. "간단해요. 나는 단지 말을 들었을 뿐." 그리고 잠시 여유를 둔 뒤 "내 말을 말이죠."라고 덧붙였다. 곧 큰 웃음이 터졌다.

웃음이 멈추자 드러커는 이렇게 설명했다. "나는 단지 창밖을 보고 내가 본 것, 이미 일어난 사건이 장래에 의미하는 것을 전했을 뿐입니다. 과거 일이 초래한 결과를 설명하는 단계에서 내가 장래를 예상하는 듯한 인상을 받은 사람들도 있죠. 그런데 현실은 어떨까요? 나는 그저 아는 것을 이야기했을 뿐입니다. 대부분은 무엇이 일어났는지 알기 위해 창밖조차 보지 않거든요. 가령 봤다 해도 이러한 일이 초래할 명백한 결과에 대해 충분히 생각할 시간을 갖지 않죠."

드러커의 방법에 따르면 '우리도 장래를 예상할 수 있다'. 창밖을 봤을 때 단지 눈에 보이는 것, 이미 일어난 일이 자신들에게, 그리고 우리 제품이나 서비스, 사업에 어떠한 의미를 갖는지 차분히 생각해 보면 좋다. 이는 마케팅에서 훌륭한 강점이 될 수 있다.

'창밖을 보는 기술' 사용법

창밖을 보는 드러커의 해결책은 무의미한 비유가 아니었다. 그는 창밖 세계에서 벌어지는 사정도 모르면서 내부 정보를 분석하는 건 전혀 도움이 되지 않는다는 사실을 잘 알고 있었다.

그리고 커다란 예상은 모두 시장과 고객, 비고객, 자사 업계나 그 외 업계의 기술, 전 세계 경영환경, 그리고 변화하는 세계 경제 등에 관한 정보에 기초해야 한다는 점 또한 잘 알고 있었다.

이러한 요소는 모두 대외적인 요소로 창밖을 보는 것, 즉 자기 자신이나 자신의 부서, 회사 혹은 자신의 회사가 속한 업종 밖을 바라볼 때만 알 수 있는 것이다. 드러커는 '각 기업의 경영 간부들이 자신들은 높은 급여를 받는 사실을 외면한 채, 계약 교섭 때마다 노조가 과도한 임금 증액을 요구해 문제가 생긴다고 본다'고 비판했다. 그러면서 '그 과정에서 경영진이나 노조 모두 생산성을 향상시킬 필요성에는 누구 하나 신경 쓰지 않는다'고 꼬집었다.

대통령 선거의 교훈

2008년 미 대통령 선거에서는 민주당의 대선 후보 지명에 두 명의 유력 후보가 출마했다. 빌 클린턴 전 대통령의 아내인 힐러리 클린턴은 상원의원으로 몇 년간의 의정 경험을 가진, 매우 유능하고 똑똑한 후보였다. 또 빌 클린턴은 아프리카계 미국인 사회의 오랜 친구였다. 통상적인 눈으로 보자면, 정치가로서 눈부시게 성장한 버락 오바마 후보를 지지할 대부분의 아프리카계 미국인들이 원래는 힐러리를 지지해야 했다.

2007년 여름 나는 드러커의 발자취를 기리는 자선 이벤트 참석차 대통령 전용 요트 '세쿼이어(Sequoia)'에 탑승한 적이 있다. 그 때 민주당의 아프리카계 미국인 정치가와 이야기를 나눌 기회가 있었다.

"어쨌든 올해는 오바마의 해가 아니예요. 그는 똑똑하고 카리스마 넘치지만 올해는 누가 뭐래도 힐러리의 해입니다. 그는 언젠가 대통령이 되겠지만 2008년은 아니예요. 아직 그의 순번이 되지 않았습니다."

그 후 오바마의 인기가 높아질 조짐을 보였지만, 여전히 전문가들 대부분은 '치열한 접전이겠지만 그래도 결국에는 힐러리가 이길 것'으로 조심스레 예상했다. 하지만 실제 최종 승자는 말할 것도 없이 오바마였다.

대통령 선거 본선에서는 '민주당 예비선거에서 힐러리의 패배로 백인과 여성들이 반발할 것'이라 예상한 전문가들도 적지 않았다. 아무리 카리스마 넘치고 대중적 메시지를 갖췄다 해도 오바마는 아직 정치적 실적과 경험이 부족했다.

정치가 오바마가 전국적으로 주목받은 건 2004년 민주당 전국대회에서의 연설이었다. 대항마인 힐러리는 "대통령이 되고 한밤 중 국가적 위기가 닥친다면 그(오바마)는 무엇을 할까? 나는 그 위대한 연설을 했었다고만 말할 것인가?" 정치적 경륜이 부족한 오바마를 향해 힐러리는 이렇게 도발했다.

예비 선거에서 아깝게 패해 아쉬움을 느낄 사람이나 인종에 편견을 가진 유권자가 오바마 이외의 후보에게 투표할 여지 또한 충분했다. 과거 아프리카계 미국인으로서 그만큼 유력한 대통령 후보는 없었다. 또한 본선 상대 존 매케인은 여러 차례 상원의원을 역임한 전쟁 영웅이었다.

당시 매케인이 속한 공화당은 인기가 없었지만, 본인은 비주류의 대표주자로 간주되어 부시 정권과 일정한 차별성을 띠었다. 그는 공화당을 비롯한 지지 모체도 적으로 돌리기를 주저하지 않았고, 오랜 정치 경력 동안 여러 번 실력을 어필해 왔다.

일반적으로 매케인은 미국의 백인 유권자들에게 지지를 얻었다. 백인은 '오바마에게 투표한다'고 말하면서 실제로는 투표장에서 매케인에게 한 표 던지지 않을까? 선거 전만 해도 그런 예상이 지배적이었다.

쉽게 예상할 수 있던 오바마 승리

드러커였다면 아마 이렇게 말했을 것이다. "창밖을 보고 무엇이 보이는지, 그것이 무엇을 의미하는지 말해 보라."

미국은 과거 30년간 정부의 모든 직책에서 아프리카계 미국인을 책임자 자리에 임명했다. 전미 각지에서 아프리카계 미국인 시장이나 주지사, 하원의원, 상원의원이 잇달아 당선되었다. 또한 고위직에 임명된 아프리카계 미국인도 점차 늘고 있었다. 조지 부시(George

W. Bush) 대통령은 자신의 임기 중 두 명의 국무장관을 임명했다. 둘 다 아프리카계 미국인으로 마이너리티 우대 조치(Affirmative Action, 소수 인종에 대한 행정적 우대 및 편의조치-옮긴이)와는 아무런 관련이 없었다.

콜린 파월(Colin Powell) 장군은 국무장관이 되기 전, 미군에서 가장 높은 직위인 합동참모본부의장에 임명되었다. 이는 결코 마이너리티 우대 조치에 의한 성공 스토리가 아니었다. 확실히 그가 미군에서 출세 가도를 달린 시기나 합동참모본부의장에 임명된 시기에는 마이너리티 우대 조치가 따로 존재하지 않았다.

그러므로 우리가 창밖을 바라보면 편견은 다소 존재해도 마이너리티 미국인이 국가 요직에 취임하는 흐름은 더 이상 막을 수 없다는 사실을 알 수 있다. 그와 동시에 미국 경제가 1929년 대공황 이래 최악의 불황에 빠진 사정을 알았고 미국인 모두 그 심각성을 알고 있었다.

일의 시시비비는 차치하고 대부분의 사람은 불황과 이라크-아프가니스탄에서의 전쟁은 물론, 그 외 많은 일들을 부시 대통령과 공화당의 책임 탓으로 돌렸다. 당시 오바마의 메시지는 '당신이 믿을 수 있는 변혁(Change You Can Believe)'이었다.

이 때는 힐러리와 매케인의 오랜 정치적 경력이 도리어 본인들에게 불리하게 작용했다. 사람들이 '둘 다 워싱턴 정가의 인사이더이므로 미국인들이 바라는 변화를 초래할 가능성이 낮다'고 여겼기 때문이다.

미국인들이 변혁을 요구할 때 유일하게 그것을 약속한 후보가 오바마였다. 드러커는 이 선거 결과를 쉽게 예상했을 것이다. '창밖을 보고 이미 벌어진 일이 무엇인지, 그것이 장래 어떤 의미를 가질지' 자문해보면 쉽게 알 수 있다.

장래를 예상하는 것과 뭔가를 실현하는 것에는 확실히 커다란 차이가 존재한다. 드러커가 말한 대로 뭔가를 실현하는 건 그만큼 리스크도 크다. 틀림없이 많은 어려움이 존재할 것이며, 실현 과정에서 극복해야 할 장애물을 아무도 예상할 수 없다.

오바마는 멋진 선거전을 전개해 결국 승리를 거뒀다. 그리고 그는 미국 최초의 마이너리티 출신 대통령이 될 수 있었다. 확실히 이 과정이 쉽지만은 않았지만 오바마는 그 꿈을 멋지게 실현해냈다.

혼다 소이치로가 창조한 미래

2차 세계대전은 일본의 자동차 산업을 벼랑 끝으로 몰아넣었다. 사람들은 자동차를 구하기 어려웠고, 개인의 이동 수단은 도보와 자전거 외에 거의 존재하지 않았다. 그런 가운데 전쟁으로 다리를 잃었지만 기계 제조 경험을 가진 한 남자가 작은 엔진을 조립해 자전거에 붙이는 방식을 고안해냈다. 당시 그는 돈이 없었기에 국내 수많은 자전거 회사에 편지를 써 자금 지원을 요청했다. 그러자 5,000명에 이르는 사람들이 그의 자금 지원 요청에 응했다.

당시는 연료도 부족했다. 하지만 그는 그 문제로 자신의 꿈이 좌절되길 원치 않았다. 결국 그는 모델 설계에 가솔린 대신 송근유(Pine-Root Oil, 소나무 뿌리를 가열해 짜낸 기름-옮긴이)를 연소시키기로 했다.

만든 엔진은 다소 불안전했지만 기본적인 기능을 충분히 다했다. 이에 따라 많은 이들이 엔진이 붙은 자전거를 하나 둘 구매하기 시작했다.

이 남자는 혼다 소이치로(本田宗一郎)다. 그는 자신이 만든 엔진 달린 자전거 회사를 세계 최대의 이륜차 회사로 발전시켰다. 그 후 '혼다(Honda)' 브랜드의 자동차 생산에 나서 혼다 자동차는 몇 년 만에 전 세계를 무대로 팔리기 시작했다. 그는 이 같은 미래를 예상하지 못했다. 그저 미래를 창조했을 뿐이다.

내가 아는 어느 이코노미스트의 이야기를 해보자. 일류대학에서 박사 학위를 취득해도 당시 불경기로는 이코노미스트 대부분 이 대학교에 채용되지 못했다. 결국 그 역시 이듬해 종신고용직에 채용할 것을 조건으로 1년짜리 계약을 제시한 대학을 어렵사리 찾았다.

하지만 1년 뒤 대학 측은 약속을 깨고 다른 박사 학위자를 채용했다. 이 대학교는 그 이코노미스트를 1년 계약으로 재고용, 이듬해 정식 채용할 것을 다시 한 번 약속했지만 결국 다음해에도 같은 일이 벌어졌다.

나는 그에게 대학교를 그만두라고 조언했다. 하지만 이번에는 같은 경제학부 교수진이 '이듬해 틀림없이 그의 채용을 추천한다'는 문서까지 작성해줬다. 그리고 실제 추천까지 했다. 문제는 경제학부 교수진이 그 해 세 명을 추천했지만, 대학 이사회는 이 중 다른 두 명만 채용토록 승인한 것이다. 이후 그는 씁쓸한 현실을 마주하며 학교를 떠날 수밖에 없었다.

이 시점에서 그는 창밖을 보며 장래 커리어의 방향성에 대해 고민했다. 박사 학위를 가진 이코노미스트는 대개 학교를 목표로 한다. 그 결과 이들은 공급 과잉 상태에 빠진다. 그러나 당시 항공우주산업은 박사 학위를 가진 이코노미스트가 매우 유용하다는 사실을 깨닫기 시작해 커다란 수요가 발생하고 있었다. 이 때 그는 목표를 완전히 바꿔 항공우주산업에서 일을 찾기로 결심했다.

3개월도 지나지 않아 한 대형 항공우주회사가 그를 이코노미스트로 채용, 대학교의 종신 교수직보다 훨씬 높은 연봉을 줬다. 6개월 뒤에는 그가 이 회사의 부문장이 되었고, 재차 6개월 뒤에는 아직 30대 초반이던 그가 부사장의 직위까지 오를 수 있었다. 창밖을 바라보고 결론을 도출해 행동하는 건 개인에게 그만큼의 대가를 주는 일이었다.

자신의 미래를 개척하다

드러커는 절대 '현대 경영학의 아버지'가 되려 하지 않았다. 게다가 그는 유명한 컨설턴트가 되려고 의도하지도 않았다. 당초 그는 독일 프랑크푸르트 대학교에서 국제법으로 박사 학위를 받았다. 어린 시절부터 막연히 교수가 되고 싶던 드러커는, 실제 쾰른 대학교에서 근무하던 삼촌을 통해 교수직을 얻기 위해서 도움을 받기도 했다.

그러나 히틀러가 등장하며 그의 삶은 큰 변곡점을 그리게 된다. 이 때 전쟁의 혼란을 피해 영국으로 피신한 드러커는 은행과 보험사에서 일했다. 그리고 1937년 그는 재차 미국으로 건너가 학부생들을 대상으로 한 강사직을 어렵게 구할 수 있었다. 물론 이때만 해도 비즈니스, 매니지먼트와는 무관한 강의를 담당해야 했다.

하지만 2차 세계대전이 터지며, 드러커는 미군을 위한 컨설턴트로 변신하게 된다. 사실 그가 이 직무를 맡았을 때만 해도 '매니지먼트가 무엇이고 어떤 것을 해야 하는지' 아무도 몰랐다. 그러나 드러커는 곧 그 임무와 역할을 찾아냈고 전쟁 후 GM을 위한 컨설팅 업무를 담당했다.

이후 GM의 성공 사례를 기반으로 관련 서적을 잇달아 출간하며 매니지먼트는 일반 개념이 되었다. 그 이후 그의 발자취는 모두 매니지먼트의 역사가 되었다. 드러커는 그렇게 자신의 미래를 개척해 나갔다.

직시해야 할 확실성

드러커는 "회사의 주요 사업이 무엇인지, 무엇을 해야 할지, 또 고객이 원하는 건 무엇인지, 그리고 회사가 그 욕구를 채울 때 고객은 무엇을 갖고 성공으로 간주할지 판단한다."고 말했다. 이를 위해 우선 회사의 전체 목표를 살피고, 그것이 고객들의 지시 결과와도 맞는지 확인한다.

이어 그는 '이미 벌어진 일을 살펴보고 그것이 실제 무엇을 의미하는지' 생각했다. 드러커는 이 분석 결과를 '확실성(Certainties)'이라 불렀다. 유쾌하든 불쾌하든 확실성은 직시해야만 했다. 바꿔 말하면 드러커는 시장의 현상 분석에서 시작해 직시해야 할 확실성을 특정한다.

한 번 확실한 사안을 알게 되면 드러커는 목표를 달성하기 위해 필요한 자원을 모으고 가장 효과적인 전략을 세웠다. 또한 그는 리스크도 검증하고 네 가지 기본적인 의문에 대해서도 조사했다. 드러커는 '리스크는 피할 수 없다'는 사실을 잘 알고 있었다.

실제 '어느 정도의 리스크는 성공의 필요조건'이라고도 생각했다. 리스크가 거의 없거나 제로인 건 오히려 목표가 충분히 높지 않다는 사실을 의미했다. 미래는 항상 미지의 세계이며 미지는 언제나 리스크를 동반한다.

드러커는 '미지의 리스크에 대처할 최선책은 자기 자신의 미래를 창조하기 위해 주도권을 쥐는 것'이라 생각했다. 그로 인해 마케터는 자신이 정한 목표를 달성하기 위해 먼저 행동해야 한다. 물론 커다란 위협이 존재할 경우, 그것이 현실화 되는 사태에 대비해 위협을 명확히 특정하고 대체안이 될 행동지침을 미리 정해둘 필요가 있다.

드러커는 '어떤 기업이든 미래를 창조하는 계획에는 아래 네 가지 의문에 대한 답이 담겨야 한다'고 봤다.

1. 회사는 어떤 기회를 살리려 하는가? 또 어떤 리스크를 받아들일 의사와 능력이 있는가?
2. 전문화(Specialization)와 다각화(Diversification), 통합(Integration)이라는 다양한 측면의 최적 밸런스를 감안해 조직의 전략 범위와 구조는 어떻게 변모할까?
3. 목적과 목표를 달성하기 위해 시간과 돈의 교환 내지는 사내에서의 실행과 M&A(인수, 합병), 합변 사업 등으로 무엇을 얻을 수 있다고 여기는가?
4. 회사의 경제적인 현실과 기회, 성과에 대한 기대에 적절한 조직 구조는 무엇인가?

드러커는 단지 사상가가 아니라 행동의 천재였다. 그러므로 드러커는 진화해 가는 계획 실천에 필요한 행동 계획을 미리 세우고 이를 실행에 옮겼다. 드러커는 자신의 성공을 예상했을까? 그렇지 않으면 창조했을까?

대략적으로 봤을 때 드러커는 아마 후자에 가까웠던 사람이었을지 모른다. 그러나 사안을 관찰하는 사람이라면 전자의 특징도 충분히 들어있다고 할 수 있을 것이다.

2장

근본적인 마케팅 판단의 중요성

19세기 초 활동한 작가 헨리 데이빗 소로(Henry David Thoreau)는 '바쁜 것만으로는 충분하지 않다. 문제는 무엇을 하며 바쁘냐는 것'이라 썼다. 드러커 역시 '우리는 무엇을 하며 바쁜가, 그리고 무엇을 하기 위해 바빠야 하는지'에 대한 답을 중시했다. 그는 '이 답이 진짜 비즈니스(The Real Business of an Organization)를 결정한다'고 여겼다.

"기업이든 병원이든 대학이든 조직의 명확한 목표와 사명을 고려하고 정의하는 것"이 가장 중요하다고 말했다.

드러커는 '명확한 목표와 사명 정의가 모든 관리자의 기본 책무'라고 여겼다. 중요한 상상력이 없어도, 이것이 근본적인 마케팅 판단이 될 수 있다는 사실 또한 잘 알았다. 이는 내가 드러커에게 처음 배웠던 교훈 중 하나였지만, 실제로는 그의 제자가 되기 전부터 이미 알고 있던 내용이었다. 당시 나는 기업 경영에 대해 거의 아무 것도 모르는 초보 매니저에 지나지 않았다.

드러커와 만나기 얼마 전, 나는 군대와 항공사를 대상으로 생명유지장치를 생산하는 회사의 연구개발부장이 되었다. 그 직무에는 마케팅 책임도 포함되어 있었다. 당시 회사는 미국 정부의 조달 방침에서 생기는 문제로 줄곧 어려움을 겪고 있었다. 조달 방침은 이듬해 예산 승인에 크게 좌우되는 구조로, 정부의 예산 승인을 얻는 건 1년에 딱 한 번뿐이었다. 그 때문에 회사는 매년 비슷한 시기 제품과 서비스 계약을 체결하게 된다.

청부 받은 업무가 완료되고 납품이 끝나면 다음 회계연도 말까지 계약을 기다려야 했다. 그 결과 생산 계획을 미리 세울 수 없어 회사는 생산 라인 노동자들을 유지할 수 없는 문제로 늘 고심하고 있었다.

이 회사의 생산 활동에는 비용 대부분이 정부의 조달 업무에서 파생되었다. 소비자 대상의 제품은 일체 손대지 않았다. 비록 민간 항공사 대상의 일도 일정 부분 있었지만 정부 대상의 업무와 비교하면 미미한 수준에 불과했다. 미국의 우호국을 대상으로도 일정 제품을 수출했지만 그마저도 대부분 미국의 지원 프로그램을 통해 이뤄졌기에 정부와의 계약이 필요했다.

사장은 5년에 한 번 정도 이 문제로 눈을 돌려 생산 활동의 표준화 계획을 입안했다. 소비자 대상의 제품을 제조, 판매하는 것을 목표로 한 프로젝트였다. 회사의 표준적인 제품 라인과 비슷한 제품을 선정해 같은 기계와 노동자, 재료를 사용해 일반 소비자 대상의 제품을 만든다. 그런 과정을 통해 투자는 최소한으로 억제했지만 결과는 늘 똑같았다.

프로젝트를 시작할 때는 열의에 가득 차고 기대감도 컸기에 경영 자원을 집중 투여했다. 하지만 결국에는 실패로 끝나고 말았다. 언뜻 실패의 원인이 매번 달라 뭔가 더 큰 문제를 의심하는 이는 아무도 없었다.

어느 해에는 대규모 판매 회의를 열어, 회사가 참가자 전원에게 드러커의 책《매니지먼트 : 과제, 책임, 실제》를 한 권씩 나눠주기도 했다. 드러커는 이 책에서 '어떤 사업에 집중할지 결정하는 게 매니저의 첫 책무'라고 이야기하고 있다. 이 테마는 판매 회의의 첫 의제로 소개된 이후 긴 시간 동안 논의가 진행되었다.

그러자 뜻밖의 성과가 나왔다. 일반 소비자 시장에 참여하려는 노력이 항상 실패했던 이유가 금세 밝혀졌기 때문이다. 소비자 대상의 시장은 군대를 대상으로 한 보호 장치 제공 사업과 별다른 관계가 없던 것이다.

예를 들어 내가 입사하기 몇 년 전, 회사는 아무 지식도 없던 자전거용 헬멧 시장에 참여하기로 결정했다. 확실히 회사는 헬멧 제작에 대한 노하우를 갖고 있었다. 그동안 파일럿을 위한 헬멧을 꾸준히 생산해왔기 때문이다.

하지만 자전거용 헬멧은 파일럿용 헬멧과 완전히 다른 물건이었다. 고객에게 이는 동일한 가치로만 간주되지 않았다. 소비자는 가벼움과 쾌적함에 이어 가격을 중시했다. 이에 비해 군대에서는 보호성은 중시하지만 쾌적함, 가격의 우선순위가 상대적으로 낮은 편이었다.

회사는 자전거용 헬멧을 팔기 위해 소비자에게 어떻게 접근하면 좋을지 잘 몰랐다. 결국 회사는 '좋아서 쓰는 사람이 거의 없고 무거우며, 과도한 보호 효과로 착용감이 떨어지고 비싸기만 한' 자전거용 헬멧을 만드는 데 100만 달러나 들인 것이다. 이는 '마케팅의 실패'를 의미했다.

자신의 비즈니스가 무엇인지 결정한다

자신의 비즈니스가 무엇인지 판단하는 건 단지 제품만을 두고 이야기할 수 없다. 이 결단은 조직 전체에서도 매우 중요하다.

몇 년 전 리틀리그 야구 선수의 부모들이 경기를 둘러싸고 큰 싸움을 벌여 중상자가 발생하는 사건이 벌어졌다. 리틀리그의 당국자들이 지적했듯, 부모들은 리틀리그의 개념이 무엇인지를 간과하고 있었다. 리틀리그에 참여하는 건 단순히 야구 경기에서 이기는 게 아니었다. 야구를 즐기고 스포츠맨으로서의 자세를 아이들에게 가르쳐주는 것을 의미한다.

어떤 비즈니스를 손댈지 판단하는 건, 마케팅 조직의 미래를 창조하는 과정에서 가장 중요한 단계에 해당한다. 마케팅 실천에서 이 점을 정하면, 그 외 다른 측면은 스스로 결정할 수 있다. 비즈니스를 정확히 정의하면 가치를 손해 볼 수 있는 곳에 주입할 시간과 돈, 그 외 자원을 절약할 수 있다. 그와 동시에 중요한 기회와 가능성에 집중하는 데에도 도움이 된다. 마케터가 제 아무리 상상력이 풍부하더라도 모든 기회를 추구하는 과정에 전체 자원을 투여할 순 없기 때문이다.

이 때문에 마케터는 돈을 쏟아 부을 대상을 선별해야 하며, 한정된 자원을 최대 성과를 초래할 수 있는 곳에 집중시켜야만 한다. 이 같은 목표 달성을 위해서는 자신들이 정말로 무엇을 하는지, 즉 어떤 비즈니스를 손댈지 명확한 판단이 선행되어야 한다.

이러한 정의가 없으면 조직 멤버는 자사 비즈니스에 해가 될 방향성을 모색하거나, 제품과 운영법을 지원하기 위해 쓸데없는 노력(수고)을 기울일지 모른다. 그건 조직의 진짜 목적을 이해하는 사람이 아무도 없어 엉뚱한 곳에 자원을 낭비해 버리기 때문이다.

자신의 조직 비즈니스가 무엇인지 결정하는 건 비즈니스에서 최대 성과를 달성하기 위한 조직의 헌신과 관여를 확보하는 첫 걸음이 된다.

비즈니스를 정의하면 강한 헌신이 생긴다

몇 년 전 나는《영웅들의 자질 : 리더십의 여덟 가지 법칙(The Stuff of Heroes : The Eight Universal Laws of Leadership)》이라는 책을 정리한 적이 있

다. 이 연구에 대해선 1부 5장에서도 다뤘다.

1. 절대적인 성실함을 유지할 것
2. 자신의 자질을 알 것
3. 기대하는 성과를 확실히 말해둘 것
4. 특별한 헌신을 보일 것
5. 좋은 결과를 기대할 것
6. 사람을 소중히 할 것
7. 자기 자신보다 의무를 우선시할 것
8. 선두에 설 것

여러분은 리더십의 여덟 가지 법칙 중 하나가 '특별한 헌신을 보일 것'이라는 점을 기억할지 모른다. 그렇다면 특별한 헌신을 보이는 건 왜 중요할까? 왜 사람들은 부하에게 헌신을 명확히 보여주는 리더를 따를까? 심리학자들은 특별한 헌신이 극적인 성과를 만들어 내는 이유를 크게 두 가지 발견했다.

1. 특별한 헌신은 목표에 가치와 중요성이 있다는 점을 보여준다.
2. 리더가 도중에 그만두지 않는다는 점을 보여준다.

내 연구에서는 마케팅과 판매를 포함한 모든 종류의 직무에 종사하는 사람을 조사 대상으로 삼는다. 이것이 드러커의 마케팅관에 적용되는 건 의문의 여지가 없으며, 나는 이 연구 성과를 드러커와 함께 평가할 기회를 얻을 수 있었다. 그가 특별한 헌신으로 언급한 건 아래와 같은 내용이다.

"많은 사람들이 실패하는 건 헌신을 전혀 보이지 않기 때문에, 혹은 잘못된 목표에 대한 헌신을 보이기 때문이다. 헌신은 보람 있는 사명에서 생기며 그 뒤 더욱 강해진다."

그러면서 드러커는 (포드 자동차가 1958년 손댔다가 비참하게 끝난 에드셀 프로젝트에 대해 언급하며) 다음과 같이 쓰고 있다. '문제가 생겼을 때 아무도 돌봐주지 않는다. 나는 그 프로젝트가 반드시 성공할 수 있었다고 말하진 않겠다. 다만 개인적인 헌신이 없으면 절대 성공할 수 없다고 여겼을 뿐이다'

중요하지만, 달성이 어려운 목표가 사람을 움직인다

사람은 일반적으로 중요하지 않은(작은) 목표를 위해 열심히 노력하진 않는다. 달성이 쉬운 목표일수록 더더욱 그렇다. 목표가 크고 중요한 경우에 한해서만 열심히 일하고 커다란 리스크도 기꺼이 진다. 이로 인해 마케팅과 판매 촉진 캠페인이 갖는 어려움을 별 일 아닌 양 전하는 마케팅 리더는 큰 실수를 범하곤 한다.

어떤 일에 대해 쉽게 말하는 것보다 차라리 솔직하게 말하는 편이 더 낫다. 심각하고 곤란한 사태 혹은 많은 노력이 필요하다는 현실을 있는 그대로 전하는 게 훨씬 더 바람직하다. 그렇다 해서 이것이 사람의 의욕을 떨어뜨리거나, 목표가 달성 불가능하다는 점을 암시하듯 말해야 한다는 뜻은 아니다.

전해야만 하는 건 '목표를 달성하기 어렵지만 충분히 중요하고 달성이 가능하다'는 점이다. 그렇게 하면 최대한의 노력을 끌어낼 가능성도 그만큼 높아질 것이다.

당신의 헌신이 일시적이거나 목표를 달성하기 전 포기할지 모른다는 점을 알면 다른 사람들은 절대 따라오지 않는다. 아니, 정확히 말해 따라갈 이유가 없다. 당신이 늘 함께 있고 아픔을 나눌 생각이 없다면 왜 사람들이 자신의 시간과 돈, 인생, 운명을 굳이 쏟아가며 따라야 할까?

과제가 얼마나 어려운지 보여주고 도중에 어떤 장애물에 부딪혀도 리더가 절대 포기하지 않는다는 확신을 줄 때 비로소 사람들은 따라오는 것이다.

헌신의 기반이 되는 세 가지 힘

영국의 육군 소장 J. F. C. 풀러(J. F. C. Fuller)는 마케터 출신이 아니었다. 하지만 그는 1차 세계대전 당시 전투에 참가한 경험을 토대로 개인적인 고찰과 분석을 더해 전략에 관한 수많은 저작물을 남겼다.

풀러는 전략가와 마케터가 유지해야 할 '물리적인 힘(Physical Strength)'과 '정신적인 힘(Mental Strength)', '도의적인 힘(Moral Strength)'이라는 세 가지 측면에서 성립한 기초 개념을 명시했다.

그가 말한 물리적인 힘이란 '가질 수 있는 자원으로 규정되는 실질적인 힘'을 가리킨다. 그리고 정신적인 힘은 '지식이나 지능과 관계된 것'이며, 도의적인 힘은 '태도나 정신에서 나오는 가치관'과 연관되어 있다.

풀러에 따르면 정신적인 힘으로 전쟁에서 이길 수는 없다. 그리고 도의적인 힘만으로 전쟁에서 이길 수 없으며, 물리적인 힘으로도 결코 전쟁에서 이길 수 없다. 그렇다면 실제 무엇을 갖고 전쟁에 이길 수 있을까? 이에 대한 물음에 그는 "세 가지 힘을 최고조로 조합시켜 하나의 힘으로 만드는 것"이라 답했다.

마케팅 캠페인을 실시한 뒤 성공한 전략을 분석해보면 그 기반에는 반드시 이 세 가지 힘에 기초한 헌신이 자리해 있음을 알 수 있다. 세 가지 힘은 비즈니스와 마케팅에 관한 근본적인 정의와 떼려야 뗄 수 없는 요소다.

헌신을 마케팅에 적용하다

어떤 마케터나 마케팅 캠페인의 계획, 실행에 헌신의 원리를 적용할 수 있다. 우선 '내가 어떤 비즈니스를 손댈지 결정하라'는 드러커의 지시에 따르고, 이어 풀러가 말한 물리적, 정신적, 도의적인 힘을 생각해 보면 좋겠다. 아래에 헌신을 마케팅에 적용했을 때 도움이 되는 다섯 가지 테크닉을 들어본다.

1. 목표가 명확해질 때까지 생각한다.
2. 공개적으로 서약한다.
3. 목표와 목적을 안다.
4. 장애물을 예상하고 대처한다.
5. 마케팅 전략, 전술을 조정한다. 다만 목적을 바꿔서는 안 된다.

01. 목표가 명확해질 때까지 생각한다

Think Through Your Goals Until They Are Clear and Definite

우선 헌신은 목표를 명확하게 정한 지점에서 시작해야만 한다. 그것만이 처음 그 헌신을 강화하고 공개적으로 목표 달성을 약속하며, 자신의 목표를 사람들에게 널리 호소할 수 있다. '어딘가'가 도대체 어디인지 알기까지 '어딘가로 향한다'는 구체적 약속을 할 수 없는 법이다.

02. 공개적으로 서약한다

Make A Public Commitment

마케터 중에는 자신이 선택한 목적이나 목표를 공개적으로 약속하기 두려워하는 사람도 있다. 공개적으로 약속한 목표를 달성하지 못했을 때 어리석게 보이거나 무능하다고 평가받는 것을 두려워하기 때문이다. 하지만 자신의 의도를 명확히 이야기하고 이야기한 점을 실행할 용기가 없다면 결코 사람들의 헌신을 끌어낼 수 없다.

03. 목표와 목적을 안다

Promote Your Goals and Objectives

목표와 목적을 아는 건 단 한 번 공개적으로 서약하는 것과는 엄연히 다르다. 기회가 있을 때마다 지속적으로 움직여야 한다.

아밀리아 안토네티(Amilya Antonetti)는 자신의 어린 자녀처럼 화학적인 비누 제품에 알레르기 반응을 보인 이들을 돕기 위해 소프웍스(Soapworks)라는 회사를 설립했다.

그녀는 자신이 모은 돈을 사용해 일류 조제사 팀을 채용하고, 알레르기나 천식, 화학물질 과민증 등에 고통 받는 사람과 그 가족을 위해 천연 성분을 베이스로 한 가정용 세정제를 개발했다.

안토네티는 성공률이나 잠재시장을 좌우하는 거대 기업의 존재에 아랑곳하지 않고 47억 달러 규모의 비누업계를 공략할 것임을 공개적으로 선언했다. 그리고 가족이나 친구, 직원, 은행가, 벤더, 잠재 고객에게 이를 끊임없이 호소했다.

그 활동이 비로소 열매를 맺어 소프웍스는 창업 3년만에 3,000개 매장의 전용 코너를 확보했으며 1,000만 달러를 넘는 연 매출을 달성할 수 있었다.

04. 장애물을 예상하고 대처한다

Expect and Deal with The Dragons

명확하게 정의한 목적에 헌신할 것임을 공개적으로 밝히면 자신이 달성하고 싶은 사명에 더욱 전념할 수 있다. 하지만 '여기에서 저쪽으로 가는' 건 말처럼 그리 쉬운 일이 아니다.

가는 길에 반드시 장애, 즉 '용(Dragons)'('용'은 어떤 목적이나 목표의 달성 과정에 등장하는 장애요소를 통칭한다.-옮긴이)이 나타난다. 그 중 대부분은 예기치 않은 것들이다. 자신의 목표와 목적을 간과하고 '그쪽'으로 향해 가다보면 반드시 '용'과 맞서게 된다.

전략과 마케팅 활동에 관한 내 연구에서 사람이 목표 달성을 향해 나아가는 과정에 '용'이 나타나 방해할 때, 처음 결의를 지키는데 도움이 될 두 가지 행동이 있다는 사실을 밝혀낼 수 있었다.

우선 계획을 세울 때 진행 과정에 나올 수 있는 장애물이나 문제,

위협 요소를 미리 예상하는 것이다. 그런 장애물을 사전에 예상해두면 막상 나타났을 때를 위한 해결책도 미리 준비해둘 수 있다. 또 예상되는 곤란이 많으면 많을수록 시간 제약이나 경쟁 상대의 압력 아래 해결책을 찾아야 하는 사태 역시 적어진다.

역사상 가장 위대한 전략가로 알려진 나폴레옹 황제(The Emperor Napoleon)는 '만일 내가 항시 만전의 준비 태세를 갖춘 것처럼 보인다면, 그건 내가 어떤 일을 실행에 옮기기 전 긴 시간을 들여 숙고하고 일어날 수 있는 일을 미리 예상했기 때문이다.

다른 사람이 예기치 못한 상황에서 내가 해야 할 일을 갑자기, 그것도 비밀리에 가르쳐주는 이는 아무도 없다. 그건 전적으로 생각(Thought)이며 오랜 시간에 걸친 숙려(Meditation)'라고 썼다.

사람이 갖춰야 할 두 번째 행동 역시 목적을 정의하는 계획 단계의 일이다. 목적을 완수할 때 자신이 얻을 수 있는 이익이나 은혜를 하나도 빠지지 않고 기록해 둔다. 특히 장애물이 나타났을 때는 이러한 가능 이익을 자주 재검토해보면 좋다. 목표를 달성할 때의 혜택을 눈앞에 두고 '이건 정말로 노력할만한 가치가 있는지' 자문할 때 목적의 일관성도 확보할 수 있다.

05. 마케팅 전략, 전술을 조정한다. 다만 목적을 바꿔서는 안 된다

Adjust Your Marketing Strategy and Tactics But Not Your Objectives

퀄컴(Qualcomm, Inc)의 회장 어윈 제이콥스(Irwin Jacobs)는 몇 번이나 중대한 국면에서 전략을 변경해야 했다. 다만 그의 최종 목표는 달성 때까지 기본적으로 바뀌지 않으므로, 제이콥스의 이야기가 갖는 본질은 '정해진 목적을 반드시 지켜야 하는 과정에서 전략과 전술은 미세하게나마 조정해도 좋다'는 투가 될 것이다.

전직 공대 교수인 제이콥스는 1985년 디지털 무선기술을 개발하기 위해 퀄컴을 공동 창업했다. 그 때까지 미 무선업계에서는 디지털 규격으로 시분할 다원접속방식(TDMA)으로 널리 알려진 시스템을 채택하고 있었다.

TDMA는 여타 시스템보다 신뢰성이 높아 디지털 세계에서 가장 중요한 안전 요소를 보장한 것처럼 간주되었다.

하지만 제이콥스는 TDMA보다 훨씬 인지도가 낮은, 압축 기술에 기초한 부호분할 다중접속(CDMA)이라 불리는 시스템을 사용해 제품 개발에 나섰다. 이 시스템이 접속 능력이 높기 때문에 TDMA를 사용한 제품보다 훨씬 큰 가능성을 감추고 있다는 사실을 확신했기 때문이다.

압축 기술이 확실히 기능할 때까지 4년이라는 시간이 필요했다. 그 시점에서 제이콥스는 자신의 콘셉트를 제시하기 위해 휴대전화 업계 단체인 CTIA와 접촉했다. 하지만 그 때는 최악의 타이밍이었다. 왜냐하면 그 때는 이미 CTIA가 규격과 기술을 둘러싼 내부 대립을 막 끝낸 시기였기 때문이다.

TDMA의 주요 경쟁 상대는 유럽 통일 규격인 GSM이었다. 규격 경쟁은 매우 치열했지만 최종적으로 TDMA가 승리했다. 그런 상황에서 이번에는 CDMA를 검토해달라고 요구한 이가 제이콥스였던 것이다. 훗날 그는 '문전박대는 항상 기본이었다'고 회상했다.

그럼에도 불구하고 제이콥스는 좌절하지 않았다. 목적을 잃지 않고 결코 포기하지 않았다. 자신이 개발한 압축 기술이 네트워크 용량을 몇 배나 높인다는 장점을 잘 알고 있었기 때문이다.

그는 목적을 버리지 않았지만, 그 목적을 다하기 위해 전략과 전술을 변경해야 한다는 사실도 깨달았다. 그 지점에서 CTIA를 직접 설득하는 대신, 자사의 시스템을 한 번 시험해보도록 기업들을 설득한 것이다. 그는 '자신이 주장하는 경쟁우위성을 실제 활용해 증명해낼 수 있다면 CTIA에도 간접적으로 영향을 끼쳐 CDMA가 규격으로 채용될 수 있다'고 여겼다.

제이콥스는 그렇게 2년 정도를 고생한 끝에 퍼시픽 텔레시스(Pacific Telesis)의 무선 부문을 설득, 200만 달러를 들여 캘리포니아주 샌디에이고에 시험 네트워크를 설치하는 데 성공했다.

이후 CTIA를 설득해 규격을 둘러싼 재론 과정을 펼치기 시작했다. 그리고 그로부터 재차 2년 뒤 CTIA는 제이콥스가 제안한 CDMA를 제2규격으로 공식 승인했다.

제이콥스가 당연히 목적을 달성한 것처럼 보일 때 재차 장애물(용)

이 등장했다. 여러 기업이 '이미 TDMA에 거액의 자금을 투자했고, 이들 기업은 추가 비용에다 구조까지 복잡해져 전파 방해를 받기 쉬워졌다'며 비판했다. 제이콥스는 마치 시장을 교란한 사기꾼처럼 묘사되었고 CDMA는 맹공격을 받았다.

이 때 제이콥스는 전략을 재조정, CDMA의 신규 채용을 요구하는 새로운 방향을 제시했다. 다대한 노력 끝에 노던 텔레콤(Northern Telecom)과 모토로라(Motorola)라는 대형 기업 두 개사가 퀄컴 CDMA 기술의 한정적인 라이선스 공여에 동의했다.

제이콥스는 또 더 많은 제휴처를 찾기 위해 아시아로 눈을 돌렸다. 한편 그를 비판하던 이들은 퀄컴의 매출 증가를 저지하기 위해 모든 수단을 동원했다.

제이콥스에게 다행스러웠던 건 객관적인 시험 운용 결과가 그의 주장을 뒷받침하기 시작했다는 점이다. 그리고 마침내 판매적인 면에서 커다란 돌파구가 마련되었다. 프라임코(Prime Co.)와 스프린트(Sprint) PCS 등의 디지털 무선 회사들이 CDMA 기술을 채용한 것이다.

하지만 안타깝게도 당시 CDMA 방식의 휴대전화 단말기를 생산하는 회사는 하나도 없었다. 그리고 스프린트와 프라임코는 몇 만 대의 단말기만 필요로 하는 소규모 회사였다. 이처럼 '또 다른 장애물'이 등장한 것이다.

자신이 정한 목적에 대해 제이콥스의 헌신은 결코 흔들리지 않았다. 그는 이전에 전화 같은 부속 기기의 생산을 검토하지 않는다는 결단을 내렸지만 결국 전략을 바꿨다.

그는 소니(SONY)를 설득해 휴대전화 단말기를 생산하는 합변회사에 49%나 출자했다. 이로서 퀄컴은 휴대전화 단말기 사업에도 진출해, 퀄컴 전화 단말기에 대한 수백만 달러분의 수주 계약을 따냈다.

그렇지만 이것이 '또 다른 장애물의 등장'으로 이어진다. 제이콥스가 스프린트를 대상으로 납품 기한을 지키고자 필사적이던 시기, 때 마침 수천 대의 휴대전화 단말기가 트럭으로 출하되었다.

하지만 수송 도중 단말기의 메뉴 화면에 결함이 있다는 사실을 파악했다. 다행히 퀄컴은 트럭을 잡아 이를 반송시킬 수 있었다. 트럭은 그 자리에서 샌디에이고에 있는 퀄컴 공장으로 보내져 출하용 전화 단말기는 서둘러 프로그램을 수정하게 되었다.

여러분은 이로서 퀄컴의 문제가 완전히 끝났다고 여길지 모른다. 하지만 다시 한 번 잘 생각했으면 좋겠다.

프라임코가 단말기를 발매하기 열흘 전, 한 작업자가 퀄컴의 단말기 버튼을 누르자 이상한 소리가 울려 벨소리조차 듣기 힘들다는 사실을 발견했다. 2대째, 3대째도 마찬가지였다.

이에 엔지니어들은 심도 있는 내부 조사를 실시해 문제를 밝혀냈다. 원인은 소프트웨어로, 이 때 출하 예정인 전화기가 모두 영향을 받았다는 사실 또한 밝혀졌다.

이미 4만대나 출하되었기에 이를 모두 샌디에이고로 보내기에는 너무 늦었다. 그 때 엔지니어들은 프라임코의 플로리다 창고로 날아가 '저스트 인 타임(Just In Time)' 방식의 수리를 시도했다.

딱 나흘간 얻을 수 있는 도움을 전부 얻어 40,000대의 휴대전화 단말기 뚜껑을 드라이버로 열고서 수정했다. 그리고 프로그램을 모두 조정했다. 이로서 퀄컴은 납기를 가까스로 맞출 수 있었다.

제이콥스는 목적을 추구하기 위해 도대체 몇 번이나 전략과 전술을 수정했을까? 과정이야 어쨌든 이 목적에 대한 그의 헌신은 충분히 보상받았다. 이후로도 새로운 무선 시스템이 나올 때마다 그 대부분은 제이콥스의 CDMA 기술을 이용해 만들어졌다.

〈인더스트리 위크〉지는 퀄컴을 '우량 기업 100개사 중 하나'로 선정했으며, 〈포춘〉지는 퀄컴을 '일하는 보람이 있는 기업 베스트 100 중 하나'로 꼽았다.

퀄컴은 몇 번이나 사업을 매각하거나 매수했다. 하지만 2010년만 해도 매출이 109억 9,000만 달러, 순익이 32억 5,000만 달러에 달했다. 명확히 정의한 사업에 대한 헌신을 기반으로 마케팅과 전략은 조정되었지만, 목적만큼은 절대 변경되지 않은 마케팅 증거 사례로는 결코 나쁘지 않는 수치였다.

대부분의 마케터는 자신이 어떤 사업을 손대고 있는지 한 번도 묻지 않는다. 묻더라도 문제에 직면해 이미 시기를 놓친 경우가 대부분이다. 현명한 마케터는 사업을 시작할 때 묻고, 그 뒤에도 장애물(용)이 나타나길 기다리지 않고 정기적으로 묻는다. 너무 오래 기다리는 건 뒤늦게 의사 진찰을 받는 것과 마찬가지다.

늦기 전에 트렌드를 읽고 대처하기 위해선 공식적으로 연간 한 번, 비공식적으로는 더 빈번하게 자문하는 게 현명하다.

근본적인 마케팅 판단이 초래하는 성과

'모든 매니저는 처음 자신들의 사업이 무엇을 손대고 있는지 물어야 한다' 는 드러커의 주장에서 나온 마케팅 판단은 아래와 같은 성과를 초래한다.

1. 조직에게 바른 타깃 시장에 자원을 집중하게 만든다.
2. 조직 멤버의 헌신과 참여를 유도한다.
3. 장애물을 극복하고 목표 달성을 향해 전진하게 만든다.

드러커는 "이 같은 근본적인 마케팅 판단을 내리는 건 결국 고객"이라고 말한다.

"비즈니스가 무엇인지 결정하는 건 고객이다. 왜냐하면 제품이나 서비스에 대한 대가를 지불하는 과정에서 경제적인 자원을 부로 바꾸고, 그저 물건에 지나지 않는 것을 상품으로 바꾸는 건 오직 고객뿐이기 때문이다. 기업 자신이 무엇을 생산할지 고려하는 건 사실 단편적으로는 그리 중요하지 않다. 기업의 미래나 그 성공 과정에도 더더욱 중요치 않다. 하지만 결정적으로 중요한 건 고객 자신이 무엇을 사고 있는지 생각하는 것, 고객이 무엇을 가치로 간주하느냐에 달려 있다. 그것이 비즈니스가 무엇인지 결정하며 기업이 무엇을 만들고 번영할 수 있는지 여부를 결정짓는 핵심 요소가 된다."

3장

마케팅 전략 책정을 위한 확실성

'전략(Strategy)'이란 말은 고대 그리스어에서 유래해 '군대를 이끄는 기술(The Art of the General)'을 의미한다. 그로 인해 마케팅 전략을 책정할 때는 문자 그대로 '마케팅 장군(리더)의 기술 실천 과정과도 동일하다'고 볼 수 있다.

드러커는 전략의 목적이 '예측 불가능한 환경 아래 조직이 바람직한 결과를 낼 수 있도록 하는 것'이라 썼다. 이는 대부분 사람들의 생각과 반대된 듯 보이나, 결과적으로 드러커가 옳았다는 사실을 증명해냈다.

'마케팅 전략(Marketing Strategy)'은 사전 지식, 또는 예측 가능한 환경이 아니라 미지 또는 예측 불가능한 환경에서 성과를 내기 위한 개념이다. 드러커 자신의 말을 빌리자면 "마케팅 전략이 있으면 조직은 보다 기민하게 움직일 수 있다."

그리고 드러커는 다음과 같이 말했다. "현 시점에서 마케팅을 전략의 기반으로 활용할 의사가 있는 자는 모두 업계 내에서 혹은 시장에서 먼저 주도권을 쥘 수 있고 리스크도 거의 없이 끝날 가능성이 크다."

마케팅 이론과 변동 요인

전통적인 마케팅은 전략 책정 때 두 가지를 변동 요인으로 규정한다. 첫 번째는 '전략적, 전술적인 변동 요인(The Strategic or Tactical Variables)', 즉 제품과 서비스(Product), 가격(Price), 유통(Place), 프로모션(Promotion)의 '4P'라 불린다.

두 번째는 사업과 경제, 기술 개발, 소비자 행동, 문화적 행동, 정치, 법률, 정부의 규제, 경쟁사 같은 '환경적, 상황적인 변동 요인(The Environmental or Situational Variables)'이다.

전략적, 전술적인 변동 요인은 마케팅 전략가가 원하는 방향으로 선택, 변경, 적용할 수 있다. 그리고 환경적, 상황적인 변동 요인은 불변하며 제어 불가능하다고 여겨진다. 하지만 1부 1장에서 살펴봤듯 시간을 들여 노력하면 이러한 요인에도 충분히 대처할 수 있다. 오히려 드러커도 그러한 대응책을 적극 추천하고 있다.

다만 환경적 변동 요인은 단기간에 조작하기 어렵고 대부분 마케터의 남다른 노력이 필요하다. 예를 들어 마케터는 로비스트를 통해 법률을 바꿀 수 있을지 모르나, 그건 통상적으로 목표 달성이 어려우며 비교적 긴 시간과 많은 경영 자원을 요한다. 따라서 '4P를 조작하는 것'이 마케터가 지배하기 쉽고 대개 돈을 들이지 않고도 단기간에 목표를 달성할 수 있는 방법이 된다.

드러커가 중시한 다섯 가지 확실성

전략적인 분석 목적은 장래를 예상하는 게 아니다. 장래에 관한 규정은 어쩌면 부산물에 지나지 않는다. 전략적인 분석 목적은 기업에 방향성을 주고, 전략가가 목표를 정해 달성하는 데 필요한 전략을 책정할 때 도움이 되는 것이다.

드러커가 마케팅 전략의 책정 과정에 전략가가 검토해야 한다고 여긴 다섯 가지 변동 요인을 아래에 기술하였다. 이러한 요인들은 '장래 확실성이란 이미 벌어진 사건에 기초해 정확히 예측할 수 있다'는 드러커식 사고에 기초하고 있다.

1. 선진국의 출생률 급락
2. 가처분소득의 배분 변화
3. 조직 내 성과의 새로운 정의
4. 세계적인 경쟁력
5. 경제의 글로벌화와 정치 분열의 틈 확대

드러커는 '확실성은 전략가에게 무엇을 해야 할지 가르쳐 주지 않는다'고 지적했다. 그리고 그는 어떤 사안의 구체적 방식에 대해서도 거의 이야기하지 않았다. 하지만 그가 든 다섯 가지 요인은 모두 마케팅 전략가가 전략을 책정할 때 검토해야 할 중요한 시점을 제기하고 있다. 그럼 여기에서 이 다섯 가지에 대해 상세히 살펴보도록 하자.

01. 선진국의 출생률 급락

The Collapsing Birthrate in The Developed World

드러커는 선진국의 출생률 급락이 역사상 전례 없는 현상으로, 극적이고 중요한 부차적 효과를 갖는다는 점에 착안했다. 여기에서 드러커가 선진국으로 규정한 나라는 미국만이 아니었다. 실제로 출생률이 가장 크게 저하한 건 오히려 미국보다 일본일지 모른다.

물론 어떤 나라나 출생률 저하는 이민자들의 유입에 의해 어느 정도 상쇄되거나, 그 속도가 늦춰지고 감춰질 가능성이 있다. 하지만 이민이 극적 변화를 초래하고 다른 관습과 종교, 경우에 따라서는 다른 언어를 가진 이들이 더해져 적잖은 사회 혼란을 초래한다.

우리는 이미 이 같은 사실을 살펴봤다. 현재 미국에서는 이민을 둘러싼 논쟁이 치열하게 벌어져 극심한 사회 혼란까지 생겼다. 이민을 받아들이고 흡수한 오랜 역사로 나라가 성립된 미국조차 실상은 그렇다.

드러커는 '이민이 초래하는 사회적 압력을 문제로 여김과 동시에 불가피하다'고 표현했다. 그 이상 중요한 건 오랜 이민 역사를 가진 미국은 이민에 대처할 체제가 갖춰져 있다는 점이다. 하지만 태평양 건너 일본에서는 이민이 큰 혼란을 초래할지 모른다. 왜냐하면 일본은 이민의 역사가 없을 뿐 아니라, 역사적으로 이민을 금지해 온 나라이기 때문이다.

그는 "모든 선진국에서 최대 논점은 착실히 그 수가 감소하고 있는 젊은 노동자와, 반대로 착실히 그 수를 늘려가는 고령자 사이의 격차 확대"라고 말했다. 인구의 고령화는 한층 더 많은 문제와 기회를 낳는다. 또한 이것도 오늘날 우리들이 쉽게 볼 수 있는 문제다.

그렇다면 우리의 사회보장제도는 어려운 상황에 빠지게 될까? 미국에서 사회보장제도가 도입된 1936년 당시는 퇴직연령(연금지급 개시연령)이 65세였다. 그 때까지만 해도 65세란 나이는 대개 건설적인 일을 할 수 있는 한계 연령으로 간주되었다. 하지만 드러커는 '선진국 각 국의 퇴직연령이 가까운 장래 79세 전후까지 올라갈 것'이라 예측했다. 낮아진 출생률로 예전보다 훨씬 많은 고령자 인구를 지탱하는 이상, 사회보장제도가 위기에 빠질 거라 보는 것도 결코 무리는 아니었다.

드러커는 출생률의 급락에서 생기는 중요한 2차적 영향을 몇 가지 들었다. 그는 '가까운 시기 인구 동태가 전 세계 선진국의 정치를 지배한다'고 지적했다.

어쨌든 출생률이 저하한 결과, 선진국 각 국은 정부 불안정 상태가 지속되고 있다. 퇴직의 이미지도 크게 바뀌었다. 퇴직은 이미 많은 사회주의자들이 수 년 전부터 예상했던 '황금기 놀이터' 이미지로 돌아가는 것을 의미하지 않는다. 오히려 원 고용주 아래 기존과 다른 조건의 고용 연장을 의미하게 될 뿐이다.

'경험이 풍부한 직원을 외부 컨설턴트로 삼으면 기업이 큰 비용을 절약할 수 있다'는 건 오래 전부터 익히 알려져 온 이야기다. 나는 독립 컨설턴트 지망자들을 위한 책을 읽은 적이 있다. 그 책에서 '신임 컨설턴트는 옛 고용주를 처음 또는 최선의 고객으로 생각해야 한다'고 언급했다.

또한 퇴직은 마치 다른 제2의 커리어를 의미할지 모른다. 오랜 시간 동안 사람들은 생애 단 하나의 직업만 가질 수 있다고 믿어 왔다. 그러나 지금은 어느 직업이든 성공한 사람이 퇴직한 뒤 전혀 다른 일로 새 출발에 나서 큰 성공을 거두는 경우를 자주 볼 수 있다.

드러커는 '고령의 노동자, 특히 수작업이 아니라 주로 머리를 쓰는 지식노동자는 점차 생산성이 높아져 갈 것'이라고 지적했다. 그리고 '새로운 관계 속에서 경험이 풍부한 인재를 유효하게 활용하는 기업은 커다란 경쟁우위를 손에 넣을 수 있다'고 여겼다. 여기에서 '새로운 관계(New Relationship)'란 고령층의 지식노동자 그룹에게 보다 커다란 책임을 지우는 기존 모델이 하나의 인센티브로서 더 이상 기능하지 않은 현실을 의미한다.

아마 마케팅 전략가들에게 보다 직접적으로 중요한 건 고령화가 잠재시장에 미치는 효과다. 젊은이의 수와 젊은이를 대상으로 한 시장은 필연적으로 축소되지만 시니어 대상의 시장은 도리어 확대되어 간다. 그러나 이 시장 확대는 시니어 계층의 잠재 고객 수만이 아니라, 제2의 커리어를 가진 이들의 구매력의 결과이기도 하다.

약 40년 전 소규모의 경기 후퇴 중 LA 지방 정부가 퇴직 고령자를 여러 명 고용해 라디오 프로그램에 등장시킨 적이 있다. 이를 통해 청취자들에게 장래 은퇴 생활을 대비해 저축하도록 호소했다. "내가 (청취자) 당신만을 위해 (선한 목적으로) 이 CM에 나온 건 아니다." 한 은퇴 배우는 광고 속에서 이렇게 말했다. 그리고 더했다. "나는 돈이 필요하기 때문에 나왔다."

의회는 소득세 납부를 퇴직 때까지 미룰 수 있도록 하는 법률을 가결했다. 퇴직 때는 소득이 감소해 낮은 세율 구분이 적용되기에 세 부담이 한층 더 낮아질 것으로 전망되었다. 하지만 퇴직 후 일할 기회가 늘어난 데다, 많은 조직이 제공하는 퇴직금 덕에 이 같은 전망은 현실화 되지 못했다. 예상되던 소득 감소는 일어나지 않았고 더 많은 경우 고령자의 급여 총액이 오히려 늘어났다.

02. 가처분소득의 배분 변화

Shifts in The Distribution of Disposable Income

드러커는 대부분의 기업이 간과하고 있는 중요한 통계가 "기업이 제공하는 제품과 서비스에 소비되는 가처분소득의 비율"이라고 말했다.

그는 '전략 책정에서 이 수치가 가장 신뢰할 수 있는 요소'라고 생각했다. 해당 통계는 장기간에 걸쳐 거의 변하지 않기 때문이다. 또 그 트렌드에 변화가 생길 경우 오히려 기업 전략상 더더욱 중요해진다고 생각했다.

드러커는 트렌드를 네 가지 분야로 구분지어 설명했다. '정부와 헬스케어, 교육, 그리고 레저'였다. 그는 이 네 가지 분야 모두 앞으로 수십 년 안에 큰 변화가 생긴다고 예상했다. 그건 많은 이들이 예상하는 형태로만 한정되지 않았다. 이러한 변화는 바로 지금, 우리 눈 앞에서 벌어지고 있다.

우선 드러커는 '가처분소득의 배분에서 점하는 정부 섹터의 비율이 높아지고 있다'고 주장했다. 이는 현 정권과 무관하다. 드러커는 2005년 세상을 떠났지만 그의 주장은 이미 1999년부터 전개되었다.

이 때문에 지금 일어나는 사태를 모두 오바마 대통령이나 전임 부시 대통령 탓으로 여기는 이들에게 말해두자면, 그의 예상은 모두 이들의 취임보다 먼저 이뤄졌다는 사실이다.

환경 규제, 그리고 기업이 경쟁에서 얼마나 제대로 기능할 수 있는지에 대해 생각해봤으면 한다. 개개인의 동의 여부와 관계없이 사회는 지금 무엇이 바르고 무엇이 잘못되었는지에 대해 정부의 통제를 기대한다. 그 결과 특정 동물의 모피를 수입, 판매하는 건 불법이 된다. 인가 받은 동물원 외에 일정한 외래 동물을 사육하는 것도 엄연히 불법이다.

또한 많은 이들이 총기 판매는 거의 규제되지 않는다고 생각하지만 실은 그렇지 않다. 현재 실시되는 총 규제의 대부분은 불과 50년 전 미국 시민에게 큰 충격을 안겨줬던 사항들이다. 어쨌든 당시는 완전자동 총기와 군사용 중화기 밖에 규제되지 않았고 그 외 총기는 대부분의 도시나 주, 내지는 통신 판매로 자유로이 살 수 있었다.

덧붙여 뉴욕시는 그 중에서 유일하게 예외였다. 뉴욕에서는 1911년부터 '설리번법(Sullivan Law)'이 있었다. 부패한 타마니 홀(1960년대까지 존재하던 민주당의 파벌)의 정치가인 티모시 설리번(Timothy Sullivan)에 의한 법령이었다. 이 법에 따라 숨겨 소지할 수 있을 정도로 작은 권총과 나이프 등의 소유에 허가가 의무화되었다.

뉴욕의 이탈리아계 이민자 수는 1850년 보고된 4,000명에서 1900년에는 50만 명 가까이로 늘어났다. 설리번법은 이탈리아계 이민에 대한 편견이 높은 와중에 가결된 것으로, 당시 뉴욕의 권력자들이 일종의 문제아 집단으로 간주한 이탈리아인들의 무기를 빼앗기 위해 이를 도입했다.

의료보험제도의 개혁에 찬성하든 반대하든 이 또한 정부에 의한 통제 강화에 해당한다. 나는 정부에 의한 제도 변경이 반드시 나쁘다고는 보지 않는다. 다만 어떤 조직이든 정부는 전략 책정에서 커다란 요인이 되며 그 중요성은 더욱 늘어나는 법이다.

정부와 대조적으로 레저 산업이 쇠퇴할 가능성이 있다. 드러커는 '레저산업은 일정한 쇠퇴기에 있다'고 생각했다. 그 증거로 경쟁 심화와 이익률의 저하, 제품 차별화의 후퇴 등을 제시했다.

업계의 대부분 기업이 아직 성장기에 있을지 모르나, 지금은 점차 저하되는 시장 점유율을 둘러싸고 치열하게 싸우고 있다. 그 결과 경쟁도가 한층 더 심해지고 상대적으로 효율이 떨어지는 기업의 본격 이탈이 시작되고 있다.

한편 드러커는 '헬스케어와 교육은 모두 업계 내부에서 변화가 생겼다곤 하나, 앞으로도 주요 성장산업으로 존속할 것'이라고 생각했다.

하나의 단서가 교육산업의 중점이 이미 커리어를 가진 지식노동자에 대한 교육으로 옮겨가는 흐름이었다. 이는 그가 '성인 교육의 미래가 기존 교실이 아닌 온라인에 있다'고 여긴 이유 중 하나다. 온라인 교육은 가정과 일에 최소한의 혼란만 초래하기 때문이다.

드러커는 '이 같은 예측을 살리기 위해 정량적인 정보(Quantitative Information)와 정성적인 분석(Qualitative Analysis)이 모두 필요하다'고 결론지었다.

이 또한 데이터를 하나씩 검증하면서 데이터가 무엇을 의미하는지 판단해야만 한다. 대부분의 사람들은 정보와 분석을 정량화하려 해, 결국 사고가 아니라 수의 횡포에 지배되고 만다. 하지만 드러커는 이를 피하려 했다.

03. 조직 내 성과의 새로운 정의

New Definitions of Performance in An Organization

드러커는 '미국을 제외한 대부분의 나라는 성과를 보는 전통적인 관점에서 기업이 현장 노동자의 이익을 위해 경영된다'고 보았다.

여기에는 일본과 독일, 북유럽 국가들이 포함되어 있다. 물론 미국과 영국에서는 적어도 1920년대 후반 이후 성과의 정의가 꽤 달랐다. 명확하게 정의되지 않았으나 '기업은 고객과 직원, 주주, 사회를 포함한 이익집단을 위해 경영되어야 한다'고 보았다.

유일한 문제는 그 중심을 주가 상승이란 단기적 성과에 둬야 할지, 아니면 장래 성장을 목표로 한 장기적 이익으로 삼아야 할지에 달렸다. 드러커는 '성공한 기업의 평균 수명은 채 30년이 안 되므로 장기라 해도 그만큼 길지 않다'고 지적했다.

하지만 단 하나 절대적으로 확실한 건, 이러한 전통적 관점이 모두 재검토될 필요가 있고 더 나아가 마케팅이든 마케팅 보조 기능이든 그 필요성은 마찬가지란 점이다. 이는 선진국 각 국의 새로운 인구 동태와 길어진 수명이 초래한 결과이며, 고령자 집단의 투자 결과이기도 하다.

어쨌든 시니어 계층은 현재 전체 상장기업의 주식 가운데 상당 부분을 소유하고 있다. 드러커는 '미국 기업에서 고령자가 보유한 주식 비율이 40~60%에 이른다'고 보았다.

그는 성과의 새로운 정의를 생각해 내지 않고, 단지 전략에 명확한 임팩트를 주는 정기적 시산과 사회 조사에 기초한 정의를 이야기했다. 그리고 '성과는 금전 이외의 가치 창출에 기반해 금전 이외의 방법으로 정의되어야 한다'고 덧붙였다.

이러한 방법을 채용해 처음 이룬 성과 정의는 지식노동자에게 의미 있는 것이자, 오늘날에는 '참여, 관여(Engagement)'라 불리는 헌신을 만들어 냈다.

04. 세계적인 경쟁력

Global Competitiveness

세계적인 경쟁력은 국가 경쟁력과 연관되어 있다. 세계경제포럼(WEF)은 매년 공표되는 데이터에서 개별 국가의 상대적 경쟁력을 조사한다. 이는 경쟁력의 확실성에 대해 드러커가 말한 것과는 엄연히 다르다.

아래 내용을 한 번 생각해 봤으면 한다. 30여년 전 글로벌 시장에 관심을 가진 기업가가 이런 이야기를 해준 적이 있다. 그가 아는 기업가들은 대개 국제 무역을 마치 화성과의 상거래처럼 다뤄, 중소기업 관계자 중 약 7%만이 전 세계를 대상으로 사업을 전개하고 있었다. 시장의 장벽이 허물어지고 이러한 기업의 제품과 서비스를 너무나 원했음에도 불구하고…….

이 때 짧은 기간 중 극적인 변화가 찾아왔다. 기술과 인터넷 덕이

크겠지만 지금은 중소기업이든 대기업이든 혹은 병원이나 학교든 자국 이외의 시장을 무시할 수 있는 기업은 단 한 곳도 없다.

드러커는 여기서 한 걸음 더 나아간다. '지구상 어디에 있든, 업계 선두를 자랑하는 기업이 설정한 기준을 채우지 못하면 어떤 기업도 성공할 수 없고 살아남을 수조차 없다'

정치적 지도자나 기업, 노조 대표가 이 지식을 전략으로 통합하면 막대한 이익을 낳는다. '자국 산업을 보호하는 수단으로서 높은 관세와 수입 할당은 더 이상 효과가 없다'는 게 드러커의 주장이었다.

그는 높아진 보호주의에서 생긴 문제를 쉽게 예상했다. 그러면서 '보호주의가 초래한 진짜 결과는 특정 국가나 기관의 문제를 해결하지 않고, 개별 기업을 한층 더 허약하게 만들 뿐'이라고 단언했다.

조직에게 유일한 해결책은 모든 부문에서 가장 우수한 조직이 정한 기준을 고려해 싸우는 방법을 찾는 것이다. 기본적으로 전 세계 경쟁사가 정부에서 받는 보조금 등의 보호 정책이 아니라, 상대보다 우수한 전략을 통해 극복하는 환경상의 변동 요인으로 간주되어야 한다.

05. 경제의 글로벌화와 정치 분열의 틈 확대

The Growing Incongruence Between Economic Globalization and Political Splintering

드러커의 첫 저서《경제인의 종말(The End of Economic Man)》은 '인간은 경제적 상황에서 합리적으로 행동한다'는 역사적 관념에 정면으로 도전했다.

드러커에 따르면 '독일 나치의 태두가 그러한 관념의 반증'이라고 한다. 그로부터 60년 뒤 드러커는 매니지먼트의 문맥과 전략 책정의 흐름에 따라 과거 연구를 다시 한 번 끄집어 낸다. 거기에서 도출한 결론은 '국경을 넘은 경제 단위에서조차 국내 정치가 경제적 합리성을 뒤엎는다'는 것이다.

그의 확신에는 마케팅 전략가가 검토해야 할 네 가지 의미가 담겨 있다. 두 가지는 전략가가 피해야 하는 것이고, 나머지 두 가지는 중요하게 다뤄야 할 것이다.

우선 전략가는 경제적인 판단보다 국내 정치를 우선시하는 유혹에 빠져선 안 된다. 마케터는 정부 보조금이든, 세 공제든, 독점 보증이든, 정치적 뇌물에 기초해 경제적 판단을 내려서는 안 된다.

드러커는 '뇌물 없이 전략이 경제적 의미를 갖지 못하면 아무리 매력적이라도 그 전략을 채택할 의미는 없다'고 단언했다.

그는 여기에서 한 걸음 더 나아가 "아무리 뇌물이 경제적으로 합리적이라 해도 막연히 뇌물이 얽힌 상황에 기대선 안 된다."고 말했다. 이유는 단순했다.

이러한 뇌물이 동기가 된 의사 결정은 항시 그 반대급부가 따라온다. 드러커는 그 증거로 1960~70년대에 걸쳐 독점을 약속받기 위해 중남미 중소국에 공장을 건설한 미국 기업들이 모두 실패한 사례를 들고 있다.

또한 드러커는 '회사의 경영 이론과 통상적인 전략이 제대로 수렴되지 않는 한 전 세계를 대상으로 사업을 확대해선 안 된다'고 경고했다. 그는 대부분의 마케터가 이미 알고 있는 사실을 다시 한 번 강조했다.

나라가 다르면 제품도 전혀 다른 상황과 움직임을 보인다는 것이다. 그렇지 않으면 코카콜라(Coca-Cola)가 프랑스에서 콜라보다 훨씬 많은 과즙 음료를 판매하는 이유를 어떻게 설명할 수 있을까?

드러커가 제시한 마케팅 전략가가 검토해야 할 두 가지 사항 중 하나는 '제휴와 협업, 합변회사에 기초한 해외 진출'과 관계되어 있다.

해외 사업의 확대는 독립 법인이 아니라 경제적인 주체를 바탕으로 구성해야만 한다. 그리고 드러커는 환율 변동에 영향받지 않는 조직은 예나 지금이나 존재하지 않기에 '환율 변동 관리를 전략의 일환으로 삼아야 한다'고 지적했다.

4장

포기에 따른 성공

잭 웰치는 1981년 GE의 CEO로 취임하며 20년간의 커리어, 그리고 20세기를 대표하는 CEO로서의 전설을 만들기 시작했다. 그는 GE 역사상 가장 젊은 CEO이자, GE 최대의 수익 증대를 실현시킨 리더였다.

웰치가 CEO에 취임했을 때 GE의 시장가치(주식시가총액)는 120억 달러에 불과했다. 하지만 퇴임 때 그 수치는 25배 이상 늘어났다. 그는 "드러커에게 받은 두 가지 단순한 질문이 GE의 경이적인 성장에 도움이 되었다."고 한다.

첫 번째 질문은 "만일 GE가 이미 존재하는 특정 사업에 손대지 않았다면 지금도 그 사업에 진출했을까?" 드러커는 연이어 추가 질문을 던지며 "만일 그 대답이 No라면 어떻게 할지?" 물었다.

웰치는 드러커의 질문을 받고서 이익은 나오지만 실적이 기준에 이르지 않는 사업 폐지를 결단했다. 이 같은 경영적 판단이 GE를 대성공으로 이끌었다. 웰치는 해당 시장에서 1, 2위가 아닌 사업은 모두 매각, 내지 청산하도록 명했다.

이 두 가지 질문은 '포기(Abandonment)'에 관한 드러커의 이론에 좋은 사례다. 그는 이 에피소드가 있기 20년 전 간행한 《창조하는 경영자(Managing for Results)》에서 처음 이 이론을 언급했다. GE의 에피소드는 웰치가 드러커 이론을 멋지게 적용한 대표 사례가 되었다.

이미 포기했어야 할 T형 포드

헨리 포드의 T형 포드는 '세계에서 가장 영향력 있는 20세기 자동차'로 선정되었다. 상의 정식 명칭은 'Car of the Century'로, 1999년 국제 자동차 선정 재단(the Global Automotive Elections Foundation)이 관리, 감독하는 프로세스를 거쳐 선정되었다.

수상은 당연한 일이었다. 1908년부터 19년간 1,500만대의 T형 포드가 생산되었기 때문이다. 이 기간 동안 사소한 변화는 몇 차례 있었지만, T형 포드는 거시적 외형 설계는 거의 바꾸지 않은 채 당초 디자인을 유지했다.

이 같은 자세를 그대로 보여주는 건 헨리 포드가 여러 번에 걸쳐 이야기한 "포드 고객은 어느 색깔이든 고를 수 있다. 단 검은 색에 한해"라는 유명한 말에서 알 수 있다.

다양한 디자인이나 옵션을 제공하기 시작한 라이벌 GM에 반해, 헨리 포드는 'T형 포드는 이미 충분히 바르기에 변경할 필요가 없다'고 생각했다. 그 결과 T형 포드는 더 이상 근대적인 자동차들과 경쟁할 수 없는 처지가 되었다.

더 일찍 히트 상품을 포기했다면, 포드는 40년 넘게 이어온 업계 선두 자리를 GM에게 뺏기지 않았을 것이다. 이는 '제품이 이미 바른지 여부와 상관없이 적절한 시기에 성공한 제품을 포기하는 게 불가피하다'는 드러커의 주장을 뒷받침하는 좋은 사례였다.

포기도 체계적인 과정에 따라야 한다

드러커의 포기 개념은 모든 조직에 단 하나의 책무를 요구하고 있다. 즉, '변화 관리는 세포 레벨(Cellular Level), 바꿔 말하면 조직의 세부적인 부분까지 침투되고 각인되어야 한다'는 것이다.

조직은 새로운 것을 창조하는 데 심혈을 기울여야 하고, 동시에 손댄 것을 언제든 포기할 준비를 해야 한다. 그로 인해 포기는 지속적인 개선과 이노베이션, 그리고 과거 성공의 이용 등을 나란히 수행할 수 있어야 한다.

실제 드러커는 "대규모 프로젝트를 제안할 때, 항시 오래 기울여 온 노력 중 어느 것을 포기해야 할지 설명할 필요가 있다."고 말했다. 이는 내가 커리어 초기 깨달은 사실이기도 하다. 연구개발부장을 맡았을 때 상사였던 사장이 내 예산을 늘리지 않은 채 제품 개발에 착수하도록 지시한 사실이 그 사례 중 하나다.

드러커는 '이러한 과정이 모두 체계적이어야 하며, 그 중에서도 포기는 그때 그때 하지 말고 체계적인 절차에 철저히 따라야 한다'고 강조했다. 그러한 과정은 사업 재검토에서 시작해 포기의 판단 기준을 정하며, 이어 포기 계획 설정과 실행으로 구현된다.

재사고 리스트에 의한 사업 순위 지정

드러커는 '정부의 재사고(Rethinking)'에 대해 서술한 논문에서 '재사고를 포기의 전제 조건'으로 간주했다. 그러면서 그는 '재사고로 활동이나 프로그램 혹은 검토해야 할 제품 리스트를 만들어 성공의 정도에 따라 순위를 정해야 한다'고 덧붙였다.

리스트 맨 위에 오는 건 더욱 강화해야만 한다. 그 성공 기회를 살리기 위해 더 많은 자원을 줘야 한다는 뜻이다. 리스트 맨 위에 오는 건 당시 채산성이 높고 시장에서 선두 자리에 있던 GE의 사업이 해당될 것이다.

재사고 리스트의 맨 아래, 그러니까 쓸데없는 건 모두 버려야 한다. 그리고 리스트의 한 가운데 있는 건 초점을 다시 잡을 필요가 있다. 무엇을 해야 할지 일정한 재검토가 이뤄져야 한다는 의미다.

드러커는 '기존 방침은 (선의에 비춰) 프로젝트나 활동 순위를 다시 매겨야 한다'고 지적했다. 아마도 이는 웰치가 GE의 CEO가 되고, 드러커가 앞의 질문을 던졌을 때 GE의 사업에도 해당하는 것이다. 그리고 시간과 함께 기술이 큰 폭으로 달라졌는데 '이미 바른' T형 포드를 보유한 것 또한 마찬가지라 할 수 있다.

바른 재사고는 좋은 의도 없이, 그저 퍼포먼스에 비춰 리스트상의 모든 요소를 순위 매긴다.

재사고의 빈도

드러커는 어느 정도의 빈도로 사안을 재사고해야 하는지에 대해서도 말했다. "조직은 3년마다, 만일 자신들이 아직 손대지 않은 사업이라면 지금 당장 시작할지를 염두에 두고 모든 제품과 서비스, 방침, 그리고 유통 경로를 재검토해야 한다."는 것이다.

이러한 의문은 다양한 조건이 바뀌고, 당초 행동이 시작된 이래 조직이 뭔가 새로운 것을 배운다는 전제에 기초해 있다. 드러커는 '위 의문에 대한 답이 No일 경우 대응책을 추가 조사하지 않고, 항시 '우리는 지금 무엇을 해야 하는지'에 대한 반응으로 돌아가야 한다' 고 강조했다. 해야 할 행동이 반드시 있다는 것이다.

경영자원은 한정되어 있기에, 마케팅 캠페인이나 신제품 개발에선 항시 좋아하는 자원만 얻을 수 없다. 뭔가를 포기하면 남는 자원이 반드시 나온다. 새로운 기회를 살리기 위해 필요한 자금과 인원,

시설, 장치, 시간이라는 자원 말이다.

드러커는 분류에 따라 우선도를 명확히 하는 것을 'Push형 우선 사항(Push Priority)'이라 불렀다. 그러한 우선 사항을 그는 쉽게 설정할 수 있다고 봤다. 'Push형 우선 사항'은 성공할 경우 들인 비용의 몇 배 이익을 회수할 수 있는 행동이다.

포기에는 이 외에도 이점이 있다. 심리적으로 포기는 버릴 제품의 대체품을 찾는 작업을 촉진한다. 드러커는 "포기는 '현존하는 기업가 정신'을 구현하기 위해 더더욱 필요하다. 장래 차이를 만들어 낼 제품과 서비스, 과정, 기술에 지금 노력을 기울이는 것"이라고 언급했다.

마지막으로 변화를 다루는 최선책은 스스로 변화를 만들어내는 것이기에 포기는 변화 관리도 한층 더 쉽게 만든다.

포기는 연명보다 훨씬 우수한 전략

대부분의 마케터들은 '제품 라이프 사이클(Product of Life Cycle)' 개념을 잘 알고 있다. 이는 제품(혹은 사업)이 도입(Introduction), 성장(Growth), 성숙(Maturity), 그리고 쇠퇴(Decline)라는 단계를 거쳐 생애를 보낸다는 의미다.

성숙기에는 계속 매출이 증가하지만, 한편으로 이익이 줄기 시작하는 현상도 발생한다. 이는 경쟁이 심해지거나 그 외 요인이 초래한 결과이기도 하다. 마케팅 담당 간부가 이전 성공을 거둔 제품의 포기 여부를 고민하는 건 바로 이 시점부터다.

초점을 다시 맞추면 제품 수명을 늘리기 위한 '제품 연명 전략(Product Extension Strategy)'을 시작할 이유가 존재할지 모른다. 하지만 그 제품이 아직 이익을 내고 있다는 사실이 아무런 행동도 취하지 않는 변명거리가 되진 않는다.

또한 드러커는 '제품 연명이 아니라 완전히 버리고 이전 성공 제품이 시대에 뒤처졌다고 선언할 때 비로소 진짜 기회가 찾아온다'고 주장했다. 그것이 앞에 들었던 우위성을 초래한다.

잘 생각해보면 헨리 포드는 기본 설계를 유지하며 T형 포드에 변화를 더해 쇄신할 수 있었을지 모른다. 다만 그 방식은 T형 포드를 포기하고 변해가는 시장 상황에 더 어울릴 수 있는 신형 차량을 만들 때만큼 성공적이진 못했을 것이다.

마찬가지로 웰치 역시 GE의 어중간한 사업들을 포기하는 대신 연명 전략을 실행했을 수도 있다. 그랬다면 해당 사업은 이전보다 더 크게 성공하거나 어느 정도 채산성을 개선했을지도 모른다.

하지만 사업 포기로 남는 경영 자원을 이용해 완전히 새롭고 더 성공할 사업을 창출하는 위업은 절대 이루지 못했을 것이다. 드러커는 포기는 연명보다 훨씬 우수한 전략이라는 사실을 확신했다.

우선 지원할 사업과 포기할 사업

재사고 리스트나 포기 여부를 검토할 체계적 평가 과정에 따라 이뤄진 세부 분석은 우리가 우선해야 할 행동을 다시 한 번 각인시켜준다. 이러한 행동이 앞서 말한 'Push형 우선 사항'이다. 여기에는 아래와 같은 행동이 포함되어 있다.

1. 내일의 먹거리(Breadwinners)와 슬리퍼(Sleepers). 먹거리는 좋은 결과를 만들어 낼 후보이다. 드러커가 '신데렐라'라 부른 슬리퍼는 가능성을 갖추고 기회를 주면 언젠가 성공할 수도 있는 후보이다.
2. 내일의 먹거리를 모레 새로운 것으로 바꿔두기 위한 개발 노력
3. 중요한 신지식과 유통 경로
4. 높은 지원 비용과 관리비, 낭비를 줄이는 것

지원 대상의 사업은 명백하다. 그런 사업들은 투자를 위해 일정 자원을 필요로 한다. 구체적으로 말하자면 당시 마켓 리더였던, 수익성 높은 GE 사업이 이에 해당된다.

포기 후보도 마찬가지로 명백하다. 경영자의 자의적 투자, 부당한 전문성, 불필요한 지원, 아무런 고통 없이 줄일 수 있는 낭비, 그리고 과거의 먹거리 등이 이에 해당한다.

마지막으로 드러커는 '점진적인 매입비가 예상 대가의 절반 이상

에 이를 경우 반드시 포기를 검토해야 한다'고 지적했다.

드러커는 커리어의 마지막인 '올바른 행동은 항시 전면적인 포기에 있다'고 단언한 세 가지 경우를 제시하며 오랜 기간 고찰한 포기 개념을 요약했다.

1. 제품이나 서비스, 과정 등이 아직 몇 년간 유효한 경우
2. 유지하는 유일한 근거가 '완전 상각(빚을 전부 변제, 상환한 것-옮긴이)이 끝났다'는 주장일 경우
3. 오래되어 쇠퇴한 제품의 유지를 위해 새로운 후보가 무시되는 경우

드러커는 "이 가운데 세 번째 경우가 가장 중요한 포기 이유가 된다."고 말했다.

마케터가 포기를 싫어하는 이유

포기의 중요성에 기반하여 경영 간부, 특히 마케터는 포기 개념을 주입하는 데 열심이다. 이 같은 과정에서 리더로 간주된다고 볼 수도 있다. 그러나 슬프게도 현실은 전혀 그렇지 않다.

드러커는 기존 방식을 유지할 때 가장 빈번하게 이뤄지는 주장이 '우리는 성장해야 한다. 축소할 여유 따위는 없다'는 사실을 깨달았

다. 바꿔 말하면 포기를 주장하는 사람은 사업을 축소하고 싶어 한다고 오해 받기 십상이란 것이다.

누구나 변화는 망설인다. 지금 성공한 사람들은 오랜 제품이나 서비스, 사업의 방식과 요건을 마스터해 성공할 수 있었다. 새로운 방식에 대처하는 것, 그 중에서도 미지의 부분이 많은 방식을 채용하는 건 그만큼 리스크가 높고 엄청난 노력을 요하게 된다. 그런 건 도대체 누가 바라는 것일까?

이는 역사상 거의 모든 사건에서 적용할 수 있다. 그리고 나 자신이 경험한 것 역시 마찬가지다.

라이트 형제는 1903년 처음 유인동력 비행에 성공했지만, 사고방식이 고루한 미 육군을 설득해 시험용 비행기 한 대를 구매하도록 만든 건 그로부터 4년이나 지난 뒤였다. 그마저도 이미 형제가 유럽 각지에 비행기를 여러 대 판매한 사실에 놀라 '어쩔 수 없이' 구입했던 것이다.

한 베테랑 장교는 "전투에서 하늘을 나는 기계가 굳이 필요할지 의문스럽다."고 단언했다. 미국의 유명대학에서 존경 받는 교수들까지 "인간이 하늘을 나는 건 애당초 불가능하다."고 예상했을 정도다. 실제 하늘을 난 이후에도 똑같은 주장은 반복되었다.

그러나 이것이 드문 사례라고만 여겨서는 안 된다. 오늘날조차 새로운 아이디어가 나왔을 때 선진적인 사고를 지닌 일류 연구가들이 믿기 어려운 반대론을 제시하는 경우가 허다하기 때문이다.

드러커는 몇 십 년이나 앞서 '인터넷 교육이 간부 교육의 미래가 되며, 나아가 가장 커다란 성장 산업이 될 가능성이 충분하다'고 썼다. 과연 드러커는 어떻게 그 사실을 알았던 것일까?

지적으로 높이 평가되는 교육자들은 지금도 내게 "온라인 교육이 과거 2,000년간 이뤄져온 교실에서의 강의 방식을 완전히 대처할 수 없다."고 말한다.

온라인 교육이 연간 15~20% 속도로 늘어나고, 온라인 교육이 교실에서의 대면식 학습보다 우수하다는 점을 보여주는 여러 조사 결과가 나오고 있음에도 불구하고…….

하지만 이전 교육자들은 대개 온라인 교육을 직접 체험한 경험이 없다. 그들은 모두 교실에서 강의하는 옛날식 방법으로 명성을 얻고 대학교수로서 종신고용 혜택을 누렸다.

이러한 교수들은 기존 모델에 만족하고 있다. 그러므로 인터넷은 미지의 세계를 의미하며 미지는 곧 리스크를 뜻한다. 또한 배우는 사람에게 지식을 주는 새로운 방식을 들이댄다. 포기가 직면한 벽은 이러한 사정과 태도에 달려 있다.

포기의 판단 기준과 실행 계획

드러커는 포기를 판단하는 명확한 기준을 보여주지 않았다. 왜냐하면 유효하게 포기될 사항과 그 선별 기준이 거의 무한대로 존재하기 때문이다. 하지만 단서는 제시했다.

예를 들어 의사 결정에서 드러커가 '경계 조건(Boundary Conditions)'이라 부르는 사안을 검토하도록 추천했다. 여기서 경계 조건이란 '본래의 목적과 최저한의 달성 목표, 그 외 채워야 할 조건에 관한 세부 사항'을 말한다.

그는 '포기해야 할 시기를 알기 위해선 경계 조건에 대한 명쾌한 사고가 필요하며, 추론으로나마 경계 조건을 이해하는 건 포기의 판단 기준을 얻기 위해 반드시 필요하다'고 생각했다.

또한 드러커는 "가장 널리 사용되는 경영 수단 중 하나인 예산 편성이 현상을 평가, 분석하기 위한 토론의 장을 제공해 준다."고 말했다. 그러면서 "그 외 조치나 통제 수단, 정리된 정보도 포기의 후보로 재고해 볼 필요가 있다."고 덧붙인다. 그 결과 무엇을 폐지하고 남겨야 할지 결정하기 위해 정량적인 기준을 정할 수 있다.

포기 후보가 특정되어 구체적인 판단 기준이 확립되면 이후에는 구체적인 목표, 필요 능력을 가진 인원, 포기 완료에 필요한 수단, 경영 자원을 갖춘 계획과 명확한 최종 기한을 갖고 모든 것을 정리하게 된다.

드러커는 "'어떻게' 포기할지는 '무엇을' 포기할지에 대한 문제만큼 중요하며, 그렇지 않으면 포기는 항시 뒤로 미뤄진다. 왜냐하면 포기란 누구에게나 인기 없는 선택지이기 때문"이라고 지적했다.

이 같은 주장은 GE를 경이적인 성공으로 이끈 웰치가 CEO에 취임하고 나서 몇 년 간 10만 명 이상의 직원이 해고된 사실로 뒷받침되었다.

대량 해고는 웰치에게 '중성자탄 잭(Neutron Jack, 5년간 12만 명을 해고한 웰치의 구조조정 정책이 '건물은 그대로 두고 사람만 사라지게 하는 중성자탄 같다'는 데에서 유래한 의미-옮긴이)'이라는 중상모략적 별명이 붙은 원인이기도 했다.

하지만 웰치의 지지자들은 '일련의 사업 재편이 GE를 크게 발전시켰을 뿐 아니라, 결과적으로 주주만이 아니라 직원을 위한 것이었다'고 주장한다. 어쨌든 최종적인 계획이 없으면 모든 건 단지 선한 의도로 끝나고 만다. 그리고 드러커가 말했듯 "여기에서의 선의는 대개 '착하다'는 형용사에 어울리지 않는다."

5장

마케팅 vs 판매

어느 날 수업 중 드러커는 놀랄만한 내용을 이야기했다. "마케팅과 판매가 동일하지 않다는 건 누구나 알고 있다. 하지만 마케팅과 판매가 보완적이긴 커녕 경우에 따라 대립할 수 있다는 사실을 이해한 사람은 의외로 적다."

나는 드러커의 놀랄만한 의견이 또 나왔다는 사실에 놀랐다. 당시 나는 다른 교수 아래서 마케팅 대학원 과정을 막 수료했다. 드러커는 '마케팅과 판매가 동일하지 않다'는 점을 차분히 설명해 줬다. 이는 지금 경영학을 전공하는 학생이라면 누구나 알 수 있는 이야기지만, 내가 학생이던 시절만 해도 아무도 그렇게 여기지 않았다.

당시만 해도 대부분의 기업에서 마케팅 부문을 갖고 있지 않았다. 그리고 정부를 상대로 비즈니스 하는 기업은 뭔가 팔려는 인상을 줘선 안 되기에 간부에게 판매나 마케팅 관련 직책을 주는 것조차 꺼려했다.

그런 기업에서 판매 담당자는 '프로그램 개발부장(Program Development Manager)'이라는 직책을 받곤 했다. 물론 이러한 '직책 속이기'는 지금도 많은 조직에서 벌어지고 있다.

판매 부문에 보다 세련된 울림을 갖고 싶어 하는 기업만이 판매 부문을 '마케팅부'로 불렀다. 하지만 그 부문이 실제 뭔가를 팔기 위한 부서라는 사실은 누구나 알고 있었다.

마케팅과 판매 개념의 차이는 더 이상 최신 테마가 아니다. 하지만 그건 박사 학위 레벨에서 비즈니스 지식을 배우려는 베테랑 관리직에게(혹은 그런 관리직 대상에게는) 반드시 설명할만한 가치가 충분히 있었다.

마케팅 콘셉트의 구조

담당 교수는 마케팅 콘셉트의 구조에 대해 설명하며 판매라는 또 하나의 개념이 어디에 편입되었는지를 설명했다. 이는 최근 들어 미시간 주립대의 E. 제롬 매카시(Jerome McCarthy) 교수에 의해 비로소 모델화 되었다.

마케팅은 이 모델에서 가장 위에 자리한다. 마케팅 바로 아래 오는 게 제품과 서비스, 가격, 프로모션, 유통이라는 '4P'다. 이런 것들은 대개 '전략 변수'라 불리지만, 나는 누군가가 전략의 진짜 의미를 모르고 그렇게 명명한 게 아닐까 생각한다. 일반적으로 이 말은 전략적이지 않고 다분히 전술적인 의미로만 사용되기 때문이다.

제품과 서비스, 가격이 무엇을 의미하는지는 초보자조차 쉽게 알 수 있다. 하지만 나머지 두 가지 P에 대해선 다소 설명이 필요하다.

일반적으로 유통이란 물리적인 유통, 또는 도-소매, 대리점 등의 유통 경로를 가리킨다. 프로모션에는 몇 가지 부분의 집합이 있고 어떤 형태로든 커뮤니케이션을 중시한다. 광고와 홍보, 판매 촉진, 대면 판매 등이 여기에 포함된다.

우선 '대면 판매(Personal Selling)'만 다뤄보자. 대면 판매와 판매의 차이에 대해 다소 헷갈리는 사람이 있을지 모른다. 미국마케팅협회(AMA)는 현재 대면 판매는 '고객과 직접 얼굴을 마주하며 교류를 동반하는 판매'로 정의하고 있다.

이에 반해 예전부터 있었던 판매는 '판매원이 소비자의 니즈를 받아들여, 이를 자극하고 채워주는 (개인적 혹은 비개인적) 과정이자 소비자와 판매자에게 지속적인 공통 이익을 초래하는 활동'으로 정의되어 있다.

내가 보기에 드러커가 판매 과정이 개인적으로 이뤄졌는지, 혹은 그렇지 않은지를 구별하려 했던 건 아닌 것 같다. 요컨대 마케팅 정설에서 판매는 당시 프로모션의 일부로 간주되었고 지금껏 그렇게 다뤄지는 경향이 있다.

그러한 의도는 확실히 프로모션의 틀 안, 그리고 마케팅 믹스로 알려진 '4P' 전체 중 일부에 해당한다. 그리고 이러한 변수는 모두 상호 보완적이라 할 수 있다. 보완적이란 건 해당 변수가 마케팅 전체의 범위 안에서 공통 니즈를 채울 수 있다는 사실을 의미한다.

이 지점에서 그는 "반드시 그렇진 않다."고 말했다. 그러면서 "마케팅과 판매는 보완적이지 않을 뿐 아니라 실제 대립하는 경우까지 나올 수 있다."고 덧붙였다.

이는 그 날 드러커의 강의 테마가 아니라, 나와 함께 수업을 들은 이들이 드러커가 말하는 주장에 반론하지 않은 데서도 잘 나타난다. 그 때 모두 왜 그랬는지는 잘 모른다.

그가 그대로 다음 화제로 옮긴 건지, 아니면 우리가 드러커의 발언에 익숙해져서 그랬는지 잘 기억나진 않는다. 그 결과 드러커가 왜 그렇게 말했고, 무엇을 의미했는지 결국 우리 스스로 찾는 수밖에 없었다.

'마이 선, 더 뮤지션'의 교훈

그로부터 몇 년 뒤 나의 오랜 친구이며 천재적인 마케터인 조셉 코스먼이 제품 판매가 한창 호조를 보일 때, 아차하면 파산에 이를 뻔 했던 이야기를 들려줬다. 거기에서 나는 문득 드러커가 어느 날 박사 과정 학생들에게 이야기한 내용을 이해할 수 있었다.

코스먼은 '마이 선, 더 뮤지션(My Son, the Musician)'이라는 이름의 제품 권리를 취득했다. 이를 발명한 사람은 코스먼에게 "이 제품을 사용하면 유아 배변 트레이닝이라는 부모의 고민이 해소되어, 아이는 변을 볼 때 화장실에 가 변기를 잘 사용하게 된다."고 설명했다.

그 제품은 오르골에 연결된 감지 장치를 내장한 변기로 구성되어 있었다. 변기가 소변 등의 액체를 감지하면, 그 자리에서 아이에게 인기 음악을 틀어주는 구조였다. 코스먼은 자신의 아이에게도 이 제품을 시험해 봤고, 100번 시도해 100번 모두 멋지게 기능하는 사실을 확인할 수 있었다.

코스먼은 상당한 열의를 안고 이 음악 변기 생산을 서둘렀다. 광고 문구를 정하고 판매원을 고용했으며 프로모션을 시작했다. 이 제품은 매우 높은 관심을 모아, 실제 생산을 시작하기 전부터 각지의 중개업자들이 몰려들었다.

주문 수는 코스먼이 그동안 손댄 제품 중에서도 최상위권에 들 정도였다. 코스먼은 '마이 선, 더 뮤지션'의 판매가 과거 통산 100만대 판 제품의 판매 실적에 필적할지 모른다고 생각했다.

그러던 어느 날 코스먼의 열정은 큰 벽에 부닥쳤다. 지역 가게에서 이 제품을 본 아동 심리학자가 그에게 전화를 걸어 좋지 않은 소식을 알려줬기 때문이다.

'마이 선, 더 뮤지션'은 문제없이 작동했지만 문제는 '지나치게 잘' 작동한 것이다. 확실히 아이는 음악을 듣고 싶어하기에 화장실에 가서 만족감을 얻을 수 있다. 조금 더 직접적으로 이야기하자면 소변을 보는 행위가 아이에게 음악을 연상시키는 것이다. 이러한 연상 작용은 매우 강력했다.

독자 여러분은 러시아의 과학자 이안 파블로프 박사(Dr. Ivan Pavlov)가 했던 개 실험 이야기를 들어본 적이 있을 것이다.

파블로프가 개에게 먹이를 줄 때 매번 반드시 벨을 울리면 개는 침을 흘린다. 그 후 파블로프가 먹이를 주는지 여부와 관계없이 개는 벨 소리만 들으면 '자동적으로' 침을 흘렸다. 벨 소리와 침 분비라는 무의식적 생리 작용에 강력한 연관성이 구축된 것이다.

아이가 훈련 기기로서 '마이 선, 더 뮤지션'의 사용을 멈춘 뒤, 경우에 따라 성인이 된 후에도 음악이 나올 때 어떻게 될지 한 번 생각해보자. 코스먼은 그 외에도 여러 명의 심리학자와 상담해 그 주장이 사실이라는 점을 확인했다.

판매적으로는 대성공을 거뒀지만, 만일 그대로 판매를 지속하면 아마 부모들에게 소송이 잇달아 결국 코스먼은 파산에 빠질지도 모른다. 판매 실적이 크고 성공 가능성도 커지는 만큼 대규모 소송 사태가 벌어질 리스크 역시 높아지는 것이다.

전술적 실수도 보완해주는 바른 전략

코스먼이 '마이 선, 더 뮤지션'에서 경험한 문제는 '판매와 마케팅은 서로 보완적이지 않고 때때로 대립하는 경우까지 있다'는 드러커 생각의 귀결이었다. 그리고 '마케팅 전략은 높은 단계에서 채용되어 개별적 판매 전술보다 중요하다'는 사실과도 관계되어 있다.

'마이 선, 더 뮤지션'에서 사용된 전략은 다소 결함 있는 콘셉트에 기초한 것이다. 여기에서 결함은 변기를 사용할 때 나온 음악이 훗날 바람직하지 않은 생리적 반응을 일으킬지 모른다는 의도치 않은 결과에서 유래한다.

사실 '마이 선, 더 뮤지션'은 여러 사례 중 하나에 지나지 않는다. 시어즈 로벅의 전성기 시절 CEO로, 전직 육군 대장이기도 한 로버트 우드(Robert Wood)는 이전 한 인터뷰에서 "비즈니스는 어떤 면에서 전쟁과 닮아 있다. 커다란 전략이 바르면 전술적인 실수를 몇 가지 범해도 계획이 성공에 이른다."고 평했다.

여기에서 안타까운 건 이 같은 논리가 반대의 경우에도 해당된다는 사실이다. 개별적인 전술이 몇 가지 바르더라도 결코 잘못된 전략을 성공시킬 순 없다는 것이다.

효과적인 판매는 자동적으로 어설픈 마케팅 전략의 문제를 해소한다는 단순한 사고를 가진 사람들이 있다. 몇 년 전인가 한 명문대 교수가 잡지에 기고한 글에서도 그렇게 적었던 것으로 기억한다. 하지만 이 말은 틀렸다. 아니, 그런 건 절대로 있을 수 없다.

판매가 어느 정도 좋으면 아무리 마케팅 전략이 나쁘더라도 높은 판매 실적을 초래할 수 있다? 이는 철저한 오독이자, '마이 선, 더 뮤지션'의 경우처럼 좋은 판매 실적이 장래 더 큰 문제를 초래할지 모를 리스크조차 감춰버릴 염려가 있다.

그 결과 고객 창조 과정에서 마케터가 비효율적인 전략과, 진출하지 말았어야 할 사업에 경영 자원을 잘못 배분해 버릴 가능성도 있다.

에스키모에게 아이스박스를 판다

전략적인 레벨에서 타깃 시장에 대해 한 번 더 생각해 봤으면 한다. '유능한 세일즈맨이라면 어떤 상황, 어떤 물건이라도 상품을 충분히 팔 수 있다'는 오랜 주장이 있다. 내가 가장 자주 들은 건 '에스키모에게 아이스박스를 파는 이야기'였다.

여기에서 사내 유능한 영업팀이 있고 타깃 시장에서 제품을 팔 때 거의 불가능하다고 여겨지는 목표를 성취했다고 치자. 유대교도와 이슬람교도에게 돼지고기를 파는 것이든, 에스키모에게 아이스박스를 파는 것이든 뭐든 다 좋다.

이러한 슈퍼 세일즈맨들의 성공을 보면, 아마 더 적은 노력과 경영 자원으로 많이 파는 것과 관계없이 전체적인 전략 자체가 틀리지 않았다고 여길지 모른다. 그렇게 생각하면 '판매와 마케팅은 보완적이 아니라 대립할 수 있다'고 주장한 드러커의 의도를 충분히 이해할 수 있을 것이다.

서로 대립할 수 있는 전략과 전술

사실 마케팅 담당자들에게 드러커의 논점은 그리 상세하고 친절한 건 아니다. 실제 여기에는 중요한 요소가 포함되어 있다.

우선 드러커의 주장은 어떤 전술적 변수(Tactical Variables)에도 해당한다. 광고든, 가격 할인이나 특판 같은 판매 촉진책이든, 가격 설정, 유통 경로의 선정, 물류의 수단이든 걸출한 전술이 도리어 사람을 궁지에 빠뜨릴 가능성이 있다. 전술은 반드시 전략을 보완하는 게 아니라 양자가 대립하는 경우도 있다.

그렇다면 그 경우 어떻게 해야 할까? 드러커가 보여준 방향에 따르면 세 가지 점을 고려하는 게 중요하다.

1. 무엇보다 전략이 중요하다.
2. 전략에 의해 전술이 결정된다.
3. 우수한 전술은 서로 보완할 뿐 아니라 시너지 효과를 갖는다.

01. 무엇보다 전략이 중요하다

Strategy First

드러커는 "우선 내 비즈니스가 무엇인지 결정하라"고 말하며 "그 목적은 고객을 창조하는 것"이라 단언했다. 이는 '마케팅은 비즈니스의 기본 기능'이라는 주장의 논리적 근거였다. 그런 의미에서 전략이나 마케팅은 고객을 창조하기 위해 사용하는 하나의 수단인 것이다.

이를 '비즈니스 모델(Business Model)'이라 부르는 사람도 있다. 이 같은 호칭상의 유일한 문제는 전술을 포함해 모든 것을 망라하듯 확대 해석되는 점이다. 그곳에서 사태는 잘못된 방향으로 흘러간다.

전략이 실은 전술에 지나지 않은 경우 마케터는 커다란 위험에 빠진다. 왜냐하면 해당 전술이 실패하면 그 사람은 바로 심각한 문제에 봉착하기 때문이다.

이것이 정부 투자 실패의 대명사가 된 '솔린드라(Solyndra)'에서 벌어진 일이다.

솔린드라가 창업한 건 2005년이었다. 이 회사는 태양광 발전 시스템, 쉽게 말해 태양열 패널을 설계, 생산, 판매했다. 하지만 솔린드라의 패널은 흔한 평면 패널이 아니라 원통형으로, 수평이나 밀집된 형태로 설치되었을 때 가장 효율이 높아진다.

이런 방식으로 솔린드라는 일반적으로 사용할 수 있는 지붕 면적보다 광범위한 면적을 커버할 수 있었다. 연간 기준으로 보면 기존 패널 설치법에 비해 면적당 발전량이 몇 배는 컸다. 이 외에도 기술적 이점이 있었다. 특이한 형상 덕에 기존 패널보다 많은 태양광을 저장할 수 있던 것이다.

그 외 여러 가지 점에서도 솔린드라는 충분히 매력적이었다. 우선 환경 친화적인 전력 생산, 그리고 해고가 성행하는 불경기에 이 회사는 1,000명 이상의 고용을 창출했다.

문제는 솔린드라의 전략이 재료나 설계, 기술에 기인한 저렴한 가격 설정 전술이란 점이었다. 실제 솔린드라의 원통형 패널 가격은 솔린드라 창업 당시 기존 패널보다 저렴했다. 하지만 시간이 지나면서 대량 패널이 팔리기 시작하며 규모 이점이 생긴 결과 기존 패널 가격이 급락했다.

이로서 솔린드라의 패널은 기존 평면 패널보다 오히려 비싸질 뿐 아니라, 시스템 전체 역시 매우 비싸졌다. 그렇다 해도 솔린드라의 패널은 참신하고 기술적으로 진전되어 있었다. 그러나 직접적 경쟁 우위가 없었기에 회사는 이미 경쟁 자체가 불가능한 상황에 처하고 말았다.

2009년 정부가 솔린드라에 5억 달러 이상의 융자를 보증한 직후, 오바마 대통령이 직접 솔린드라 본사를 방문해 직원들과 사진 촬영까지 했다. 하지만 정부의 융자 보증은 정권 내 경제 전문가들의 의견을 무시한 채 이뤄진 것이었다.

당시 국가경제회의(NEC) 위원장이던 로렌스 서머스(Lawrence Summers)와 재무장관 티모시 가이트너(Timothy Geithner)는 모두 "솔린드라의 전략에 결함이 있으므로 성공하지 못할 것"이라 주장했다.

2011년 7월 솔린드라의 경영진은 만면에 미소를 띤 채, 판매가 몇 배나 늘었다는 실적을 발표했다. 그리고 그로부터 2개월 뒤 솔린드라는 전격 파산을 신청했다.

2011년 8월 31일 솔린드라가 파산을 신청했을 때, 최대 피해를 입은 건 미국 납세자들이었다. 회사 경영진은 어깨를 잔뜩 움츠린 채 이를 모두 시장 환경 탓으로만 돌렸다. 그리고 파산에 대한 책임을 지지 않고, 기존 태양열 패널의 가격이 너무 빨리 급락했다는 사실만을 몇 번이나 상기시켰다.

솔린드라의 마케팅은 결국 철저히 가격에 기초한 전술이었다. 그러한 경영 방식은 처음부터 빈약한 형태를 띨 수밖에 없었다. 표준적인 태양열 패널의 가격이 하락하면 회사의 의도나 제품의 기술력 여하와 상관없이 실패하는 건 너무도 명백했다.

02. 전략에 의해 전술이 결정된다

Strategy Determines Tactics

마케터는 전략부터 명확히 결정지어야 한다. 그런 과정을 통해 처음 그 전략을 뒷받침하는 전술을 입안할 수 있다.

대공황 시절 P&G 사장이었던 리차드 듀프리(Richard Deupree)는 '소비자가 아직 생활에 필수적인 가정용품만 사고, 경쟁사가 광고 선전비를 줄인다'는 사실을 깨달았다. 그 때 그가 내세운 전략은 획기적인 신제품을 잇달아 투입하고, 경쟁사가 줄이는 광고 선전비를 오히려 대폭 늘리는 것이었다.

이는 자신의 팀에서 나온 반대 의견을 뒤로 한 채 듀프리가 주도적으로 채택한 전략이었다. 간혹 P&G의 주주들이 광고 예산 삭감과 그 외 경비 절감을 요구했을 때에도 듀프리는 반대 방향으로 향했다. 그리고 매입이나 연구 개발, 광고에 드는 비용을 오히려 늘렸다.

또한 오바마 대통령이 2008년 선거 때 신기술을 이용해 휴대전화나 트위터에서 메시지를 전했듯, P&G는 광고의 새로운 선택지로 라디오라는 매체에 눈을 돌렸다. P&G는 매우 독창적인 방식으로 라디오를 이용, 개별 제품을 각각의 라디오 프로그램 스폰서로 삼았다.

1933년 P&G는 몇 년 전 매입했던 '옥시돌(Oxydol)'이라는 브랜드의 세탁비누 광고를 시작했다. 이는 곧 〈마 퍼킨스〉라는 라디오 프로그램의 스폰서가 되었다.

프로그램 모두에 아나운서가 매번 이야기한 대사 "옥시돌만의 마 퍼킨스(Oxydol's Own Ma Perkins)"는 지금껏 회자되는 미국 문화의 상징구가 되었다.

이 스폰서십은 대성공을 거둬 P&G는 6년 뒤 21개 라디오 프로그램의 스폰서가 되었다. 이는 모두 특정 제품과 관계가 있었다. 이를 통해 P&G는 매출을 대폭 늘렸을 뿐 아니라 대공황 중 광고 예산을 2년마다 두 배씩 늘려 사실상 1개사가 낮 시간대 라디오 프로그램을 독점하는 지점에까지 이른다.

실제 영어에 '소프 오페라(Soap Opera, 낮 시간대 주부들을 대상으로 한 드라마를 일컫는 말-옮긴이)'라는 신조어를 만든 게 바로 P&G였다.

03. 우수한 전술은 서로 보완할 뿐 아니라 시너지 효과를 갖는다

Good Tactics Are Not Only Complementary to Each Other But They Are Also Synergistic

판매와 마케팅은 보완적이지 않을지도 모른다. 하지만 전술은 서로 보완할 뿐 아니라 시너지 효과를 초래한다. 전체가 개별 부분이나 전술의 합계보다 커지는 것이다.

대공황 당시 P&G는 제품과 광고에 중점을 뒀다. 곧 양자는 일체가 되었다.

옥시돌은 실제 당시 경쟁사 제품보다 우수했다. 타사 제품과 비교하면 정말로 4, 5배는 의류가 하얗게 세탁되어, 당시 가사 노동에 시달리던 주부들은 젖은 의류를 25분이나 세탁판에 두드릴 필요가 없어졌다.

시대도 다르고 경제 상황도 다르지만, 전술의 시너지 효과가 갖는 중요성을 보여주는 또 하나의 사례가 스와치(Swatch) 손목시계다. 이전 손목시계의 금자탑을 일군 스위스 시계는 시티즌(Citizen), 세이코(Seiko) 같은 일본 기업의 공세로 한동안 큰 어려움을 겪었다.

일본 기업들이 디지털 시계를 투입하면서 1960년대부터 1970년대까지 경쟁은 한층 더 심화되었다. 일본 시계의 가격 우위성은 매력적이었고, 스위스 시계 브랜드가 대응할 수 있는 수단이 아무 것도 없는 듯 보였다.

하지만 1983년 이후 '스와치 그룹'이라는 복합 기업을 통해 스위

스제 시계 브랜드가 대대적인 반격에 나섰다. 제조 공정 개선을 통해 스와치는 부품 수를 거의 절반으로 줄였고 가격을 80%나 인하했다. 또한 입문 레벨의 아날로그 시계를 재투입했다. 그 외에도 다양한 전술을 구사해 스와치는 기대 이상의 성과를 거뒀다.

대담하고 새로운 스타일링과 디자인을 통해, 패셔너블한 손목시계로 새롭게 이미지 메이킹할 수 있었다.

또한 스와치는 일련의 이노베이션을 추진하기 위해, 바른 프로모션을 전개하고 유통 경로도 유행하는 매장으로만 제한했다.

그리고 스와치는 처음 자국 시장만 대상으로 하는 시계까지 발매했다. 시계는 크게 히트하여 첫 해 100만개, 이듬해에는 그의 배 이상의 판매 실적을 거둘 수 있었다.

마케팅에 관한 드러커의 특별한 통찰력은 모두 사람의 직감에 반한 것이었다. 하지만 '판매와 마케팅은 보완적이지 않으며 때때로 대립할 수 있다'는 명확한 사고만큼은 당연히 직감 그대로였다.

대표적인 피터 드러커 저서 목록

1. The End of Economic Man, 경제인의 종말 (1939)
2. The Future of Industrial Man, 산업인의 미래 (1942)
3. The Practice of Management, 경영의 실제 (1954)
4. Managing for the Results, 결과를 위한 경영 (1964)
5. The Effective Executive, 목표를 달성하는 경영자 (1966)
6. The Age of Discontinuity, 단절의 시대 (1969)
7. Management : Tasks, Responsibilitis, Pratices, 경영 : 과제, 책임, 실제 (1974)
8. The Pension Fund Revolution, 보이지 않는 혁명 (1976)
9. Managing in Turbulent Times, 격변기의 경영 (1980)
10. Toward the Next Economics and Other Essays, 새로운 경제학을 위하여 (1981)
11. The Last of All Possible Worlds, 가능한 세상의 마지막 (1982)
12. Innovation and Entrepreneurship, 혁신과 기업가 정신 (1985)
13. The Frontiers of Management, 경영의 최전선 (1986)
14. The New Realities, 새로운 현실 (1989)
15. Managing the Nonprofit Organization, 비영리단체의 경영 (1990)
16. The Ecological Vision, 생태학적 비전 (1992)
17. Managing for the Future, 미래 기업 (1992)
18. Post-Capitalist Society, 자본주의 이후의 사회 (1993)
19. Managing in a Times of Great Change, 미래의 결단 (1995)
20. Drucker on Asia : A Dialogue between Peter Drucker and Isao Nakauchi, 드러커 온 아시아 (1996)
21. Peter Drucker on Profession of Management, 자본주의 이후 사회의 지식경영자 (1998)
22. Management Challenges for the 21st Century, 21세기 지식경영 (1999)
23. 프로페셔널의 조건 (2001)
24. Managing into the Next Society, Next Society (2002)
25. Effective Executive, 자기경영노트 (2003)
26. 드러커 100년의 철학 (2004)

4부

신제품과 서비스의 도입

"마케터는 서플라이어가 팔고 싶은 게 아니라,
고객이 사고 싶은 것을 사고 싶은 가격에 제공해야 한다."

- Peter Drucker

1장

드러커식 시장조사의 실천법

드러커는 오랜 연구 끝에 '시장조사가 반드시 필요하다'는 점을 밝혀냈다. 하지만 동시에 '대부분의 마케터가 시장조사하는 법을 잘 모르며, 그 결과 조악한 성과로 이어지는 경우가 많다'는 사실 또한 발견했다.

물론 '바른 방법(The Correct Way)'이란 철저히 드러커식에 해당한다. 법인을 상대로 컴퓨터를 만들던 IBM이 본격 개발에 나서기 전 개인용 PC 시장을 조사한 건 사실이다. 당시 IBM 직원들은 큰 비용을 들여 관련 시장을 면밀히 조사했다.

조사팀은 한 치의 오차조차 남기지 않은 채 'IBM이 가정용 컴퓨터 개발에 거금을 투입해도 전체 시장 규모는 연간 1,000대 수준에 머무를 것'이라 결론지었다. 데이터는 압도적인 설득력을 얻었기에, 조사 담당자들은 경영진에게 불필요한 투자 낭비를 단념토록 제언했다. 이에 따라 IBM은 개인용 PC 개발 계획을 뒤로 미뤘다.

IBM이 시장 참여를 단념하면서 대학조차 나오지 않은 컴퓨터 마니아 둘이 창업한 애플이 개인용 PC를 개발할 여지가 생겼다. 그들은 IBM이 실시했던 시장조사를 일체 하지 않았다. 하지만 잡스와 워즈니악은 회사를 단순히 설립한 것만이 아니라, 10억 달러 규모의 산업으로 성장시켜 세상을 놀라게 했다.

잡스는 훗날 "대부분 실제 그 제품을 보여주기까지 사람들은 자신들이 원하는 물건이 뭔지조차 잘 모른다."고 말했다. 앞에서도 살펴봤듯, 드러커는 고객 이해에 세심한 주의를 기울이며 마케터가 염두에 둔 물건을 고객에게 보여주는 과정 자체를 중시했다. 시장조사에서는 정량 분석보다 오히려 이 점을 중히 여겼다.

그렇다고 드러커가 정량 분석에 반대했을 리는 없다. 하지만 '정량 분석이 인간의 사고나 직감을 대신해선 안 되며, 최종 판단은 결국 컴퓨터가 아니라 마케터가 내려야 한다'고 생각했다.

지금까지 수많은 대기업이 시장조사에서 잘못을 범해왔다. 정부 역시 마찬가지 잘못을 수도 없이 범했다. 계산이 고도화 될수록 크게 왜곡된 결과가 도출되곤 했다.

IBM의 시장조사가 잘못된 건 대상으로 상정한 컴퓨터를, 정량분석에 종사하는 사람만 사용할 거라는 가정 탓이 컸다. 그들은 현재 볼 수 있는 컴퓨터의 다양한 용도 자체를 아예 상정하지 않았다.

드러커는 "시장조사를 실시하는 사람은 최고의 컴퓨터 활용에 중점을 둬야 한다."고 말했다. 여기에서 최고의 컴퓨터는 바로 '인간의 두뇌'이다.

드러커가 인간의 복잡한 사고를 좋아한 이유

로버트 맥나마라(Robert McNamara)는 미 역사상 가장 머리가 좋았던 국방장관 중 한 명이다. 정량조사의 분석력으로 명성을 쌓은 그는 '시스템 분석(System Analysis)'이라 불리는 방식의 열렬한 지지자였다.

시스템 분석이란 모든 조사 대상을 단일 시스템으로 분석하는 수법으로, 전체 요소가 정량화되어 시스템 하나로도 충분히 비교 측정이 가능한 구조였다.

때로는 너무 많은 요소에 너무 많은 수치 해석이 뒤따른다. 따라서 초보자들은 모든 요소가 단일화되어 최종 결단에 이르는 경위 자체를 잘 모르므로, 맥나마라가 내린 결단에 사소한 이의조차 제기하기 어려웠다.

맥나마라가 국방장관이 되었을 때 나는 젊은 공군장교로 시카고대에 교육 파견을 나갔다. 그 목적은 크게 두 가지였다. 하나는 보다 높은 학위를 취득하는 것, 또 하나는 맥나마라 장관이 효과적으로 구사해 온 시스템 분석에 대한 이해도를 높이는 것이었다.

이 과정에서 국방장관을 지지하는 전문가 몇 명의 강의를 듣는 동안 몇 가지 문제점을 찾아낼 수 있었다. 하나는 잘못된 기본 가정이다. 예를 들어 당시 베트남 전쟁 중이던 미국은 파일럿의 수가 크게 부족했다. 공군은 파일럿 수를 더 늘리고 싶어했지만 국방장관은 거절했다. 왜냐하면 장관이 분석했을 때 파일럿의 수가 부족하지 않다는 조사 결과가 나왔기 때문이다.

하지만 가장 말단의 파일럿조차 실제 그 수가 부족하다는 사실을 잘 알고 있었다. 왜냐하면 그들이 부족분을 메우기 위해 베트남 전쟁으로 직접 차출되어야 했기 때문이다.

오히려 분석 실수가 너무 단순해 실소마저 터져 나올 지경이었다. 공군 장교는 기본적인 비행 훈련을 완료하면 누구나 파일럿으로 인정받을 수 있었다. 한 번 파일럿이 되면 비행 기능을 유지하고 의학적으로 자격 요건을 채우는 한 '적격 파일럿' 리스트에 계속 이름이 오른다.

맥나마라는 공군에게 적격 파일럿의 수를 제출하도록 지시했다. 나는 그 수가 어느 정도인지 몰랐고, 그 데이터 도출을 위해 어떤 분석이 이뤄졌는지도 잘 몰랐다. 하지만 최종적으로 맥나마라는 하나의 수치를 얻어냈다. 공군이 필요하다고 말하는 적격 파일럿의 수였다. 역설적이게도 맥나마라의 분석은 '공군의 수적 니즈만 채우는 파일럿이 있다'는 사실을 증명했다.

그렇다면 왜 맥나마라가 얻은 자료에는 파일럿의 수가 부족하지 않았을까? 비행기 배치 시스템을 관리하는 상급 사령관은 물론, 공군 작전처장, 공군참모총장에 이르기까지 모두 적격 파일럿의 범주에 들어간다. 물론 정비 사령관 등의 직위에도 적격 파일럿의 자격이 필요했다. 하지만 사령관에게는 다른 책무가 있어 역시 통상적인 비행요원으로 탑승하지 않는다.

아마 적격 파일럿의 절반 정도는 실제 해당 지역에서 비행과 무관한 직무를 담당하고 있었다. 그건 마치 기업 사장을 생산 라인의 근무자로 세는 것과 같았다.

여기에서 적절한 질문이 이뤄졌다면 맥나마라가 왜 파일럿이 부족한지 이해하고 파일럿 수를 늘리든지, 아니면 파일럿 자격을 필요로 하나 실제로는 비행하지 않는 직무 일부를 파일럿 자격이 필요 없는 직무로 전환토록 지시했을 것이다. 하지만 행정 쪽 책임자는 '바른 질문'을 하지 않은 채 물은 질문조차 제대로 답하지 않았다.

또 하나의 문제는 정량화 불가능한 것을 정량화하려는 점이다. 때로는 정량화 불가능하다는 사실조차 완전히 무시되기 일쑤였다. 마치 아이에게 설명하듯 공군에게 보여준 사례가 '왜 미국이 세계 최고의 전투기를 만들어야 하는가?'에 관한 질문이었다.

분석가들은 비행기에는 한 대마다 일정량의 전투 능력이 있다고 가정한다. 이 때 비행 거리나 속도, 상승과 하강, 최대적재량 등의 다양한 요소, 복잡한 공식을 이용해 전투 능력을 정량화했다.

만일 제조할 수 있는 최고 전투기가 100단위의 전투 능력을 공급할 수 있고, 그보다 부족한 전투기는 10단위 전투 능력을 공급한다고 치자. 그렇다면 100단위 전투 능력을 공급할 전투기를 생산해야 한다는 건 누구나 알 수 있다.

그러나 여기에서 이야기를 멈춰선 안 된다. 이에 더해 비용을 계산에 넣도록 하자. 만일 최고 전투기가 대당 1억 달러, 그보다 부족한 전투기가 단 100만 달러 밖에 들지 않는다고 치자.

이 때 비행기 구입비로 1억 달러가 주어지면 1억 달러짜리 슈퍼 전투기는 한 대 밖에 살 수 없지만, 일반 전투기라면 같은 금액으로 100대나 살 수 있다. 후자가 더 낫다고 말한 이들은 '1억 달러짜리 전투기 1대에서 100단위 전투 능력 밖에 없는 데 비해, 같은 금액으로 산 저성능 전투기 100대에서는 1,000단위의 전투 능력을 얻을 수 있다'고 주장한다.

이 같은 사례를 날조한 분석가들은 필요한 추가 파일럿에 관계된 경비나 저성능 비행기 100대를 날리기 위한 항공연료, 정비, 나아가 훈련비까지 넣어 계산했다. 이 결과를 통해 '슈퍼 전투기 한 대를 사기보다 그보다 떨어지는 성능의 전투기 100대를 사는 게 더 낫다'고 말한다.

하지만 이 결론은 정말로 바른 것일까? 우수한 전투기를 조종하는 파일럿이 성능이 떨어지는 전투기를 조종하는 파일럿에게 갖는 심리적 우위성은 어떤가? 슈퍼 전투기를 보유한 나라의 심리적 우위성은? 또 이러한 심리적 요인을 정량화 하는 게 상당히 어렵고 그마저도 무시되기 십상이다. 드러커가 지적한 건 바로 이런 점이다.

드러커는 '수치에만 의존하면 마케터가 판단을 그르칠 염려가 크다'는 사실을 경고했다. 그로 인해 시장조사에서 고려해야 할 점에 대해서도 일정한 룰을 갖고 말했다. 그 룰은 통상적으로 시장조사의 입문 코스에서 배우는 게 아니다. 이를 드러커는 아래와 같이 결론지었다.

1. 제품이 아직 시장에 나오지 않았다면 시장조사를 하지 마라.
2. 전문가 의견은 한정된 가치만을 갖는다.
3. 리스크 및 현실 시험이 가진 중요성을 이해해야 한다.
4. 제품(혹은 서비스)을 정의하는 건 결국 고객이다.
5. 모든 조사 담당자가 필요로 하는 정보는 세 종류다.
6. 소비자 조사를 실시할 때 무엇을 강조해야 할지 알아둘 필요가 있다.

발매 전 제품의 시장조사는 거의 불가능하다

예전 나는 시장조사에 관한 전통적인 방식을 가르친 적이 있다. 하지만 그 때는 "아직 제품이 시장에 나오지 않았다면 시장조사를 하지 말라."고 말했던 기억이 없다.

이 같은 사실에 기초해 드러커는 몇 번이나 반복해서 말했다. "진짜 새로운 물건, 아직 시장에 나오지 않은 물건을 위해 시장조사하는 건 거의 불가능하다."

직접 물건을 보거나 만질 수 없으면 사람은 제대로 이해할 수 없다. 마케터가 아무리 좋은 기능을 입으로 수백번 설명해도 사람들은 (이게 있음으로서) 좋다는 기분을 전혀 느낄 수 없다. 제품이 시장에 투입되고 사람이 눈으로 보고 사용하기 전까지 어떻게 받아들여지는지 판단하기란 상당히 어렵다.

만일 새로운 물건에 대한 시장조사가 크게 도움이 되지 않는다면, 사람들은 시장의 수용성을 파악하기 위해 전문가 의견에 의존하게 된다. 문제는 이 방법 역시 제대로 이뤄지기 힘들다는 점이다.

한정된 전문가 의견의 가치

드러커는 '전문가의 의견이 이 문제에 대한 해답일지 모른다'고 생각했다. 이에 따라 실제로 그 가설을 검증해봤다. 그리고 전문가들이 모두 동의하고 그 뒤 판단 여부가 올바른 것인지 증명된 케이스를 몇 가지 살펴봤다. 하지만 동시에 전문가가 모두 동의했더라도 뒤에 100% 틀렸음이 증명된 경우 역시 몇 가지나 발견할 수 있었다.

그는 '수용성의 도박(The Receptivity Gamble)'이라 불리는 사안을 분석한 끝에 '전문가의 평가가 바른지 여부는 나중에서야 알 수 있다. 의견 조사는 결코 도움이 되지 않을 뿐더러 해를 끼칠 가능성조차 크다'고 결론지었다.

잠재적인 손해가 발생하는 원인은 그 계획이 타깃을 제대로 겨냥했다는 전문가의 평가 후, 더 큰 리스크조차 기꺼이 짊어지겠다는 경향이 나오기 때문이다.

현실 시험을 중시한다

신제품에 관한 시장조사에서 드러커가 좋아하는 타입의 조사가 하나 있다. 이는 드러커가 '현실 시험(The Test of Reality)'이라 부른 것으로, 그가 시장조사의 정설에 한 걸음 더 가까워진 것도 바로 이 때문이다.

드러커는 '지식에 기초한 이노베이션을 이야기할 때 다른 선택지가 없다'고 여겼다. 그리고 현재는 거의 대부분의 이노베이션이 지식에 기초하고 있으므로, 우리는 다른 선택지가 없는 상황에 자주 처하게 된다. 무엇을 시장에 투입하든 그 수용성에 막연히 걸어볼 수 밖에 없다.

다행히도 이 같은 내기는 두 가지 방법으로 리스크를 대폭 낮출 수 있다. 우선 새로운 지식을 다른 이노베이션의 원천이나 신제품, 서비스 개발의 지식과 통합하는 방식이다. 하지만 이것이 일종의 도박이란 사실은 변함없고 행동은 조직화 될 때 목적을 가져야만 한다.

이 같은 내기에 바람직한 또 하나의 리스크 저하법은 '현실 시험'이다. 이를 구체적으로 말하면 실제 시장에 물건을 내놓고 어떻게 될지 지켜보는 것이다. 드러커가 그렇게 말한 건 '일종의 테스트 마케팅'이었다. 하지만 테스트 마케팅은 반드시 고도화된 형태가 아니어도 좋다.

나는 이런 이야기를 들은 적이 있다. 이전 크라이슬러(Chrysler)의

CEO 리 아이아코카(Lee Iacocca)는 거의 오픈카를 발매하지 않던 시장에 오픈카를 재투입하려 했다. 이에 따라 관련 계획을 어떻게 발전시킬지 논의하고자 설계 및 생산 스태프 회의를 소집했다. "표준적인 세단 지붕을 치워라" 아이아코카는 이렇게 말하며 하루 만에 그 지시를 완수하도록 스태프들에게 명했다.

다음 날 이 팀은 아이아코카와 만나 적절한 계획과 설계도를 제시했다. 기존 세단 형태를 사용하면서 지붕 없는 차체를 생산하는 새로운 구조, 그리고 트렁크에 접히는 오픈카 기능을 탑재하는 내용이 담겼다.

계획에는 예상 비용과 승인 포인트까지 포함되었다. 스태프들은 단 하루 만에 지시사항을 완수하기 위해 철야로 일했다. 이들은 자신들이 성취한 부분에 큰 자부심을 느꼈다. 구체적으로 이들은 계획 진전을 위한 답을 내려두고 있었다.

하지만 이에 대해 아이아코카는 "틀렸다."고 말했다. "당신들이 아직 잘 모르는 게 있는 것 같아. 지금 어떤 차 한 대의 지붕을 치워보게나. 그리고 오늘 오후까지 그것을 준비해 주게."

크라이슬러에서 내려오는 전설에 따르면, 이 조사에서 아이아코카가 어떤 정량 분석을 실시했다면 그건 즉흥적으로 오픈카에 탄 채 거리에서 만난 몇 명의 사람들에게 손을 흔들어줬는지 센 것뿐이라 한다.

이 과정이 현실 시험이라는 데 드러커도 동의했다. 이와 같은 선상에서 생각해볼 수 있는 게 시장에 한정된 수량의 제품을 투입하거나, 한정된 지역에만 제품을 투입하는 방법이다.

제품이나 서비스를 정의하는 건 고객

시장에 투입된 제품과 서비스를 보며 드러커가 발견한 사실 중 하나는 '마케터가 잘못을 범하는 빈도'였다. 마케터들은 대개 어떤 물건을 투입했다고 확신하는 경향이 있지만, 실상은 전혀 다른 물건이 투입되거나 실제 그 제품에 흥미를 가진 별도 그룹이 존재하는 결과가 나왔다.

이 과정을 거치며 드러커는 '제품이나 서비스를 정의하는 건 고객이지, 결코 마케터가 아니다'라는 점을 깨달았다.

듀퐁(DuPont)은 1970년대 초 '케이블러(Kevlar)'라는 제품을 출시했다. 케이블러는 강철의 다섯 배 강도를 가진 섬유로 완성된 고성능 소재였다. 듀퐁의 기술자들은 케이블러가 높은 내구성을 지닌 철제 보강재의 대체품이 될 거라 자신했다.

실제 케이블러는 철제보강재의 대체제가 되었고, 그 이상 우수한 방탄복의 소재가 되었다. 경직성을 처리하고 외상으로부터 몸을 지키려면 지상 전투원은 케이블러제 헬멧을 써야 했다. 이리하여 2차 세계대전으로 유명해진 '미 육군 헬멧(Steel Pot, 통칭 M-1 헬멧으로 유명한 철제 냄비 형상의 전투모-옮긴이)'은 전장에서 완전히 자취를 감췄다.

드러커는 '마케터 중에서 의도한 용도나 장소 이외에 제품이 사용되거나 팔리는 것을 싫어하는 사람이 있다'는 사실을 깨닫고 큰 충격을 받았다.

실제 국소 마취제 '노보카인(Novocain)'을 개발한 알프레드 아인혼(Alfred Einhorn)은 치과의사들이 제품을 사용하는 데 몹시 괴로워했다. 왜냐하면 이 약이 치아 치료에 사용되는 것을 의도치 않았기 때문이다. 그는 너무나 괴로워한 나머지 독일 전역을 돌아다니며 치과의사들의 노보카인 사용을 금지시키려 했다.

마찬가지로 메이시스는 패션용품에 강점이 있는 백화점으로, 원래 강점이 없던 가전제품 판매에 큰 저항감을 가졌다. 예상외의 판매 증가가 자신들만이 아니라 고객의 이익이 됨에도 말이다.

드러커는 이러한 마케팅 실수에 대해 '신제품과 서비스를 투입하는 마케터는 자신들의 제품과 서비스가 상상도 못한 시장(용도)을 발견할지 모른다는 전제를 항시 감안해야 한다'는 취지의 논문을 작성했다.

내가 육군사관학교의 장교 후보생이었을 때, 빨리 구두를 닦아야 할 경우 가장 효과적인 방법은 '냄새 제거 패드(5-Days Deodorant Pads)'를 (겨드랑이 아래가 아니라) 구두 가죽에 바르는 것이었다. 사실 이러한 용도를 처음 발견한 이는 육사생도가 아니었다.

나와 같은 세대로 UC 데이비스의 영양학 교수를 역임한 사람은, 최근 UCLA의 예비역 장교훈련과정을 되돌아보며 "구두 검사에 합격하기 위해 냄새 제거 패드 사용법을 배웠다."고 이야기한 것을 들은 적이 있다.

해당 브랜드의 마케터는 누구나 자사 제품의 추가적인 시장 개척을 생각하지 못했을 것이다. 그리고 구두에서 꽤 좋은 향이 났다고 하지만, 그런 사용법을 미리 알았다면 마케터가 관련 사용법을 아예 금지시키려 했을지도 모른다.

하지만 다른 제조사는 실제 그로부터 몇 년 뒤 비슷한 패드를 사용해 구두를 닦는 아이디어 상품을 내놓았다. 물론 지금은 훨씬 더 효과적으로 구두를 닦을 수 있는 대체품이 시장에 넘쳐나지만…….

시장조사 담당자에게 필요한 세 가지 정보

드러커는 마케터가 수집하고 활용해야 할 세 가지 정보를 아래와 같이 정의했다.

1. 내부 정보(Inside)
2. 조직과 연계된 정보. 즉, 파트너십과 제휴(Across Organizations ; Partnerships, Alliances)
3. 외부 정보(External)

세 가지 모두 중요하지만, 드러커는 그 중에서도 외부 조사가 가장 중요한 정보라고 생각했다. 기업은 예상 고객을 진짜 고객으로 바꾸기 위해 다대한 노력과 경비를 지불하며, 동시에 이미 제품이나 서비스를 사준 고객도 만족시켜야만 한다. 그 역시 오랜 고객을 무시하라고 말했을 리 없다.

하지만 드러커는 '잠재 고객을 연구하는 게 매우 중요하다'고 생각했다. 그가 중시한 건 '잠재 고객이 무엇을 살지 아는 것으로, 기업이 자사 제품에 대해 조사하는 건 그리 중요하지 않다'고 봤다.

드러커는 '포커스 그룹이나 그와 유사한 타입의 시장조사는 유익하다'고 인정했다. 그러나 고객과, 그 고객이 사는 것에 관한 조사가 아니라 자사 제품 관련 조사를 지나치게 중시하는 자세는 오히려 한심스럽다고 여겼다.

또 드러커는 "고객 조사는 시장조사 이상으로 중요한 가능성을 갖는다."고 말했다. 이는 간접적인 경쟁에도 특별한 중요성이 있다는 사실을 일정 부분 내포하고 있다.

고객이 중시하는 가치를 알아내라

'고객과 잠재 고객은 도대체 누구인가? 그들은 무엇을 사는가? 그들은 어디에 있고 무엇을 읽으며, TV에서 무엇을 보는지 알려 할 때 마케터는 바른 방향으로 나아갈 수 있다'고 드러커는 생각했다. 하지만 그는 이 같은 질문을 중시하는 마케터가 실상 거의 없다는 사실 또한 발견했다. 즉, 고객과 잠재 고객이 무엇을 높이 평가하는지에 관한 질문 말이다.

그는 마케팅 관련 논문에서 몇 번이나 반복해 이 점을 강조했다. 중요한 건 마케터의 확신이나 무엇이 경쟁 우위를 갖는지가 아니었다. 오히려 그보다는 '고객이 그 제품이나 서비스의 강점을 어떻게 여기는지, 고객이 무엇을 평가하는지'에 관한 것이다.

마케터가 품질로 정의한 것과, 고객이 품질로 간주하는 건 전혀 별개일 가능성이 크다. 그렇기 때문에 오히려 간접적인 경쟁을 연구하는 게 직접적인 경쟁 상대를 연구하는 것보다 훨씬 더 중요할지 모른다.

드러커가 간접적인 경쟁 대상으로 지목한 건 예상 고객이 중시하는 가치를 둘러싸고 가처분소득을 서로 빼앗으려는 상대였다. 두통을 낫게 하고자 약을 먹는 환자는 즉효성이 있고 오래 지속되는 치유를 필요로 한다. 이 때문에 마케터는 두통을 낫게 하기 위해 의약품의 품질에 기초해서 경쟁한다.

하지만 비타민 보조 식품이 비약적으로 늘어나, 이런 식품이 두통을 막는 데 효과적일 경우에는 두통약과 충돌하게 된다. 왜냐하면 고객이 목적으로 중시하는 건 두통을 치유하는 과정이기 때문이다.

요약하자면 드러커는 시장조사를 실시하라고 조언했지만, 그 때는 그리 중요치 않은 부분을 조사하는 게 아니라 바른 방법으로 중요 또는 유의미한 문제에 초점을 맞추도록 충고했다.

2장

인구 동태의 변화를 이용하다

몇십 년 전 미국의 젊은이들은 기성 가치와 도덕에 반란을 일으켜 약물과 프리섹스, 집단생활, 스트리킹(Streaking, 알몸으로 대중 앞을 달리는 것-옮긴이) 등에 몰두한 적이 있다. 특히 이 같은 이상열기가 부모 세대들이 가장 신성시한 가치관을 거부하는 인상을 줘 미국의 기성세대들은 큰 충격에 빠졌다.

미국의 기성세대들은 2차 세계대전 이후 태어난 세대에게서 아메리칸 라이프스타일의 패배와 좌절을 맛봤다. 그리고 전후 세대는 대공황으로 인격 형성의 기회를 놓치고 전쟁의 희생도 경험하지 못했다.

이 때문에 안락한 삶에 빠진 채 아픔과 고뇌를 통한 삶의 교훈을 전혀 얻지 못했다. 요컨대 이 세대는 자신들이 무엇을 하고 어떻게 살아야 할지조차 잘 몰랐다.

하지만 드러커는 이 같은 평가가 올바르지 않다고 봤다. 그는 '1960년대 현상은 충분히 예측 가능했다'고 설명한다.

문제는 인구 동태의 변화이다. 기존 20~30대가 중심이던 평균 연령이 대폭 낮아졌다. 그 때까지 2030 세대는 의외로 상당히 보수적인 성향을 띠고 있었다. 하지만 1946년부터 시작된 베이비붐은 갑작스러운 변화를 일으켜 지배적인 연령층이 10대로 크게 낮아졌다.

드러커에 따르면 히피가 등장한 1960년대 '젊은 층의 반란(Youth Rebellion)'은 미국식 가치관의 영구적인 변화를 의미하진 않았다. 그건 단지 시대와 국가 전체를 대표하는 사춘기적 행동에 불과했다.

그마저도 인구 전체에서 젊은이들의 수가 현저히 많았기에 가능했던 일이다. 드러커는 '당시 가장 인구가 많은 연령이 17세였다'고 지적한다.

그가 예상한대로 대부분의 반항적인 젊은이들도 어느새 나이를 먹고 보수적인 성향으로 변했다. 이전 반항적이던 대학생은 성적이나 취업을 중시하기 시작했고, 유서 깊은 샌프란시스코의 헤이트-애시베리(Haight-Ashbury, 샌프란시스코를 대표하는 문화거리로 1960년대 마약과 히피문화의 중심지였다.-옮긴이) 지역은 역사의 뒤안길로 사라져 버렸다. 어느새 그곳은 관광객이나 옛 기억을 더듬는 주인공들이 찾는 추억의 장소가 되었을 뿐이다.

드러커 만이 유일하게 인구 변화를 분석해 장래 시장과 시장 행동을 정확히 예상할 수 있는 인물이 마케터란 사실을 깨달았다. 그리고 '구매력과 구매 행동, 고객 니즈 등의 트렌드는 모두 인구 동태와 인구 구조 분석으로 충분히 예상할 수 있다'는 사실 또한 발견했다.

변화하는 잠재 고객의 프로필

인구 동태에는 인구 규모 외에도 다양한 요소가 있다. 그리고 그런 요소들은 인구 규모 이상으로 중시되는 경우가 있다. 연령이나 민족 구성, 고용 형태, 교육 및 소득 수준 등이 이에 해당한다.

드러커는 '장래 예측을 위해 조사하는 다양한 인구 특성 가운데, 오히려 이러한 요소들이 인구 규모보다 더 확실하며 명백한 요소'라고 생각했다. 중요한 건 마케팅에서는 그런 특성이 가장 예측 가능한 결과를 초래한다고 봤다.

시장조사에 임하는 사람은 통상적으로 자신의 기획 입안 때 이용하기 위해 인구 동태를 조사한다. 그래서 인구 동태의 이용 그 자체는 그리 새로운 것도 아니다. 하지만 장래를 예상하기 위해 인구 동태가 사용된 경우는 거의 없었다.

마케터는 전체 인구 중 어떤 구분이나 하위 집단이 존재하고, 어떤 그룹이 분석 대상을 구성하는지 판단하기 위해 인구 통계를 본다. 이런 구분을 명확히 규정한 뒤 전형적인 구성원의 프로필을 작성한다. 이 같은 프로필은 몇 가지 다른 변수를 조합한다. 앞서 소개한 민족성이나 성별, 그 외 변수들이 이에 해당한다.

다양한 프로필이 구축되면 이를 마케팅 전략과 계획 책정에도 이용한다. 하지만 여기에는 한 가지 문제가 있다. 인구 동태가 항시 바뀐다는 점이다.

앞서 말한 방법대로 이뤄진 구분과 프로필은 어느 한 순간만 잘라 낸, 일종의 스냅 샷에 지나지 않는다. 이 때 암묵적인 전제는 인구 동태와 거기에서 도출된 프로필이 일정하게 지켜지는 듯 보이나 실제로는 거의 그렇지 않다는 점이다.

한 번 잘 생각해 보자. 미국이 강경 보수주의에서 히피의 세계로 바뀌었다가 재차 보수주의로 회귀하기까지 불과 몇 년밖에 걸리지 않았다는 사실을……. 그래서 마케터는 더더욱 주의해야만 한다.

인구 통계의 수치가 신뢰 받으면 이미 그 순간 시대에 뒤처지고 만다. 그러므로 더더욱 마케터는 미래를 창조하는 것만이 아니라, 예상하는 것에도 일정 시간을 투자할 필요가 있다. 예상하기 위해서는 통상적인 경우와 다른 방법으로 인구 동태를 분석해야만 한다.

사고 정지의 현실

지금까지 인구 동태가 마케터에게 미지의 세계 그 이상도, 이하도 아니라는 사실에 대해 살펴봤다. 실제 거의 모든 사람이 인구 트렌드, 변화가 갖는 중요성 등을 확인했다. 이러한 변화에 대한 불안은 항시 신문이나 잡지, 인터넷, TV 등을 통해 드러난다.

그렇다면 누구나 이를 사실로 여기는데, 왜 마케터만 유독 측정

가능한 요인에 기초해 전략을 세울 수 없는 것일까? 이 경우 생각해 볼 수 있는 유일한 결론은 우리 뇌구조가 이런 사실을 소화하고 논리적 귀결로 이어지지만, 감정적으로는 그런 결론을 받아들이고 싶지 않기에 논리적인 사고가 제대로 수용(이행)되지 않는다는 것이다.

몇 년 전부터 예상되던 미 자동차 산업의 위기

1950년대 말 나는 미 자동차 산업의 장래에 대해 한 애널리스트의 강연을 들은 적이 있다. 당시 미국의 자동차 산업은 전 세계에서 가장 확고부동한 지위를 자랑하는 산업이었다.

그는 미 자동차 산업에 도전할 뿐 아니라 선두에 선 채 미국 시장을 리드할 세력, 자동차 산업에서 일하고 있는 수많은 미국인을 실업자로 내몰 세력으로 일본 기업을 지목했다. 애널리스트는 그 주장을 뒷받침하는 다양한 자료를 보여줬다.

특히 이 지적이 놀라웠던 건 당시 미국의 자동차 산업에 도전할 세력이 일본이라고 여긴 이가 거의 없었다는 점 때문이다. 이 때만 해도 미국을 위협할 가능성이 있는 건 그나마 독일 기업이며, 특히 딱정벌레 모양으로 유명한 폭스바겐(VolksWagen)의 비틀(Beetle)은 선두주자로 꼽혔다.

그가 지적한 사태가 실제 벌어지기까지 20년이란 세월을 필요로 했다. 그리고 어느새 그 전망은 예상처럼 현실이 되었다.

인구 동태만이 아니라 확실한 데이터에 기초한 예측은 왜 아무도 이를 믿지 않고 대응책을 강구하지 않았느냐는 점이다. 왜 미국의 자동차 산업은 (인구 증가에 따른 자동차 이용 확대를 제외하고) 판매나 생산 대수가 향후 거의 바뀌지 않는다고 추정했을까?

이 강연에 대한 사람들의 반응을 생각해보면 '설마 그렇게 될까?' 하는 의구심, 그리고 '20년이나 앞선 이야기였기에 그 사이 또 어떤 변화가 생길지 모른다'는 예상이 압도적으로 많았다.

드러커는 '인구 동태 변화는 움직임이 매우 늦으며, 현실적으로 걱정을 끼치기에는 큰 의미를 갖지 않는 듯 보이는 게 더 문제'라고 생각했다. 그 결과 마케터는 지속적인 성장을 전제로 마케팅과 그 외 계획에 명확한 데이터를 집어넣게 된다.

그는 간단한 분석도 충분히 감수하려는 사람에게 도리어 이것이 절호의 찬스라고 여겼다. 모든 의사 결정자(마케터, 비즈니스맨, 공무원, 정부 정책입안자 등)는 인구 동태 변화가 중요성을 갖기에는 속도가 매우 느리다고 여긴다. 하지만 분석을 실시하고 그 결과를 이용하는 바램과 노하우를 가진 이에게 인구 동태 변화는 엄청난 기회가 되기도 한다.

이 같은 기회는 두 가지 단순 사실에서 초래된다.

1. 인구 동태 변화에 기초한 사건은 이미 발생한 것이며, 대부분 널리 알려진 사실이기도 하다.
2. 이러한 사건이 벌어지고 인구 동태의 변화가 생기기까지 나다

나는 리드타임(Lead Time, 제품 하나를 생산할 때 시작부터 끝까지 소요되는 전체 시간-옮긴이)도 널리 알려진 사실이다.

드러커식 인구 동태 분석

드러커식 인구 동태 분석은 인구 통계에서 시작된다. 하지만 이 분석에선 인구의 절대수가 가장 중요성이 낮은 수치에 해당한다. 드러커는 절대 숫자보다 연령 분포가 훨씬 더 중요하다고 지적했다. 그는 우리에게 이렇게 말한 듯하다. "지금 어떤 일이 벌어지고 있는가? 그리고 그건 인구에 어떤 영향을 끼치고 있는가?"

3부 3장에서 다룬 드러커의 전략적 확실성을 떠올려 봤으면 좋겠다. 모든 마케터가 계획 중 검토해야 할 재료로 내가 추천했던 사항들이다.

1. 선진국의 출생률 급락
2. 가처분소득의 배분 변화
3. 조직 내 성과의 새로운 정의
4. 세계적인 경쟁력
5. 경제의 글로벌화와 정치 분열의 틈 확대

이러한 이론은 모두 드러커식 인구 동태 분석을 사용해 구축했다.

창밖을 보고 이미 일어난 사안을 관찰하며, 그것이 인구 통계상 갖는 의미를 생각해 본다.

1946년 시작된 베이비붐은 유아기, 유소년기에 필요한 완구와 아기용품의 수요 증가를 의미했다. 또 육아에 관한 정보를 찾는 엄마들이 많아지는 사실을 의미했다.

그렇게 보면 소아과의사 벤자민 스포크(Benjamin Spock)가 베이비붐이 시작된 해 출판한 《유아와 육아의 상식(Baby and Child Care)》이 사상 최대의 베스트셀러 중 하나가 된 것도 100% 우연만은 아니었을지 모른다.

그로부터 15년 뒤, 이번에는 '무서운 10대들'이 된 베이비부머가 1960년대 사회적인 변화를 초래했다. 그리고 이 세대가 21세기를 맞이하며 고령자가 되어 사회에 또 다른 결과를 만들어낸다.

이는 의료와 헬스케어 제품에 대한 수요 증가를 의미한다. 의료, 건강제품 등에 대한 수요는 베이비붐 세대의 고령화와 함께 급격한 성장세를 보였다.

마케터가 인구 동태를 분석하고 적용한 기존 프로세스는 인구를 그룹으로 나눠 프로필을 그리고, 분석 결과를 계획과 전략 수립에 활용한다. 이에 반해 드러커의 프로세스는 이미 벌어진 사건을 관찰하고 그 결과 생겨나는 현상에 대해 논리적인 결론을 도출, 경쟁우위의 기회로 삼는 것이다.

드러커식 프로세스에 따라 구성원 프로필을 구축할 필요성이 완전히 사라질 리는 없다. 하지만 장래 마케팅 환경에 무엇이 존재할지 아는 기업은 시장에서 그만큼 우위성을 얻을 수 있다.

그는 장래 시장에서 무엇이 일어나는지를 발견한 결과로 마케터의 일이 끝나지 않는다는 사실 또한 잘 알고 있었다. 마케터는 분석한 인구 동태와 연령층의 니즈, 원츠(Wants), 나아가 기대 가치까지 제대로 파악해야 한다.

기회를 살리는 방법

드러커는 기업 간부 교육을 위해 대면 형식이 아니라, 전자적인 수단이나 개인용 PC를 이용한 과정을 개발했다. 그리고 이 같은 성공에 따라 드러커는 2000년 〈아메리칸 소사이어티 포 트레이닝 & 디벨롭먼트〉지의 편집장 패트리시아 갤러건(Patricia Galagan)과 함께 〈e-러닝 혁명(The e-Learning Revolution)〉이라는 논문까지 발표했다.

이 논문은 기업 간부들을 가르치는 강사들을 위해 썼던 것이지만, 대학교에서 이뤄지는 관리자 교육 프로그램에서도 중요한 의미를 가졌다.

드러커는 양쪽에 깊이 관여한 것만이 아니라, 매우 유사한 방법으로 교실에서의 관리직 육성 교육을 실시했다. 그는 '관리직을 육성하는 강사는 항시 존재해 왔지만 성장 분야는 확실히 e-러닝에 있다'고 단언했다.

당시 드러커의 결론은 철저히 인구 동태에 기반해 있었다. 실제 고등 교육을 필요로 하는 지식노동자가 늘어난 건, 현재 클레어몬트 대학원에서 드러커가 공동 개발한 경영 관리 박사과정의 설립 배경 중 하나였다.

하지만 드러커는 'e-러닝의 신기술로 가능한 우위성에는 특별한 매력이 있다'고 평가했다. 배우는 사람에게 편이성, 교육 훈련에 드는 저렴한 비용, 그리고 참가자의 폭에서 나타나는 접근 우위성이 그것이다.

어떤 교수는 "전자적인 수단으로 가르칠 수 있는 학생 수보다 많은 사람을 대면으로 가르치는 게 불가능하다."고 토로했다.

드러커는 "e-러닝의 이점이 많은 이들이 지식을 쉽게 얻을 수 있는 편의성만은 아니다."라고 말했다. 그리고 "e-러닝의 효과는 혁명적이며 기존 교육의 개념을 대부분 뒤엎는 것"이라 주장했다.

항상 그렇듯 드러커의 의견에 많은 이들이 반론했다. 대부분의 교육자들은 "드러커가 한 말은 과장되었으며, 교실에 있는 교사나 학생 사이의 교류를 대체할 수 있는 건 없다."고 주장했다. 그들은 e-러닝에 의한 교육이 오히려 아리스토텔레스 시대부터 이어져온 전통적 지식의 보급 방식보다 훨씬 뒤쳐진 것이라 여겼다.

그러나 창밖을 바라보고 드러커와 같은 결론에 도달한 이는 남다른 기회를 잡아 e-러닝을 크게 발전시켰다. 물론 학부 교육을 위해 대학 4년간의 과정 자체를 무의미하다고 주장한 이는 아무도 없을 것이다.

학생은 대학에서 전공 지식 이외에도 많은 것을 배운다. 그들은 학생 사회에 적응하며 친구를 만들고 각종 동아리에도 가입한다. 그리고 새로운 사고와 통찰력을 발견하거나 일생의 반려자 혹은 스승을 만나는 경우도 있다. 이러한 입장에서 보면 온라인 교육은 학생들이 대학에 다니는 이유 중 일부에 지나지 않는다.

그러나 관리직이나 경영 간부, 전문가에게 이뤄진 e-러닝은 교육에 커다란 혁명을 초래했다.

온라인 교육은 연간 10%의 속도로 성장해 현재는 하버드나 스탠포드, USC 같은 명문대학을 비롯 2,000곳이 넘는 대학에서 인터넷을 통한 교육 프로그램을 운영 중이다. 보스턴대에서는 아예 온라인 과정만으로 박사 학위를 딸 수 있는 코스까지 마련해 운영하고 있다.

어느새 e-러닝은 620만 명의 학생을 안고 있는 600억 달러 규모의 거대 산업으로 성장했다.

〈뉴욕타임스〉 보도에 따르면 '고등 교육에 관한 회의에서 전임 지사 두 명이 공립대는 예산상의 이유로 온라인 교육을 적극 도입해야 한다고 주장했다'고 한다.

또한 많은 교육자들의 주장과 달리 '온라인을 통해 배운 학생이 교실에서 대면 방식으로 배운 학생보다 더 잘 배웠다'는 조사 결과가 여러 차례 증명되었다.

2010년 미 교육부의 '온라인 학습 평가'에서는 '수업의 일부 혹은 전부를 온라인으로 수강한 학생이 평균적으로 대면 방식으로 같은 코스를 수강한 학생보다 더 좋은 성적을 얻었다'는 사실을 밝혀냈다.

이 결과를 뒷받침하듯 미키 샤샤(Micket Shachar), 요람 뉴만(Yoram Neumann) 박사가 20년치 연구와 125건의 조사, 2만명 이상의 학생을 대상으로 실시한 메타 분석에서는 '원격 수업을 받은 학생 중 70%가 기존 환경에서 수업받은 학생보다 좋은 성적을 올렸다'는 사실이 밝혀졌다.

실제 온라인에서 학생이 배우려는 의욕이 더 높은 데 비해, 교실에서는 많은 학생들이 배우려는 의욕을 갖게 만드는 교수나 강사의 능력에 크게 좌우된다는 사실을 의미할지 모른다.

이러한 조사 결과에 동의하는지 여부와 별개로, 드러커가 예상한 성장이 실제 일어난다는 사실 자체에는 의심할 여지가 없다. 또 그 예측은 드러커식 인구 동태 분석에 기초한 것이며, 그의 의견에 따라 결론을 바르게 적용한 사람이 기회도 충분히 살릴 수 있다는 사실 또한 명백히 밝혀졌다.

3장

타이밍이 전부다

미국 미식축구리그(NFL) 그린베이 패커스의 전설적인 감독 빈스 롬바르디(Vince Lombardi)의 발언으로 잘못 알려진 말이 있다. "이기는 게 전부는 아니다. 유일하게 절대적이다(Winning isn't everything; it's the only thing)." 사실 이 말을 남긴 주인공은 UCLA 풋볼팀 브루인스의 코치 레드 샌더스(Red Sanders)다. 이 명언을 흉내내 나는 '타이밍이 전부가 아니다. 유일하게 절대적'이라 말하고 싶다.

현대 사회에서 벌어진 일들의 성공은 철저히 타이밍에 좌우되는 게 현실이다. '타이밍이 전부'라 명명한 유력지 기사는 다음과 같이 조언하고 있다. '사업 규모와 관계없이 광고 틀을 사기 가장 좋은 타이밍이 1분기다. 그건 절대 변하지 않는다. 그 다음으로 좋은 타이밍은 3분기다. 1분기와 3분기는 대부분의 라디오와 TV 방송국이 수입난에 허덕이므로, 광고주를 끌어들이기 위해 저렴한 광고료와 각종 특별 패키지를 제공하기 때문이다. 그건 곧 종이 매체에도 영향을 미친다'.

그 기사는 또 이렇게 더하고 있다. '미디어 측은 목표 수입을 달성하기 위해 반드시 광고 틀을 메워야 한다. 이에 따라 바이어가 원하는 대로 할 수 있다. 1분기에는 요금이 정상가의 절반 이하인 경우조차 심심치 않게 나타난다'.

그건 모두 다 사실이다. 그리고 '저렴한 광고 틀 구입'만 고려하면 확실히 1분기와 3분기가 좋은 타이밍이다. 하지만 광고시기를 결정하는 건 철저히 '상황(타이밍)'을 고려해 조언해야만 한다. 그리고 기업 측은 광고비가 얼마든 예상 고객이 그 시기에 상품이나 서비스를 살 지 여부도 반드시 감안해야 한다.

제설용 삽을 팔기 위해선 봄이나 여름에 광고하는 게 그리 현명하지 못한 전략이다. 그리고 한겨울에 스프링클러 장치의 판촉 캠페인을 실시하는 것 또한 대부분 실패로 끝나버리고 말 것이다.

몇 년 전 한 기업가가 웹디자인과 호스팅을 전문으로 다루는 회사를 설립했다. 그는 세부적으로 분류하는 과정의 중요성을 일찍이 깨달았다. 하지만 '고객을 조사하고 이해하는 게 중요하다'는 드러커의 충고를 제대로 흡수하지는 못했다. 그는 공인회계사들을 대상으로 한 다이렉트 메일 캠페인을 시행하기에 3월은 적합하지 않다는 사실을 배우게 된다.

큰 돈을 투자하면서 특별한 혜택도 얻지 못한 끝에, 그는 결국 자신의 예상 고객이 확성 신고 기간 중 다이렉트 메일 등을 볼 여유가 없다는 사실을 깨달았다. 그곳에서 계획을 재검토해 고객 상황을 고려, 더 적합한 시기에 판촉비를 쏟아 붓기로 결정했다.

그럼에도 여전히 타이밍이 좋지 않았다. 때는 아직 1999년으로 온라인 광고에 익숙한 회계사가 그리 많지 않은 시기였다. 이 때문에 예상 고객은 그의 광고 자료를 볼 시간적 여유가 있었지만, 결국 전략 실패로 그는 손해를 입게 된다. 요컨대 '타이밍이 전부'였던 것이다.

드러커는 모든 경영 판단에서 타이밍이 매우 중요하다는 사실을 깨달았다. 그는 '타이밍이 경영에서 특유의 두 가지 과제를 초래한다'고 경고했다. 둘 다 마케팅 플래너에게 새로운 문제를 부여하는 것들이다.

첫 번째 과제는 개발에 드는 시간이다. 드러커는 '1880년대 토마스 에디슨이 연구소에서 실험하고 공장에서 신제품 생산이 시작되기까지 2년 정도가 소요되었다. 하지만 (100년 전과 비교해) 지금은 연구소에서 초기 생산까지 15년이라는 시간이 걸려도 특별하게 느껴지지 않는다'고 지적했다. 이건 어떤 제품 내지 서비스가 도입되는 시기에는 별도 사안 탓에 이미 시대에 뒤처져 버릴지도 모르는 사실을 의미한다.

페덱스 '잽 메일'의 실패

페더럴 익스프레스(Federal Express, 이하 페덱스)에는 시장에서 큰 성공을 거둔 서비스가 여러 개 있다. 하지만 잽 메일(Zap Mail)은 그 성공 사례 중 하나로 들어가지 못했다. 이 서비스는 1984년 개시되었지만 제대로 빛도 보지 못한 채 자취를 감춰버리고 말았다.

잽 메일은 팩시밀리가 비싸 널리 보급되지 못한 시기에 도입된 서비스다. 팩스로 전송받은 메시지를 각 법인 고객에게 배달하는 구조였다. 대량으로 이용하는 법인 고객의 경우, 페덱스는 회사 소유의 팩시밀리를 고객 기업 사무실에 설치해주고 전용회선을 통해 메시지를 전송받도록 했다.

페덱스가 부담하는 투자액도, 법인 고객 대상의 요금 설정도 비교적 비쌌다. 하지만 페덱스는 투자 가치를 확신했고, 고객들은 자료가 다음 날 도달하지 않고 몇 시간 만에 받는 신속성에 가치가 있다고 생각했다.

하지만 품질 문제로 계획은 지연되었다. 때마침 터진 스페이스셔틀 '챌린저호' 폭발 사고로 인해 위성을 통한 전송 도입 계획은 잠정 중단될 수밖에 없었다. 게다가 어느 정도 시간이 지나자 개인 대상의 팩시밀리 가격이 크게 떨어져 잽 메일의 고객 수는 수백 개사 수준에서 변동이 없었다. 결국 페덱스가 불과 2년 만에 잽 메일 사업을 중단했을 때 손실액은 약 3억 2,000만 달러를 넘었다.

조직을 위기에 빠뜨리는 성급한 판단

드러커가 마케터가 직면할 두 가지 과제로 든 건 '마케터는 항시 현재만을 생각하지 않고, 조직의 미래에 미칠 영향까지 충분히 고려해서 판단해야 한다'는 점이다.

드러커가 다른 방식으로 말했듯, 경영 판단이 조직의 장기적인 건전성을 위험하게 만들어서는 안 된다. 그는 '지나친 신중함이 더 많은 문제를 초래하겠지만, 그렇다고 너무 빨리 움직이는 것도 위험하다'고 봤다.

'준비가 갖춰질 때까지 사업을 확대해선 안 된다'는 말은 언뜻 이해하기 쉬울지 모른다. 하지만 기업은 때때로 필요 기반을 구축하기 전에 성장을 서둘러야 할 때도 있다.

LA의 한 건강 식품점은 매출을 늘리는 데 성공해 경영자는 18개월 만에 14개 매장을 신규 오픈할 수 있었다. 하지만 해당 식품점은 부족한 자금과 브랜드 홍보 실패로 19개월째 들어 돌연 파산하고 말았다.

전자 상거래에 손댄 많은 기업들도 이와 마찬가지 교훈을 얻어, 현재는 충분한 사업 기반이 없으면 장래 가능성에 큰 가치가 없다는 사실을 깨달았다. 이러한 경영자의 성급한 결단은 장래 조직을 위험에 처하게 만들므로 결코 용인되어선 안 된다.

웹밴(Webvan)은 75만 명이 넘는 고객을 안고 있는 미 최대의 온라인 식품점이다. 이들은 확장 전략이란 기치 아래 12억 달러를 과감히 투자, 경쟁사 홈그로서(Home Grocer)를 매수했지만 결국 파산에 이르고 말았다.

단순하게 말하자면 웹밴은 이 사업으로 돈을 벌 수 있다고 입증해내지 못한 채 사업을 급속도로 확대시켰다. 성급한 판단이 웹밴을 실패로 몰아넣었던 것이다.

특정 행동을 해야 할 타이밍

훌륭한 전략과 경영 자원을 낭비하지 않기 위해선 무엇보다 타이밍이 중요하다. 타이밍과 전략 사이의 연관성을 확보하기 위해 반드시 검토해야 할 네 가지 측면이 있다.

1. 특정 행동을 해야 할 타이밍
2. 해야 할 행동의 순번
3. 행동의 연속성 여부
4. 행동의 반복 여부

특정 행동을 언제 할지 아는 건 타이밍에 관한 가장 기본적인 사안이다. 그 이후 다른 결단이 이어진다. 새로운 기술을 예로 들어보자. 사람은 무엇을 개발하면 일단 서둘러 시장에 투입해야 한다고 여길지 모르지만, 그것이 바른 경우는 사실 거의 없다.

자신의 회사가 최첨단 기술을 자랑한다고 알려진 경우, 그것이 회사에 경쟁 우위를 제공할지 모른다. 만일 업계에서 그 우위성이 중요하게 다뤄진다면 신기술을 개발하자마자 곧바로 투입하면 그만이다.

하지만 그 자리에서 임팩트를 보증할 경영 자원이 없다면, 타사를 먼저 시장에 참여시켜 교훈을 얻는 게 차라리 나을지 모른다. 그러면 리스크가 낮고 자원도 거의 사용하지 않는 형태로 한층 더 개선된 기술을 투입할 수 있을 것이다.

현재 최첨단 기술을 자랑하는 하이테크 기업이 선행 기회는 놓쳤지만 오히려 훌륭한 결과를 낸 경우가 있다.

IBM이 잘못된 시장조사를 실시해 '개인용 PC를 구매할 고객이 연간 1,000명 수준에 머무른다'는 결론을 내렸다. 이 때 IBM은 컴퓨터 업계를 선도하는 기술적 리더였다.

물론 그 결론은 치명적 실수로, 잡스는 애플을 창업하고 개인용 PC 산업을 창조해 그 실수를 입증했다. 하지만 주지의 사실대로 IBM이 기술적으로 뒤처진 제품을 통해 시장에 참여했을 때 '자사 하드웨어를 대상으로 쓸 수 있는 소프트웨어를 엄격히 관리하는' 애플 전략의 약점을 파고들어 시장을 탈환했다.

IBM의 이 같은 사례는 기술 상태가 커다란 차별화 요인이 아닌 시장에서는 후발주자가 도리어 유리하게 작용할 수도 있다는 사실을 보여준다. 시장 참여 타이밍의 중요성은 장점과 단점 양쪽을 모두 부각시킨다.

01. 참여 타이밍 - 가장 먼저

검토해야 할 참여 타이밍에는 총 세 가지가 있다. '가장 먼저(Being First)', 그리고 '일찍(Being Early)' 과 '늦게(Being Late)' 이렇게 세 가지다.

앞에서 잠시 살펴봤듯 드러커는 다양한 타이밍 전략에 재기 넘치는 이름을 붙였다. '최대 세력과 속도로'도 그 중 하나다.

가장 먼저 참여하는 건 여러 가지 이점이 있다. 우선 가장 먼저 참여한 회사는 첫 학습 곡선(Learning Curve)에서 적잖은 혜택을 누린다. 제품의 제조와 마케팅에 관한 경험과 지식을 쌓아 비용이 줄어드는 것이다.

그 때문에 라이벌 기업이 참여할 때 가장 먼저 참여한 회사는 비용적인 면에서 상당히 유리해진다. 이 같은 우위성은 고객을 위한 가격 할인으로 이어질 수도 있고, 광고나 유통, 나아가 전체 전략을 강화하기 위한 추가적인 예산 확대로도 이어질 수 있다.

또 고객에게는 일정한 타성이 있다. 한 회사가 고객을 만족시키는 한, 라이벌 기업이 그 고객을 설득해 빼앗아오는 건 상당히 어렵다. 그리고 세 번째로 라이벌이 비슷한 제품이나 서비스로 쫓아올 때 가장 먼저 참여한 회사는 일정한 시장 주도권과 세력을 얻는다.

가장 먼저 참여한 회사는 제품의 개량 혹은 새로운 시장에 참여해 다음 단계로 나아갈 가능성도 있다. 때문에 주도권을 쥐는 건 가장 먼저 참여한 회사이자, 그 회사는 항시 라이벌보다 한 걸음 더 먼저(빨리) 갈 수 있는 강점을 갖는다. '가장 먼저'의 최대 매력은 아마 시장을 지배할 기회를 '가장 먼저' 얻는 게 아닐까?

시장 지배는 앞에서 말한 요인과 관계된 다양한 이유에서 발생할 수 있다. 일정한 조건 아래선 소비자가 브랜드를 배우고 자신들의 기호를 정하는 과정에서 경쟁 우위를 낳기도 한다. 이 과정은 가장 먼저 참여한 회사에 유리한 '선호 구조(Preference Structure)'를 낳는다.

첫 참여자는 이상에 가깝다고 간주되어 그 외 브랜드 전부가 그와 비교되는 구조를 띤다. 그러면 시장에 뒤늦게 참여한 경쟁사는 가장 먼저 참여한 회사로부터 시장(점유율)을 빼앗는 게 상당히 어려워진다.

물론 가장 먼저 참여하는 데에도 문제는 있다. 드러커가 《미래 사회를 이끌어가는 기업가 정신(Innovation and Entrepreneurship)》에서 지적했듯, 가장 먼저 참여하기 위해선 고도의 노력과 집중이 필요하다. 가장 먼저 참여하는 회사는 성공하기 위해 명확한 목표를 하나 들어 그 목표에 모든 노력을 집중시켜야 한다.

이미 성공했다면 선두 자리를 지키기 위해 지속적이고 상당한 노력이 더더욱 필요하다. 그렇지 않으면 과거의 투자 자체가 모두 무위로 돌아갈 염려가 있기 때문이다.

가장 먼저 참여한 회사는 자사 제품이나 유통 과정, 서비스에 드는 가격을 낮춰야만 한다. 그렇지 않으면 시장 참여를 시도하는 경쟁사에게 어떤 여지를 줄지 모른다.

02. 참여 타이밍 - 일찍(되도록 빨리)

일찍 참여하는 건 가장 먼저 참여하지 않지만, 최초의 회사 혹은 최초의 몇 개사가 시장에 참여한 뒤 이른 단계에 참여하기로 결정하는 과정을 의미한다. 이른 참여는 때때로 의도치 않은 결과를 내기도 한다. 2~3개사가 최초를 향해 경쟁하다 보면, 결과적으로 두 번째 혹은 세 번째가 만들어지기 때문이다.

이 때 배분한 경영 자원, 계획을 위해 치열한 다툼이 벌어진다. 이른 참여는 앞으로 나아가기 전 일정한 재조정이 필요하며, 가장 먼저 참여하는 이점을 얻지 못한 채 불리한 점만 얻게 된다.

한편 가장 먼저 참여한 회사와 효과적으로 싸울 경영 자원이 있는 경우, 최초가 아닌 게 오히려 유리하게 작용할 가능성도 있다. 다만 여기에는 주의가 필요하다.

대기업은 약한 조기 참여자를 상당히 쉽게 꺾을 수 있다. 하지만 신규 참여자가 먼저 참여한 이를 상대로 싸울 경영 자원과 적절한 전략을 갖춘다면, 어렵지 않게 시장에서의 고유 지위를 확립할 수 있다.

가장 먼저 참여하는 과정에서 커다란 약점은 바로 '리스크'이다. 수요 리스크, 기술이 진부해지는 리스크 등 다양한 위험 요소가 이에 해당한다.

많은 기업들이 시장에서 가장 먼저 참여하길 꺼리는 이유 역시 높은 리스크 때문이다. 이는 실제 가장 먼저 참여한 기업 대다수가 성공하지 못한 이유이기도 하다.

그러나 이야기는 여기서 끝나지 않는다. 별도 회사가 선구적인 노력을 기울여 시장에서 무엇이 일어났는지를 관찰, 분석할 수 있다. 이 때문에 조기 참여자는 무엇이 잘 나갈 수 있고, 무엇이 제대로 갈 수 없는지에 대해 '거의 공짜로' 정보를 얻을 수 있다. 덕분에 조기 참여자는 시간을 그다지 낭비하지 않을 뿐 아니라, 경영 자원도 거의 쓰지 않은 채 최적의 전략을 세울 수 있었다.

먼저 참여한 이로 인해 수요가 확립되고 그 수요가 완전히 채워져 있을 거란 추측은 틀렸다. 초기 단계에서는 시장에 얼마 안 되는 경쟁자만 존재하므로 시장은 아직 대부분 미개척 된 상태다. 제품이 보다 성숙해진 시기와 달리 시장의 상당 부분이 아직 채워지지 않은 것이다.

그 결과 가장 먼저 참여하지 않고 조기 참여자가 되는 건 많은 기업과 조직에게 매력적인 선택지가 된다. 하지만 이는 두 가지 약점을 동반한다. 일정한 참여 장벽을 극복해야 하고, 기회도 처음(최초)보다 작아질 가능성이 있는 것이다.

03. 참여 타이밍 - 늦게

늦는다는 건 시장이 이미 확립된 뒤 참여하는 것을 가리킨다. 의도적으로 늦은 타이밍에는 물론 장점이 있다. 먼저 참여한 기업은 이미 과거 투자에 대한 책임을 지는데 반해, 늦은 참여자는 제품이나 참여 과정에 최신 발전상을 담아낼 수 있다.

늦게 참여한 기업은 이른 단계에 참여한 기업보다 커다란 규모 이점을 실현할 수 있을지 모른다. 이는 시장 규모와 제품에 대한 수요를 보다 정확하게 파악할 수 있기 때문이다.

이로 인해 늦게 참여하면 공장의 최적 규모를 키울 가능성이 높고, 판매 단위 당 비용도 그만큼 낮출 수 있다. 늦게 참여한 기업은 서플라이어나 직원, 고객에게서 보다 좋은 조건을 끌어낼 가능성도 있다. 먼저 참여한 기업은 시장에 아직 리스크가 있을 때 이뤄진 교섭에서 생긴 고비용에 어려움을 겪을지 모르기 때문이다.

연구 개발비가 적고 마케팅 투자나 경영 자원의 낭비도 적어지므로 늦게 참여한 기업은 일찍 참여한 기업보다 더 저렴한 가격을 제공할 수 있을지 모른다. 앞에서도 말했듯, 이른 참여자는 가격을 어쩔 수 없이 인하해야 한다. 그렇지 않으면 새로 참여하려는 회사에게 '보호 우산(Protective Umbrella)'을 주기 때문이다.

또한 늦게 참여한 기업은 시장 전체를 관찰하고 가장 약한 부분을 특정할 수 있다. 이에 반해 이미 시장에 참여하고 있는 기업은 시장의 특정 부분에 참여할 시도를 쉽게 예측할 수 없다. 그리고 효과적인 방어 과정에 마케팅 틀 전체를 재구축할 필요성이 생길지 모른다.

물론 늦은 참여에도 약점은 있다. 참여 장벽이 높고 시장에서 기회가 대폭 줄어드는 사실도 있다. 해당 제품이 라이프사이클의 성숙기 혹은 쇠퇴기에 들어간 경우 더더욱 그렇다.

드러커는 늦은 참여 타이밍에 대해 두 가지 전략을 조언했다.

그는 이러한 것을 '창조적 모방(Creative Imitation)'과 '기업가적 유도(Entrepreneurial Judo)'라 불렀다. 하버드대 마케팅 교수인 시오도어 레빗이 명명한 창조적 모방은 '실질적으로는 모방이지만, 오리지널 상품보다 기초적인 이노베이션을 유효하게 활용한다는 의미에서 창조적인 전략'으로 일컬어진다.

멜빈 파워즈(Melvin Powers)는 다양한 분야의 서적을 발행한 출판사 윌셔 북 컴퍼니(Wilshire Book Company)의 사장이었다. 이 출판사는 400여권에 이르는 서적을 모두 페이퍼백으로 판매했다.

일부는 윌셔 측의 오리지널(처음 출간한) 서적이지만, 나머지 일부는 이전 다른 출판사가 하드커버로 출판했던 서적이다(미국은 대개의 경우 하드커버로 출간한 뒤 시장 상황이나 판매 흐름을 보고 대중적이고 저렴한 페이퍼백 버전을 출간한다.-옮긴이).

예를 들어 윌셔는 맥스웰 몰츠(Maxwell Maltz)의 《사이코-사이버네틱스(Psycho-Cybernetics)》를 300만부 이상, 나폴레온 힐(Napoleon Hill)의 《놓치고 싶지 않은 나의 꿈, 나의 인생(Think and Grow Rich)》을 100만부 이상 팔았다.

멜빈은 언젠가 '〈뉴욕타임스〉의 베스트셀러 리스트에 짐 오버로드(Jim Overroad) 감독의 《당신의 배를 납작하게 만드는 법(How to Flatten Your Stomach)》 같은 건강-피트니스 관련 서적, 그리고 섹슈얼 테마의 서적이 들어가 있다'는 사실을 깨달았다.

이 때 그는 창조적 모방 전략을 구사해 건강-피트니스와 섹스를 조합시킨 마지 리어든(Marge Reardon) 감독의 패러디물《당신의 엉덩이를 납작하게 만드는 법(How to Flatten Your Tush)》을 출간했다.

멜빈의 창조적 모방은 시장에서 수요가 이미 증명된 두 가지 개념을 조합시켜 하나의 유머러스한 서적으로 완성시킨 것이다. 그의 패러디물은 6개월간 25만부가 넘게 팔릴 만큼 인기를 끌었다.

기업가적 유도로 아성을 무너뜨리다

기업가적 유도란 '확립된 기존 기업의 강점을 잘 피해 비축한 힘을 역이용, 어떤 기업을 해당 산업에서 지도적 지위로 약진시키는 것'을 지칭한 드러커의 말이다. 트랜지스터는 원래 벨 연구소가 1947년 개발한 것으로, 벨은 추후 트랜지스터가 모든 진공관을 대체한다는 사실을 확인하였다. 대체 시기는 1970년 전후로 추정되었다.

한편 당시 소니 사장이던 모리타 아키오(盛田昭夫)는 트랜지스터에 일찍이 눈을 떠, 미국으로 건너가 관련 라이센스를 불과 25,000달러에 취득했다. 그로부터 2년 뒤 소니의 첫 휴대용 트랜지스터가 시장에 출시되었다. 그리고 재차 8년 뒤 일본 기업은 전 세계 라디오 시장을 완전 제패했다.

리처드 데이비스(Richard Davis)는 기존 트랜지스터와 비교해 그리

뛰어나지 않은 제품으로 기업가적 유도를 실천했다. 그는 디트로이트의 작은 피자 가게 오너였다. 1969년 어느 여름 밤, 그는 피자 배달 도중 뜻하지 않은 총격을 받았다. 부상이 나을 동안 데이비스는 개인용 보호 장비에 대해 생각했다. 그는 자기 자신만을 위해서가 아니라 경찰 보호에 대해서도 신중히 고민하기 시작했다.

이것저것 조사하면서 그는 경찰에게 여러 종류의 총탄을 막을 수 있는 방탄조끼가 보급된다는 사실을 알았다. 하지만 마지막 분석에서 이같은 조끼가 결국 아무런 도움이 되지 못한다는 사실 또한 알게 되었다.

보급되는 조끼가 무겁고 딱딱하며, 부피까지 큰 게 이유였다. 그로 인해 방탄조끼는 경찰차 트렁크에 그대로 쌓여 있었다. 실제 총상을 입었을 때는 아무도 이를 입고 있지 않았다.

데이비스는 다양한 선택지를 조사한 끝에 군대에선 한국전쟁 이래 바리스틱 나일론을 사용한 유연성 높은 보호 장비를 방탄조끼로 사용해 왔다는 사실을 파악했다. 이 방탄조끼 역시 무겁고 부피가 컸다. 왜냐하면 이 장비가 주로 상반신 전체를 감싸고 있었기 때문이다.

그럼 왜 상반신 전체를 커버할 필요가 있었을까? 이 방탄조끼가 전장에서 날아든 고속 총탄을 막을 순 없지만, 지뢰처럼 저속으로 날아드는 파편은 막을 수 있었기 때문이다. 이런 군용 조끼는 대개 경찰의 최대 위협이라 할 수 있는 권총탄을 충분히 막아낼 수 있었다.

데이비스는 직사각형의 바리스틱 나일론만 두 장 있으면, 동체 전

면과 뒷면을 보호할 수 있고 경찰의 셔츠 아래도 충분히 입을 수 있다고 생각했다. 두 장의 천은 벨크로 스트랩(갈고리 모양의 돌기가 달린 매직 테이프형 줄-옮긴이)으로 이을 수 있다. 이는 아무도 생각지 못했던 이노베이션이었다.

그는 이 방탄조끼를 씌운 전화번호부에 총을 쏴 제대로 기능하는지를 확인했다. 총탄은 방탄조끼를 관통하지 못했다. 또 이 디자인은 생산이 간단하고 소재도 비교적 저렴했다.

데이비스는 이 같은 이노베이션을 토대로 '세컨드 찬스(Second Chance)'라는 회사를 설립했다. 아쉽게도 이 아이디어는 특허를 얻을 수 없었고 금세 타사가 모방했다. 하지만 그렇게 된 건 데이비스의 방탄조끼가 많은 이들의 목숨을 구한 뒤의 일로, 전직 피자 배달부는 몇 년 뒤 4,500만 달러에 회사를 매각했다.

마케터라면 '바른 것만으로는 충분치 않다'는 결론을 내려야 할 듯싶다. 성공하는 마케터는 반드시 바른 타이밍에 바른 것을 해야만 하는 것이다.

4장

큰 실패를 피하는 방법

드러커는 마케팅에서 큰 실패를 피하는 법을 알고 있었다. 아마 여러분은 그 해결책을 듣고 깜짝 놀랄지 모른다. 왜냐하면 그 방법이 과거 성공과의 완전한 결별을 의미하기 때문이다. 드러커식 사고에서 '화려했던 과거와의 단절'은 새로운 성공을 위한 필수 과정이다.

과거 성공 패턴을 답습해선 안 되는 이유

드러커는 '과거 성공 패턴을 그대로 답습하면 결국 실패하고 말 것'이라 단언했다. 이는 언제 어디서나, 혹은 마케팅과 비즈니스만이 아니라 정치, 전쟁까지 포함한 모든 분야에 적용된다.

오랜 역사 동안 이 원칙을 이해하지 못한 기업과 국가, 개인의 사례는 이 자리에서 다 들 수 없을 만큼 많다. 기업이 범한 잘못은 언젠가 포기할 것을 생각지 않고, 같은 제품이나 서비스를 계속 파는 것만이 아니다. 성공한 브랜드명을 다른 제품이나 서비스로 넓히는 데 한계가 있다는 사실 또한 꽤 오래 전부터 익히 알려져 온 잘못이다.

내가 몇 권의 책을 쓴 사실을 알고서 최근 한 여성이 나를 찾아왔다. 그리고선 다짜고짜 막 출간된 자신의 패션 서적을 평가하고 추천글까지 써달라고 부탁했다. 하지만 나는 그 의뢰를 거절하며 "이 책에 관심 있는 예비 독자들에게 더 큰 영향력을 가진 사람을 찾는 게 좋을 것"이라 조언했다.

구체적으로 말하자면 인기 패션지의 편집자나 패션학교 강사, 패션 감각이 뛰어나다고 알려진 셀러브리티 혹은 같은 장르에서 히트작을 냈던 작가 등을 찾으라고 했다.

명확한 연관성이 없으면 추천글은 크게 도움이 되지 않을 뿐더러, 오히려 해가 될지도 모른다. 이는 '(패션 분야와 무관한) 내가 추천글을 쓰면 더 많은 패션 지식을 가진 이들이 흥미를 갖지 못한다'는 사실을 암시하기 때문이다. 단지 그녀는 내가 비즈니스 서적을 써온 사실에 기초해 확장 전략을 펼치려 했다. 하지만 이 두 가지 요소는 전혀 연결되지 않았다.

같은 흐름에 따라 혼다는 이륜차 외 자동차 생산에서도 충분히 성공했을지 모른다. 하지만 브랜드 확장 전략으로 '혼다 베이킹파우 더'는 한 번에 딱 와닿지 않는다. 그렇게 본다면 성공 제품이나 전략의 시간적 제약에 대해 드러커가 남긴 경고는 브랜드명을 다른 분야로 확장하는 과정에도 잘 들어맞을지 모른다.

미군 사령관이 예상한 항공기의 진부화

'성공은 영원히 지속될 수 없다'는 드러커의 논점은 비즈니스만이 아니라 다른 분야에도 해당된다. 그가 이 논점을 공표하기 전부터 그 의미를 잘 이해한 지도자가 있었다.

2차 세계대전 중 미 육군항공군 사령관을 역임한 헨리 '햅' 아놀드(Henry 'Hap' Arnold)이다. 그는 전쟁 후 육군항공군에서 독립해 별도 부대가 창설되자, 공군에서 처음이자 유일한 리더가 되었다. 아놀드는 그 경력을 통해 공군 전력의 핵심인 파일럿들에게도 충분한 승진 기회를 주려 했다.

공군이 '하늘을 날지 않는' 육군 고위 간부의 지휘 아래 놓이면 아무래도 진급 기회를 얻지 못하는 경우가 많다. 공군 창설 이후에도 아놀드는 그 벽에 맞서 계속 싸우면서 파일럿들에게는 이렇게 충고했다. "미래 관점에서 봤을 때 나는 공군력 그 자체가 진부해질 가능성을 항시 염두에 두고 있다." 아놀드가 그렇게 말한 건 지금으로부터 약 60년 전, 공군의 전력 자산 가운데 항공기가 유일한 무기 배치 시스템이었을 때의 일이다.

그로부터 세월이 지나 우주 계획과 미사일, 그 외 시스템이 점차 공군 예산의 큰 부분을 차지하게 되었다. 지금은 탄도 미사일이나 순항 미사일, 무인항공기가 상당 부분을 차지하며, 파일럿보다 미사일 담당자나 우주선에 종사하는 인력 수요가 더 많아졌다.

공군력 자체는 진부해지지 않았지만 아놀드 시대와는 모습이 달라져 '항공 우주력(Aerospace Power)'이라는 말이 '공군력(Air Power)'을 대신하게 되었다.

반복되는 금융위기

최근 경제계에선 '너무 크고 강해 절대 망하지 않을 것 같던' 금융기관들의 파산이 잇따르고 있다. 리먼 브러더스(Lehman Bros.)와 AIG, 메릴린치(Merrill Lynch), 미 연방주택저당공사(Freddie Mac), 미 연방주택대부저당공사(Fannie Mae), 워싱턴 뮤추얼(Washington Mutual) 등 그 외 수많은 금융기관들이 파산하거나 정부의 관리 아래로 들어갔다. 혹은 다른 회사에 매각되거나 경영 실패에서 파생된 심각한 문제를 해결해야 할 절체절명의 상황에 처했다.

이러한 금융기관들은 모두 오랜 기간 성공적인 전략을 운영해 왔다. 안타깝게도 여러분이 이 책을 읽고 있는 지금도 그 규모를 불문하고, 이전에 성공했던 수백 개의 기업이 (금새 망할지도 모를 위험 징후조차 깨닫지 못한 채) 파산의 길로 걸어 들어가고 있을지 모른다.

베스트셀러 《대마불사(Too Big To Fail)》의 저자 앤드류 로스 소킨(Andrew Ross Sorkin)이 지적했듯, '다음 번 버블이 터질 때 이 사이클은 다시 한 번 반복될 것' 같았다. 바꿔 말하면 각 금융기관들의 전략이 다르더라도, 가까운 미래 금융위기(금융기관의 파산)란 상황 자체는 다시 또 발생한다는 것이다.

현재의 금융위기가 해결되기 전, 다른 산업에서도 비슷한 류의 파산이 계속될지 모른다. 하지만 여기에서 내가 이야기하려는 건 '현재 위험에 처하지 않은 마케팅 조직'이다. 이러한 조직은 여전히 과거에 성공했던 방식으로 운영되고 있다. 드러커에 따르면 '이는 매우 빈번하고 치명적인 잘못'이다.

최근 마케터로서 큰 성공을 거둔 친구로부터 "파산을 막기 위해 구조조정을 단행해야 했다."는 고백을 들은 적이 있다. 호황기에는 그도 커다란 빌딩을 몇 채씩 소유하고 몇백 명의 직원을 고용했다. 마케팅 전략에 미세한 조정만 더해도 큰 성공을 거둘 수 있었다. 그는 월 5만 달러 이상의 수입을 얻으며 잘 나갔다.

하지만 그의 회계사로부터 들은 뜻밖의 한 마디가 그를 완전히 바꿔놓았다. "당신은 월 5만 달러를 벌고 있는데, 이를 위해 월 15만 달러나 쓰고 있네요." 현재 그는 직원 두 명과 함께 사업 전체를 재편하는 데 부심하고 있다.

원래 금융위기는 가계 대출의 금융파생상품에서 시작해 주택 산업이 붕괴하는 방향으로 진행되었다. 하지만 드러커의 조언에 귀를 기울여 더 늦기 전에 방침을 급전환한 금융기관도 존재한다. 즉, '리스크는 사업과 마케팅의 일환이지만 어떤 성공도 영원히 지속되지 않는다'는 사실을 재빨리 인식한 금융기관이다.

2001년 케네스 루이스(Kenneth Louis)는 미 최대 은행인 뱅크 오브 아메리카(BoA)의 CEO에 취임했다. 그는 CEO 취임 직후 관리 임원들로부터 회사 운영 현황을 보고받았다. 이 자리에서 그는 "자사가 내놓은 금융파생상품 융자가 수익성이 높다."는 설명을 들었다.

하지만 루이스는 그런 설명과 반대로, 해당 사업에서 즉시 철수할 것을 명했다. 물론 그 바탕에는 '성공이 지속되기 어렵다'는 드러커의 조언이 자리하고 있었다.

뱅크 오브 아메리카처럼 소수의 현명한 금융기관은 절묘한 타이밍에 관련 사업에서 철수했다. 그로 인해 금융위기의 후폭풍을 피할 수 있었다. 이러한 사례는 성공한 과거 행동에서 실패에 이르는 문제를 충분히 피할 수 있는 가능성을 보여주고 있다.

성공자가 실패하게 된 이유

비즈니스계의 고전적인 전망(예측) 가운데 하나가 마차 채찍을 만드는 회사처럼 말을 이용한 운송과 관계된 모든 산업의 쇠퇴다.

자동차 산업이 확고히 자리매김한 뒤 포드 자동차는 막대한 성공을 거뒀다. 하지만 포드는 곧 시장에서의 리더십을 GM에게 빼앗겨, 이후 50년 넘게 따라잡지 못하고 있다.

헨리 포드가 검은색 일변도의 T형 포드를 고수하는 동안 다양한 색과 옵션에 더 많은 돈을 지불하려는 고객이 상당히 많다는 사실을 미처 깨닫지 못했기 때문이다.

'19세기를 대표하는 발명품 중 하나'인 철도는 미 서부 개척을 뒷받침하며, 그 과정에서 대부호를 여러 명 배출했다. 그로부터 100년여의 시간이 지나, 철도는 유럽에서 아시아에 이르기까지 세계사 발전에 다대한 영향을 끼쳤다.

그러나 항공기를 통한 수송이나 이동이 일반화되면서, 이번에는 철도 산업의 터줏대감들이 이전 자신들로 인해 큰 어려움을 겪던 산업처럼 위축되어 버렸다.

확실히 이런 기업들은 '마케팅 근시(Marketing Myopia, 현재 주어진 제한된 제품 기능에만 안주하려는 부정적 시각-옮긴이)'를 앓고 있을지 모른다. 하지만 여기에서 중요한 점은 어떤 성공도 영원히 지속되지 못 한다는 사실이다.

10억 달러 규모의 비닐판 레코드 산업은 거의 하룻밤 새 소멸되었다. 비닐판 제작사는 CD 기술의 강한 위협에 제대로 대처하지 못해 엄청난 손실을 입고 말았다. 또 계산척 시장은 휴대용 전탁이 발매되자마자 순식간에 소멸되었다.

이러한 사례는 이 외에도 무수히 많다. 꺼지기 전 가장 밝게 빛나는 전구처럼, 앞에서 든 기업 대다수는 파산 불과 몇 개월 전까지만 해도 최전성기를 달리는 듯 보였다. 이는 전략과 콘셉트만이 아니라 제품이나 서비스에서도 해당된다.

여러분은 혹시 1980년대 소프트웨어 판매점이 폭발적으로 늘었던 사실을 기억하고 있는가? 그렇다면 그 많던 매장들은 현재 다 어디로 간 것일까?

'위시 북(Wish Book)'으로 알려진 카탈로그를 통해 통신판매사의 본격 등장을 알린 시어즈 로벅조차 100여년 동안의 성공 끝에 2003년 엄청난 적자를 기록, 카탈로그 사업에서 철수할 수밖에 없었다.

그렇다면 왜 이 같은 마케팅 실패가 발생할까? 왜 기업이나 조직은 모든 시장과 기회에서 과거 성공을 초래했던 방식을 지속할 수 없는 것일까? 그건 곧 환경이 바뀌거나 결정적으로 다른 상황이 나타나 과거 성공을 이끌던 법칙이 더 이상 작동되지 않기 때문이다. 여기에서 그 예를 한 번 들어보자.

01. 기술

Technology

자동차처럼 새로운 기술을 지닌 제품이 탄생한 결과, 말의 이용법이 바뀌어 기본적인 운송수단에서 스포츠나 취미로 그 이용 목적이 변한다.

02. 경제성이나 업황

Economics or Business Conditions

경제는 공황에 빠지거나 인플레이션을 겪는다. 어떤 상황에선 잠재 고객이 돈을 안 쓸지 모르나, 또 다른 상황에서는 잠재 고객이 자유로이 돈을 쓰고 나아가 단기간에 많이 쓸 가능성조차 있다.

03. 사회 변화

Social Change

1950년대 이전에는 거의 모든 남성들이 업무복의 일환으로 모자를 쓰고 신사 모자를 파는 가게에 자주 들렀다. 하지만 지금은 일을 위해 매일 모자를 쓰거나 격식을 갖춰야 하는 자리에 모자를 쓰는 남성이 오히려 소수파가 되었다.

04. 정치, 법률, 규제

Politics, Laws, and Regulations

이전에는 합법이던 게 위법이 되거나, 그 반대의 상황이 벌어지기도 한다. 알코올 음료 판매의 위법 여부가 주류업계에 커다란 변화를 초래했다. 무엇이 범죄 행위로 간주될지는 결코 불변사항이 아니다.

코카콜라가 어디에서 그 사명과 '코크'라는 애칭을 얻었는지 아는 사람이 많을 것이다. 최초의 원료였던 코카인은 이미 불법이 되어, 지금은 코카콜라만이 아니라 어떤 식음료 회사도 식품이나 음료의 성분으로 쓰지 못한다.

05. 경쟁 기업의 행동

Actions of Competitors

예기치 못한 상황에 전혀 대비하지 못해 경쟁사가 성공을 거둔다. 애플은 현재의 개인용 PC 산업을 만들어낸 장본인이나 다름없다. 하지만 호환성 있는 소프트웨어 개발을 제약하지 않고 오히려 촉진한 IBM의 전략은 IBM PC에 커다란 우위성을 줬다.

06. 예상외의 커다란 사건

Unexpected Major Events

'9. 11' 테러는 항공 여행 규제와 경비 강화를 동시에 초래했다. 대지진이나 전쟁 역시 마찬가지 영향을 초래할 수 있는 사건들이다.

마케터들은 이러한 변화를 쉽게 예상하고 충분히 대처할 수 있다고 자신할지 모른다. 하지만 몇 가지 이유로 인해 대부분 그렇지 못하다.

마케팅 담당 간부가 지금의 지위에 오른 건 오히려 오래 지속되어 온 패러다임 아래서 성공했기 때문이다. 때로는 이러한 과거 행동이 조직 번영에 큰 역할을 한다.

그들은 오랜 방식에 만족하며, 실증되지 않은 새로운 아이디어나 비즈니스 방식에도 거의 젖어있지 않다. 길 바깥쪽에 발을 내딛을지 걱정하거나, 사소한 잘못조차 두려워하는 사람도 있다.

그들은 오랜 모델에 큰 돈을 투자하기 위해 또 다시 재투자하고, 처음부터 다시 시작하는 방식은 가급적 피한다. 이러한 마케터는 과거에 잘 나갔던 것과 앞으로도 잘 나갈 것을 동일선상에 두고 장래를 예상하는 경향이 있다. 무엇보다 그들은 리스크 지는 것을 두려워한다.

하지만 리스크는 필수 불가결하다. 드러커가 썼듯 '리스크는 가장 중요하며, 리스크를 지는 게 기업의 기본적인 기능을 구성한다'고 할 수 있다.

원래 잘못된 마케터는 눈앞의 변화조차 알아채지 못한다. 아니, 영원히 변화 자체를 인지할 수 없을지도 모른다. 하지만 변화는 우리에게 주어진 유일한 확실성이다.

특별한 마케터가 아니라면 과거 성공에 기초해 방향성을 도중에 바꾸거나 결별하기 어렵다. 그리고 뭔가 바뀌는 것을 암시하는 듯한 말조차 쉽게 꺼낼 수 없다.

그러나 드러커는 '이를 반드시 해야 하고, 할 수 없다면 마케터와 그 담당 프로젝트는 모두 실패하고 말 것'이라 경고했다.

성공을 포기하는 타이밍

과거 성공을 포기하는 문제에도 숙제는 있다. 예를 들면 '무엇으로 대체할지 전혀 생각지 않고 성공한 제품이나 서비스를 포기하는 건' 어리석을 뿐 아니라 위험하기조차 하다.

이 때문에 변화에 대비하기 위해선 자신들의 제품이나 서비스, 경영 방식에 대해 즉각적인 행동을 일으켜야 한다는 사실을 인식하는 게 무엇보다 중요하다.

우선 문제점을 인지하고, 다음으로 그 문제에 대한 대책을 강구해야 한다. 드러커가 경영자에게 던진 가장 중요한 질문 중 하나는 "이 점에 대해 당신은 어떻게 할 것인가?(What are you going to do about it?)"였다. 드러커는 잭 웰치에게도 이 같은 질문을 던졌다. 3부 4장에서 다뤘듯, 이 질문은 GE와 웰치의 성공 과정을 이끌었다.

상대에게 질문을 던지는 건 '드러커식 컨설팅의 대표 수단'이었다. 드러커의 동료이자 책의 공저자이기도 한 조지프 마시아리엘로가 《드러커 365개의 금언(The Daily Drucker)》에서 썼듯, 드러커는 자신의 세미나에서조차 청중에게 이렇게 말하곤 했다. "강의가 재미 있었다고 말하지 않아도 됩니다. 그보다 월요일 아침 당신이 어떻게 달라졌는지에 대해서만 알려주세요."

행동하기 전 해야 할 것이 뭔지 반드시 알아둬야 한다. 다음에서 과거의 '좋은 것(Good Thing)'을 포기할 때를 아는 법을 몇 가지 들어 보도록 하자.

1. 자사가 속한 업계만이 아니라, 이 세계에서 무엇이 일어나고 있는지를 안다. 신제품만이 아니라 자사 사업에 조금이라도 영향을 미칠 것 같은 정보는 뭐든 이해해 둔다.
   이는 업계지나 신문, 그 외 중요한 매체를 지속적으로 읽는 습관을 의미하기도 한다. 하나의 필수 과정으로서 이 습관은 절대 포기해선 안 된다.
2. 이미 벌어진 최근 사건을 보고 앞으로 어떤 일들이 벌어질 것 같은지 자문해 본다.
3. '만일 이렇게 되면 어떨까?' 스스로 미래 예상 게임을 해 본다.
4. 트렌드와 최신 동향에 주목한다. 몇 분기에 걸쳐 매출이 감소하면 그 원인을 규명한다. '모든 게 원래대로 돌아가 정상이 된다'고 타성적으로 생각해선 안 된다. 정상이란 건 애당초 존재하지 않는다.
5. '영원히 계속되는 건 없다'는 사실을 인식하고 정신적으로 변화를 대비한다. 필요하다면 과거 투자와 관계없이 그 자리에서 즉각 행동한다.
6. 단지 변화만을 위해 사안을 바꿔야하는 건 아니다. 하지만 모

든 제품과 전략, 전술, 방침에 대한 지속적인 평가 프로그램을 마련한다. 변혁의 기회를 과감히 모색해 항상 라이벌보다 앞서 가기 위한 노력을 경주한다.

7. 자사 제품이나 서비스, 전략이 진부해진 점을 솔직히 말하고, 그 니즈를 채우기 위해 더 나은 방법을 찾는다.

드러커에 따르면 '과거 성공에 편승하지 않는 것으로 마케팅상 큰 실패를 피할 수 있다. 뿐만 아니라 항시 라이벌보다 앞서 나가야 기존 방식으로 좌절한 이들을 반면교사 삼으면서 멋지게 성공하고 결국 살아남을 수 있을 것'이다.

5장

마케팅의 다섯 가지 큰 죄

드러커는 1975년부터 20년간 〈월스트리트 저널〉에 기명 칼럼을 기고했다. 1993년 10월 21일자 칼럼 타이틀은 〈기업 경영의 다섯 가지 큰 죄(The Five Deadly Business Sins)〉였다. 그는 이 내용을 중히 여겨 자신의 책 《미래의 결단(Managing in a Time of Great Change)》에도 관련 내용을 담았다. 그리고 2005년 〈월스트리트 저널〉은 20여년 만에 해당 칼럼을 다시 한 번 게재했다.

이 칼럼의 제목은 〈마케팅의 다섯 가지 큰 죄〉로 바꿀 수도 있다. 드러커가 든 '경영의 다섯 가지 큰 죄' 가운데 네 가지는 마케팅과 연관되어 있으며, 마지막 하나도 마케터가 결코 무시할 수 없는 문제였기 때문이다. 여러분 스스로 다음 내용을 한 번씩 판단해보길 바란다.

1. 높은 이익률과 프리미엄 가격을 추구한다.
2. 시장이 만족할 가격을 매긴다.
3. 비용 주도의 가격을 설정한다.
4. 과거 승자를 중시한다.
5. 기회보다 문제를 우선시 한다.

드러커는 도대체 무엇을 생각했을까? 사실 그가 '큰 죄(Deadly Sins)'라 부른 건 그동안 마케팅의 정설을 뒷받침해온 추천 사항들이었다. 여기에서는 그 진의를 하나씩 검증해 본다.

01. 높은 이익률과 프리미엄 가격을 추구한다

Seeking High Profit Margin and Premium Pricing

첫 번째 큰 죄에 대해 드러커는 내가 붙인 타이틀보다 훨씬 더 강한 말을 남겼다. 그는 이 죄를 높은 이익률과 프리미엄 가격에 대한 숭배(Worship)라 부르며, 다섯 가지 중 가장 일반적인 죄로 표현했다.

나라면 '숭배'라는 말까지 쓰진 않았겠지만, 마케터는 왜 높은 이익률을 추구해야 하는가? 또 프리미엄 가격에 대해선 어떨까? 여기에서는 개념 정의를 확실히 이해했는지 여부부터 확인해 두는 게 좋을 것 같다.

프리미엄 가격에 대한 일반적인 정의는 대략 아래와 같다. '특별

취급(Exclusivity)되는 아우라를 통해 경쟁 브랜드보다 비싼 가격에 제품을 파는 행위'

드러커가 염두에 둔 게 이같은 일반적인 정의였는지는 불분명하다. 다만 그는 자신의 견해를 뒷받침하기 위해 두 가지 사례를 들었다. 그 중 첫 번째가 가격을 비싸게 하거나, 이익률을 높이기 위해 더 많은 기능을 제공한 복사기 업계의 사례였다.

이 때 맨 처음 든 기업이 제록스(Xerox)였다. 제록스는 복사기를 가장 먼저 발명했지만 일본 기업에게 세계 시장을 빼앗기고 만 전력이 있었다. 드러커는 '이러한 결과는 제록스가 가격을 인상하고, 이익률을 높이기 위해 연이어 기능을 추가한 탓이 컸다'고 봤다.

처음에는 제록스의 전략이 효과를 발휘해 단기간 이익은 크게 늘었다. 하지만 소비자가 정말로 원한 건 '불필요한 기능을 빼고 복사 기능만 제공해주는 심플한 형태의 기기'였다. 그 때문에 높은 이익률을 추구하는 전략은 결국 경쟁(일본) 기업에게 시장 참여의 여지를 줘, 이들을 끌어들이게 된다.

일본 기업들은 제록스보다 훨씬 합리적인 가격으로 복사 기능을 제공하는 제품을 잇달아 출시, 그 때까지 제록스가 점유하던 시장을 손쉽게 빼앗을 수 있었다.

이후 드러커가 든 두 번째 사례는 미국의 자동차 업계였다. 그는 '미국 기업들이 소형차 시장을 간과해 결국 일본 기업들에게 시장을 내주고 말았다'고 비판했다.

미국 기업들은 저연비 소형차에 대한 명백한 수요를 무시한 채 시장을 빼앗겼다. 특히 저연비 소형차는 1973년 오일쇼크를 계기로 현저하게 늘어나던 니즈였다.

그에 따르면 '이는 제록스와 매우 유사한 이야기'였다. 사이즈가 크고 다양한 기능이 갖춰진 자동차는 곧 높은 이익률을 의미했다. '일시적인 이익 증가가 미래까지 이어진다'는 시나리오는 당연히 환상에 지나지 않았다. 그리고 가격 면에서 고객이 정말로 바라는 부분에 대응하지 못해, 강력했던 미 자동차 산업은 순식간에 점유율을 잃고 현재까지도 고전하고 있다.

이 사례는 높은 이익률만을 목적으로 프리미엄 가격을 추구한 기업에게는 엄청난 대가가 따른다는 사실을 명확히 보여줬다.

여기에서 드러커가 말한 '프리미엄 가격'은 보다 우수한 제품이란 사실을 드러내는 표시로, 비싼 가격만이 아니라 대용량, 특대 사이즈 등 이익 증대를 위한 노골적 특성이나 추가 기능을 의미한다.

드러커가 내린 결론은 '이 방법이 지속가능하다는 생각 자체가 어쩌면 환상에 불과하다'는 것이다. 문제는 많은 기업들이 높은 이익률이 이익 확대를 초래한다고 당연하듯 여긴다는 점이다.

하지만 이건 전적으로 틀렸다. 이익의 합계 총액은 이익률에 매출을 곱한 숫자다. 그 때문에 마케터가 추구해야 할 건 시간과 함께 매출에 맞춰 최대 이익을 낳는 최적 이익률인 것이다.

이 이야기에서 포인트는 높은 이익률을 추구하는 전략과, 그에 요구되는 프리미엄 가격 전략이 반드시 경쟁자를 위한 시장을 낳을 수 있다는 점이다. 그로 인해 앞선 두 사례처럼 높은 이익률을 추구하는 건 결국 실패할 뿐 아니라, 경쟁사에게 시장 전체를 완전히 빼앗길지도 모른다.

02. 시장이 만족할 가격을 매긴다

Charging What The Market Will Bear

나는 지금까지 '시장이 만족할 가격을 매긴다'는 말을 몇 번이나 들었을까? 이는 매우 심플하고 명백한 가르침이지만, 한편으로는 매우 잘못된 것이기도 하다.

그 이론은 꽤 단순하다. 누군가 신제품을 발명해 그 권리가 법적으로 완전히 보호된다고 치자. 우리가 흔히 말하는 '특허' 개념이다. 덕분에 이 사람은 몇 년간 배타적 권리를 누릴 수 있다. 만일 그 내용이 비밀 제조법이라면 다른 누군가가 쉽게 흉내 낼 수도 없다.

그렇다면 그는 시장이 만족할만한 가격만 매기면 된다. 약한 라이벌이 뒤늦게 유사한 제품과 서비스를 개발해 쫓아올 때, 그때까지 모아둔 여분의 자금을 사용하면 경쟁사에게 큰 타격을 줄 수 있다. 그리고 이 자금을 활용해 라이벌을 웃도는 광고비를 쏟아 붓는다.

제품에 추가적인 '호화 옵션 기능'도 제공할 수 있다. 연구 개발에 더 투자하며 자사 제품을 더더욱 개량할 수 있다. 이 시점에서 자사 제품의 가격을 내려 라이벌보다 싸게 팔 수도 있다. 그렇게 하면 경쟁사에게 추격을 허용할 가능성이 거의 없다.

먼저 시장에 참여해 라이벌을 멀리 떨어트려 놓은 강점이 있으면, 시장이 만족할만한 가격 책정이 확실한 마케팅 전략이 된다. 적어도 그것이 세간 일반에 널리 받아들여지는 상식이다.

하지만 안타깝게도 '시장이 만족할만한 가격을 매기는' 전략에서 유일하게 확실한 건 언젠가 시장을 잃는다는 것, 그리고 그런 생각보다도 훨씬 전에 시장을 잃는다는 점이다.

문제는 매우 비싼 가격은 경쟁사를 거의 리스크 제로 상태로 참여시켜, 시장을 빼앗을 기회를 제공하는 것이다. 리스크는 항시 존재하기에 거의 리스크 제로의 기회를 얻는 건 훌륭한 참여 동기가 된다.

어떤 이노베이터가 할 수 있는 건 다른 이노베이터도 충분히 흉내 낼 수 있다. 그 때문에 특허가 존재하는 것이다. "다른 이가 설계할 수 없는 특허나 발명은 거의 존재하지 않는다." 모방을 통해 생계를 유지한 베테랑 기술자가 내게 이런 말을 한 적이 있다. 게다가 이 기술자는 내 눈 앞에서 그 말을 여러 번 증명해 냈다.

이로 인해 늦든 빠르든 경쟁 상대가 반드시 시장에 참여한다. 그리고 이런 라이벌이 바른 전략을 갖는다면 기존 기업이 대응하기 전에 시장을 빼앗을 수도 있다.

드러커는 복사기를 듀퐁의 합성섬유 이노베이션과 비교했다. 복사기를 발명해 시장에 처음 투입한 건 미국 기업이었다. 하지만 일본 기업은 제품 가격을 처음 시장에 투입한 복사기보다 무려 40%나 싸게 설정해 야금야금 시장을 빼앗았다.

일본 기업들은 큰 손해를 입거나, 저렴한 원료를 사용하거나, 혹은 품질을 떨어트려 저렴한 가격 정책을 실시한 게 아니었다. 이들은 학습곡선을 이용해 한 걸음 더 나아갔고, 2~3년 후에도 설정 가능한 가격대를 제시했던 것이다.

바꿔 말하면 일본 기업은 자사 제품의 가격 설정에 주변의 제조원가를 사용하지 않았다. 참여 시점의 판매 수량과 제조원가를 바탕으로 가격을 설정하는 대신, 생산에 관한 노하우를 전부 내놓아 마치 대량 판매하듯 가격을 설정했다.

일본 기업들은 실제 다양한 노하우를 쌓아가며 비용을 낮추는 데 성공했다. 이에 따라 복사기의 최초 발명자는 더 이상 맞설 수 없었다. 미국 기업은 제대로 대응할 기회도 없이 순식간에 시장을 잃고 말았다.

이에 반해 듀퐁은 나일론 특허를 취득, 5년 뒤 잠재적 라이벌과의 가격 경쟁에서 이기기 위해 필요한 가격으로 제품을 팔았다. 드러커의 시선으로는 이 가격이 당시 듀퐁이 성공리에 제품을 팔 수 있는 가격의 절반 이하에 불과했다. 그 때문에 경쟁사가 시장 참여를 시도할 때 듀퐁은 이를 저지하고 시장을 유지할 수 있었다.

이 과정에서 듀퐁은 저렴한 나일론을 수백만 명의 여성에게 제공해 몇 년간이나 경쟁사의 시장 참여를 막았다. 그리고 오랜 기간에 걸쳐 큰 이익을 벌어들인 후, 마침내 듀퐁은 사업 매각을 결정했다. 보다 성장 속도가 빠른 사업에 참여하기 위해 나일론 사업을 코크인더스트리즈(Koch Industries)에 매각한 것이다. 이 때 듀퐁은 44억 달러의 거금을 챙길 수 있었다.

이 같은 사례는 제조원가에 가까울 만큼 저렴한 가격을 매겨야 한다는 의미가 아니다. 드러커는 오히려 반대쪽을 향해 달리는 게 얼마나 위험한지를 보여주는 사례로 현대 자동차(Hyundai Motors)의 실패를 들었다. 그는 '당시 현대 엑셀(Excel)이 연간 40만대의 속도로 팔려 업계 내 어떤 자동차보다 잘 나갔다'고 회상했다. 이는 저가로 성공을 초래한 좋은 사례였다.

하지만 그로부터 2년 뒤 현대 엑셀은 시장에서 완전히 자취를 감춰버렸다. 한계를 넘을 만큼 가격을 낮췄기 때문이다. 이익이 나지 않기에 판매 촉진이나 서비스, 제품 개량에 투여할 자금이 부족했던 것이다.

이를 두고 드러커는 헨리 포드의 다음과 같은 발언을 인용했다. '내가 이만큼 저가에 T형 포드를 팔 수 있었던 건 오로지 T형 포드가 엄청난 이익을 벌어줬기 때문이다'

03. 비용 주도의 가격을 설정한다

Using Cost-Driven Pricing

드러커는 비용 주도의 가격 결정이 얼마나 어리석은지에 대해서도 잘 보여줬다. 그는 '비용에 기초해 가격 설정의 원칙을 지키면 확실히 큰 문제에 직면할 것'이라 경고했다. 수많은 나쁜 결과 중에서도 드러커는 "미 공작기계 산업의 쇠퇴 원인이 바로 여기 있다."고 말했다.

그가 "대부분의 미국, 유럽 기업은 아직도 비용 주도의 가격을 설정하고 있다."고 말했을 때, 나는 솔직히 조금 놀랐다. 적어도 드러커가 1993년 처음 이 문제를 제기했을 때, 그리고 〈월스트리트 저널〉이 2005년 그 기고문을 다시 게재했을 때는 그랬다.

비용 주도의 가격 설정이란 단순히 비용을 모두 합쳐 이익이 늘면 거기에서 가격이 결정되는 구조를 말한다. 이는 매우 논리적인 듯 보이나, 한편으로 터무니없는 주장이기도 하다.

드러커는 "반드시 해야 할 건 비용 주도의 가격 설정이 아니라 가격 주도의 비용 설정"이라고 말했다. 즉, 비용과 반대쪽의 바른 가격에서 출발해 가격에서 역산, 허용 가능한 비용을 산출하는 것이다.

비용이 '바른 가격(Right Price)'을 웃돌 경우 몇 가지 이유를 생각해 볼 수 있다. 그건 앞서 일본 기업이 복사기에서 했듯, 학습곡선을 이용해 실적보다 많은 예상 판매대수에 기초한 비용 설정이 필요하기 때문이다. 아무리 학습곡선을 이용했다 해도, 이익을 내기 위한 수준까지 비용을 낮출 수 없다면 다른 방안을 생각해 볼 필요가 있다.

원료비, 인건비 혹은 그 외 제조원가를 낮추는 게 가능할까? 당연한 이야기지만 제품을 한 대 팔 때마다 적자가 나온다면 판매대수로는 절대 적자를 메울 수 없다. 3부 5장에서 설명한 솔린드라의 사례처럼 적자가 나올 수밖에 없는 구조인 것이다.

물론 솔린드라 문제는 타이밍의 문제였다. 하지만 환경이 바뀌고 새로운 상황에 직면할 경우 비용에 기초한 가격 설정은 항상 잘못을 초래한다. 그리고 다른 곳에서 이익을 내거나 단기적으로 적자를 내도 결국 이익을 낳는 전략이 아닌 한, 새로운 제품이나 서비스를 투입하기 전 반드시 재고해 보는게 좋다.

04. 과거 승자를 중시한다

Focusing on Past Winners

솔직히 나는 스스로 붙인 평범한 타이틀보다 드러커의 화려한 표현이 좋다. 하지만 이 죄를 '과거 제단에서 미래 기회를 죽인다(slaughtering tomorrow's opportunity on the altar of yesterday)'고 부르는 건 어쩐지 비즈니스다운 비유가 아닌 느낌이다.

드러커의 화려한 표현이 자극적이긴 하지만, 내 타이틀보다 훨씬 더 간결하게 진의를 설명할 수 있지 않을까 생각한다.

사람은 어떤 성공이나 영원히 지속될 거라 여기는 경향이 있다. 이 점에 대해선 앞서 여러 차례에 걸쳐 이야기했다. 하지만 드러커는 기업 경영자가 과거 성공이란 미명 아래 범한 잘못을 특별히 강조했다. 실제 수많은 조직들이 과거 승자를 중시해 기회를 날려버렸다.

IBM은 개인용 PC에 대한 수요를 잘못 판단해 순식간에 시장에서 쫓겨났지만, 금새 애플을 따라잡는 위업을 달성했다. 물론 '그 후에도 IBM은 PC 사업의 가치를 예전 성공 분야인 메인프레임(Mainframe)보다 아래에 뒀다'고 드러커는 지적한다. IBM의 본업이 무엇인지를 고객에게 명확히 전달하지 못해 PC 담당 마케터는 기존의 메인프레임 고객에게 IBM의 PC를 거의 팔지 못했다.

그 결과 IBM은 애플에게 PC 시장의 주도권을 완전히 빼앗지는 못했다. 오히려 IBM은 자사 복제물을 잇달아 만들어내 마케팅 면에서 IBM의 메인프레임 사업을 전혀 돕지 못했다.

스티브 잡스가 거둔 성공은 새로운 제품 출시나 이노베이션을 지속적으로 시도한 덕이 컸다. 창업 초기 몇 년간, 잡스는 애플의 달러박스인 '애플 2'를 희생시킨 채 '맥(Mac)'으로 지나치게 기울었다는 비판을 받았다.

애플에 프로 의식을 이식시키기 위해 잡스가 채용한 베테랑 임원들도 그에게 많은 비판을 가했다. 하지만 잡스는 이미 큰 성공을 거둔 애플 2를 '지루한 프로젝트'라 부르며 새로운 맥을 대성공으로 이끌었다. 결과적으로 맥은 애플 2의 훌륭한 후계자가 되었다.

05. 기회보다 문제를 우선시 한다

Giving Problems Priority Over Opportunities

기회보다 문제를 우선시 하는 건 마케팅에서 엄청나게 큰 죄다. 문제라는 건 항시 존재해, 그 중에는 개별적으로 즉시 대처해야 하는 것들도 있다. 만일 경쟁사에 특허 위반으로 소송을 당하면 기회가 얼마나 크던지 간에 '한가로이 아프리카 시장이나 개척하는' 따위의 여유를 즐길 수 없다.

하지만 드러커가 말하고 싶었던 건 그게 아니었다. 그가 이 문제를 제기한 건 '자신이 조언했던 많은 기업들이 가장 우수한 인재를, 쇠퇴하는 제품 부문에 배치한 사실을 알았을 때'였다. 우수한 인재가 오랜 문제를 담당하는 한편, 기회가 있는 신규 사업에는 경험도, 능력도 없는 인재가 할당되고 있었다.

그러므로 이 죄는 어떤 면에서 과거의 재단에서 미래 기회를 죽이고 있었다. 그건 곧 끝나버릴 제품이나 서비스와 연계되어 모처럼 얻은 기회조차 무의미하게 만들기 때문이다.

이와 관련해 좋은 사례가 하나 있다. 이전 우리 부부는 각자의 차량에 휴대용 내비게이션 장치를 설치했다. 구매 이후 우리는 아무 문제없이 이를 사용해 왔다. 하지만 시간이 지나면서 지도가 오래되어, 나는 어느 주 토요일 시간을 내 지도를 할애하기로 했다.

내가 사용하는 내비게이션 회사의 웹사이트에 들어가, 약 90달러를 주고 새로운 버전을 다운로드했다. 그리고 최신 기능 업데이트와 함께 1년 후 세 번 더 갱신할 수 있는 권리까지 얻었다. 하지만 일요일 아침 내비게이션을 켜자 '지도가 검색되지 않는다'는 메시지가 표시되었다.

월요일 오후 이 회사의 서비스 지원팀에 전화를 걸어, 자신을 멕시코 출신이라 밝힌 여직원과 몇 시간에 걸쳐 이야기를 나눴다. 그녀는 “한 번 더 갱신하면 제대로 기능할 것”이라 말했다. 갱신에는 시간이 걸리므로 일단 전화를 끊었다.

하지만 갱신 작업이 끝나도 내비게이션에는 아직 ‘지도가 검색되지 않는다’는 메시지가 표시되었다. 그리고 월요일 밤 나는 다시 한 번 전화를 걸었다. 기술 지원을 담당하는 사람과 재차 한 시간이 넘게 통화했지만 이번에도 내비게이션은 작동되지 않았다.

이번에 상담한 남자는 “자신이 할 수 있는 건 전부 다 했기에 이번에는 레벨 15의 담당자와 이야기하라.”고 말했다. 여기에서 ‘레벨 15’란 더 많은 지식을 가진 기술 지원 전문가를 말한다. 그러나 고객서비스의 창구 업무는 벌써 끝났다. 영업시간은 미 동부 시간 기준 오후 11시까지로 캘리포니아에선 저녁 8시에 해당한다.

그 다음 날인 화요일, 나는 일이 끝나자마자 다시 전화를 걸었다. 이번에는 바로 레벨 15로 연락을 했다. 그녀는 “내가 행운아”라고 웃으며 말했다. 왜냐하면 그 회사엔 자신을 포함해 레벨 15의 담당자가 여섯 명 밖에 없기 때문이란다.

한 시간 정도 이야기하며 이것저것 시험한 결과, 그녀는 “아마 이 프로그램을 다운로드하면 될 것”이라 말했다.

이미 의심이 깊어질 대로 깊어진 나는 “그랬는데도 안 되면 어떻게 하느냐?”고 되물었다. 그러자 그녀는 “잘 될 것”이라고 나를 안심시키며 “만일 이번에도 안 되면 다시 전화해도 좋다.”고 말했다. 다운로드가 시작되었고, 그녀는 “45분 정도면 다운로드 상황을 체크할 수 있다.”고 일러주며 전화를 끊었다.

나는 그녀가 말한 대로 했다. 그러자 이번에도 에러 메시지가 떴고, 'PC가 내 요청을 수용할 수 없다'고 했다. 나는 굉장히 화가 났다.

다음 날인 수요일 아침, 나는 직장 PC 앞에 앉아 또 다른 레벨 15 담당자와 연락하는 데 성공했다. 그는 곧 나의 로그를 읽고 30~40분 동안 이것저것 시험해 본 끝에 "나아질 기미가 전혀 없다."고 말했다. 그러면서 "당신의 내비게이션은 완전히 고장난 것 같다."고 했다.

체념한 나는 "새 제품으로 교환하면 다음 날 바로 배송 받을 수 있는가?" 물었다. 그러자 그는 "당신의 내비게이션이 과거 1년 안에 구입한 제품이지만, 그 영수증을 증명하지 못하면 교환이 불가능하다는 게 회사 방침"이라 했다.

고객 서비스라면 도와줄지 모른다고 생각했지만 이 또한 아니었다. 훨씬 높은 자리에 있는 사람과도 이야기해봤지만 결과는 나아지지 않았다. 뭔가 이상했다. 회사 측의 다운로드 프로그램이 내 내비게이션을 고장 낸 것 같았다.

나는 너무 화가 난 나머지, 그 회사를 상대로 소송을 걸려 했다. 올바른 건 나였고, 이 회사 사람들의 어이없는 태도에 따끔한 일침을 가하고 싶었다. 그들은 부당한 마케팅을 진행해 고객 서비스의 평판을 떨어트렸다.

하지만 거기에서 나는 윌리엄 폴라드의 이야기를 떠올렸다. 개인적인 자존심 때문에 오사카의 제휴사를 찾지 않으려 했던 서비스마스터의 CEO 말이다.

사실 이 내비게이션은 100달러도 안 될 만큼 싸다. 소송을 하면 시간도, 돈도 더 많이 소요될 가능성이 있다. 확실히 이 회사의 방침은 어처구니없고 신용할 수 없었다. 하지만 100달러도 안 되는 비용이라면 그냥 문제없이 지낼 수 있다. 오히려 그게 더 이득일지 모른다.

그렇게 생각하자 이 사안에 대한 화가 거짓말처럼 풀렸다. 실제로는 오히려 기분이 더 좋아져, 다시 한 번 시도해보자는 홀가분한 마음으로 저녁에 또 전화했다. 그런데 이게 웬 걸? 이번에도 또 다른 레벨 15 담당자와 연락이 되었고, 그녀는 불과 몇 분 만에 모든 문제를 해결해줬다.

사실 이 이야기에는 몇 가지 교훈이 담겨 있다. 내가 소송을 일으키는 건 '마케팅에 많은 자원과 돈, 인재를 쏟아 부어 확립한 자신의 세력권을 지키는 것과 같은 행위'이다.

자신의 진짜 기회를 라이벌이 호시탐탐 빼앗으려 할 동안 자칫 무가치할지 모를 것을 지키는 데 괜한 자원과 시간을 낭비하는 건 아니었을까? 드러커가 이를 '죄'라 불렀을 때 그는 그 어떤 과장도 하지 않았다.

6장

가격을 설정하는 유일한 방법

드러커의 사상은 대부분의 조직이 실제하고 있는 방향과 반대된 경우가 많다. 조금 더 과장되게 이야기하자면, 현재 경영대학원에서 가치 설정과 마케팅에 관해 배우는 내용과 완전히 어긋나는 경우도 적지 않다.

그는 '이 같은 차이는 매우 중요하며, 이를 큰 죄라 부른 지점에서 논의를 시작해야 한다'고 생각했다. 그보다 훨씬 전인 1955년, 드러커는 '가격 설정은 경영에서 가장 어두운 아프리카에 해당된다(Pricing is really the darkest Africa of management)'고 썼다.

지금 우리는 그가 일반적으로 수용되던 관행을 반대했던 이유를 잘 알고 있다. 이는 우리가 가격 설정에 대한 드러커의 생각을 엿보기 위해 더 좋은 위치에 섰다는 점을 의미한다.

고객은 정말 합리적일 수 없는 존재일까

나는 불과 10세 때 '고객은 합리적일 수 없고, 나아가 신용할 수 없는 존재'라는 사실을 배웠다. 당시 공군 소령이던 아버지는 하와이 호놀룰루 부근에 있는 히컴 공군기지로 배속되었다.

당시 하와이의 2대 신문 중 하나에서 신문 배달원을 모집하는 광고가 실렸다. 그 때까지 신문을 배달하던 소년이 미국 본토로 이사가며 생긴 결원이었다.

광고를 게재한 〈호놀룰루 스타 불레틴〉은 하와이의 최대 신문 〈호놀룰루 애드버타이즈〉에 이어 두 번째로 큰 신문이었다. 〈호놀룰루 애드버타이즈〉는 2010년 〈호놀룰루 스타 불레틴〉을 매입해 〈호놀룰루 스타 애드버타이저〉로 재탄생했다.

신문 배달원의 구인 요건은 '정직한 성품의 자전거 소유자'였다. 현재는 대부분의 지역에서 어른이 자동차로 신문을 배달하는 게 보통이다. 하지만 당시만 해도 모든 신문은 자전거로 배달되었다.

나는 그 전 워싱턴 DC 근처에 살았을 때, 매릴랜드주 던다크에서 매주 발행되는 신문을 1부 5센트씩 받고 판 적이 있다. 이 일에는 정해진 배달 순번이 따로 없었다. 모두 자신이 팔 수 있다고 여기는 부수를 1부 2센트에 사서, 각 가정을 돌며 신문을 파는 형식이었다.

팔고 남은 신문은 모두 자신이 떠안아야 했으므로, 신문 배달 소년으로서는 보다 끈질긴 노력과 상업적 감각을 배우기에 더없이 좋은 기회였다.

하와이에서의 구인광고에 응모해 〈스타 불레틴〉 책임자와 면담했다. 그 결과 그는 내가 이전 1부 당 3센트씩 이익을 내면서 신문을 꽤 많이 팔았다는 사실에 적잖이 놀랐다. 다만 그의 말로는 "내가 할당받은 지역에서는 이미 정기구독자의 수가 줄고 있어 정기구독자를 다시 늘리기란 쉽지 않을 것"이라 했다.

이 때 나는 추가 구독자를 권유해 담당 구역의 판매부수를 늘리기로 약속한다. 누가 봐도 쉽지 않은 도전이었다. 당초 '합리적일 수 없다'는 게 무슨 의미인지 잘 몰랐지만, 나는 막연히 '오염' 같은 게 아닐까 생각했다.

그로 인해 '오염된' 예상 고객과 만나, 내가 파는 신문의 구독자가 되도록 설득하려 했다. 일종의 해독 작용이었다. 물론 나는 그 과정이 쉽지만은 않으리란 사실을 잘 알고 있었다.

하지만 막상 예상 고객들을 하나 둘 방문하기 시작하자 걱정은 막연한 기우에 불과했다. 당시 문까지 나와 나를 맞아 준 이들은 던다크의 사람들과 크게 다르지 않았다. 그 때 나는 담당 구역 내 합리적이지 않은 이가 한 명도 없을 것이라 여기며 당초 약속한 대로 정기구독자를 늘려갔다.

그로부터 몇 년 뒤 드러커는 "마케터가 자신의 마케팅 작전에 반응하지 않는 고객을 합리적이지 않다고 부르는 건 틀렸다."고 말했다. 그러면서 그는 "사안이 예측대로 안 된다고 그 행동을 이해할 수 없다고는 볼 수 없다."고 덧붙였다. "오히려 고객보다 마케터의 예측 논리에 문제가 생겨 이론을 바꿔야 한다."는 것이다.

잠재 고객이 물건을 사지 않는 이유는 가격 외에도 많다. 드러커가 뒷받침했듯, 가격은 가치를 재는 수많은 척도 중 하나에 불과하다.

하지만 고객의 이해할 수 없는 행동을 해설하고 그 괴리감을 드러낼 때 가격은 아마 가장 중요한 요소 중 하나일 것이다. 조금 더 과장되게 말하자면 '가격은 고객에게 상대적인 중요성을 평가받을 때 비로소 처음 설정된다'

경우에 따라서는 이 자체가 어려운 일도 아니다. 품질은 동등하지만 가격이 저렴한 제품을 구입했을 때, 고객이 어느 제품에 더 비싼 돈을 지불하는지를 설명하는 건 비교적 간단하다. 잠재 고객이 그 제품의 정보를 갖고 있지 않거나, 사용 경험이 없는 경우 가격이 가장 비싼 제품이 품질도 최고라 여기는 게 보통 이치에 맞다.

마찬가지로 가격을 인하해도 판매가 늘지 않는 경우, 당초 가격에 대한 인하 폭이 주목을 모으기에는 너무 작을지도 모른다. 혹은 신뢰성에 대한 평판 등의 요인이 가격보다 훨씬 더 중요하게 여겨질 가능성도 있다.

한편 구매에서 주어진 포인트가 다양한 특전으로 이어질 경우, 특전은 불과 몇 센트의 가치 밖에 없는데 판매가 느는 건 과연 비합리적일까? 이는 공짜로 뭔가를 얻으려는 심리적인 동기이지, 결코 비합리적인 건 아니다.

드러커의 가르침은 '고객이 비합리적인 게 아니라, 마케터가 고객의 시점에서 문제를 검증하고 대처할 수 있도록 진짜 문제를 명확히 해야 한다'는 것이다.

고객이 사고 싶은 가격을 매기다

드러커는 '마케터는 서플라이어가 팔고 싶은 게 아니라, 고객이 사고 싶은 것을 사고 싶은 가격에 제공해야 한다'고 주장해 왔다.

오랜 기간 외국인들은 어느 미국인의 그림을 많이 접했다. 그건 1달러짜리 지폐에 그려진 조지 워싱턴의 그림이 아니었다. 게다가 그는 유명한 장군도, 종교 지도자도, 건국의 아버지도 아니었다. 그 인물은 다름 아닌 안전 면도기를 파는 남자였다.

사실 그는 안전 면도기를 처음 팔지 않았고, 처음 발명하지도 않았다. 그의 안전 면도기는 타사 제품보다 훨씬 우수했던 것도 아니며, 제조 원가 역시 싸기는커녕 오히려 비싸기까지 했다. 하지만 드러커에 따르면 '그 남자는 비싼 제조원가에도 불구하고 면도기를 사실상 공짜로 나눠줬다'고 한다. 이 면도기는 어떤 라이벌 제품보다 저렴했던 것이다.

그 결과 전 세계 수백만 명의 사람들이 이 면도기를 구입했다. 실제로 한 번 면도기를 사면 사실상 그 날을 계속 쓸 수밖에 없다. 이 면도기는 특허를 취득한 날을 사용해, 본체는 유일하게 그 브랜드의 날만 쓸 수 있도록 설계되었다.

이 인물은 킹 질레트(King Gillette)로, 그를 담은 그림은 모든 날 패키지에 인쇄되었다. 날 생산비는 1센트가 채 안 되어, 질레트는 이 날을 하나에 5센트씩 받고 팔았다. 이는 질레트와 고객 모두 윈-윈 할 수 있었다. 날은 적어도 여섯 번 정도 쓸 수 있기 때문에 구매한 사람은 한 번에 1센트도 안 되는 돈으로 수염을 깎을 수 있었다.

당시 이 금액은 이발소에서 면도하고 내는 돈의 10% 정도에 불과한 수준이었다. 그로 인해 면도기에 쓸 수 있는 날 브랜드가 하나 밖에 없어도 누구 하나 신경 쓰지 않았다.

물론 질레트는 바보가 아니었다. 그는 자사 면도기의 가격을 경쟁사의 안전 면도기 가격의 10% 정도로 설정해 고객의 부담을 크게 줄였다.

일찍이 질레트는 '고객이 면도기나 날을 사는 데 거의 흥미 없다'는 사실을 깨달았다. 면도기와 날은 질레트의 회사가 생산하는 유일한 상품이었지만, 고객이 산 건 '면도라는 행위'였다.

고객이 가치로 간주하는 것과 가격 전략을 잘 매치하자 질레트는 큰 돈을 벌게 되었다. 드러커는 "아래 사항들을 먼저 고려하면 큰 돈을 벌 수 있다."고 말했다.

1. 유용성(Utility)
2. 고객이 살 것 같은 상품 종류(The Kind of Product That The Customer Buys)
3. 고객이 생각하는 현실(The Customers' Realities As They See It)
4. 고객이 가치로 간주하는 것(What The Customers Value)

드러커에 따르면 '위 요소들이 마케팅의 전부나 다름없다'고 한다. 실제 이러한 요소들에 기초해 가격을 설정하거나, 그 외 마케팅 정책을 실시한 마케터는 특별한 리스크 없이 업계의 선두 자리를 획득할 가능성이 크다. 물론 이를 달성하기 위해선 모든 역학 관계를 제대로 이해해야만 한다.

가격을 정할 때 대부분의 마케터는 우선 비용부터 시작해 적절하다고 여기는 이익을 함께 늘린다. 하지만 드러커는 '처음부터 바른 가격에서 시작해, 바른 비용을 산출해야 한다'고 주장했다. 지금까지 우리는 '고객의 세계관을 이해함으로서 가격에 영향을 줄 수 있다'고 생각했다. 그리고 그 이후에야 비용으로 눈을 돌릴 수 있었다.

여기에서는 자신들이 드는 실제 비용과, 고객 눈에 비용이 어떻게 비춰질지 양쪽 모두의 시점이 필요하다. 몇 가지 사례를 들어 살펴보도록 하자.

연쇄식 비용 계산의 중요성

가격에는 단지 제품 가격 외에도 수많은 요소가 있다. 휘발유 가격이 다른 곳보다 1갤런(Gallon, 1갤런에 약 3.78*l*-옮긴이) 당 5센트가 싸서 마음에 드는 주유소가 있다고 치자. 이 주요소에 가기 위해선 5마일(Mile, 1마일에 약 1.6km-옮긴이) 정도를 운전해 가야 한다.

그렇다면 5센트가 비싸도 가까운 주요소에 가는 게 낫다고 생각할 수 있지만, 이 같은 논리가 도리어 무시되는 경우가 많다. 구체적인 숫자를 통해 살펴보자.

길거리에서 운전할 경우 갤런당 15마일을 달리는 차가 있다고 치자. 목적지까지 가 출발점으로 되돌아오는 데 10마일을 달려야 한다고 한다. 저렴한 주유소의 경우 1갤런=3.50달러라 보고 휘발유를 살 수 있다면, 이 불필요한 운전에 1갤런의 2/3, 즉 2.33달러의 비용이 든다.

차에 휘발유를 가득 채워 15갤런을 넣었다고 치면, 휘발유 가격은 75센트를 절약하게 된다. 나쁘지 않은 수치다. 운전으로 순수하게 손해나는 건 2.33달러에서 75센트를 뺀 1.58달러뿐이다.

여기서 잠시 숨을 돌려보자. 자, 만일 주유소까지의 운전에 15분이 걸리고, 업무 시간 중 이동해야 한다면 이 시간까지 고려사항에 넣어야 한다. 시급으로 환산하면 당신의 수입은 얼마인가? 이야기를 조금 더 쉽게 하기 위해 실수입과 관계없이 환산하기 쉬운 수치로 생각해보자.

당신의 월급과 각종 수당이 연간 10만 달러로, 생산적인 노동 시간이 연간 2,000시간이라 하면 시급 환산 50달러가 된다. 따라서 당신은 15분의 불필요한 운전으로 12.50달러를 손해 보는 것이다. 여기에는 보험료나 타이어, 엔진의 마모 등은 아예 계산에 넣지도 않았다.

내가 살고 있는 지역에선 지역 라디오 방송국이 항상 일대에서 가장 저렴한 주유소가 어디인지를 가르쳐 준다. 가장 저렴한 휘발유는 갤런 당 2~3센트 싸서, 특히 주머니 사정이 좋지 않을 때는 도움이 될지 모른다.

하지만 심정적인 도움은 딱 거기까지다. 아무리 휘발유가 갤런 당 1달러가 저렴하더라도 시급으로 환산했을 때 손해라 여겨지면 무의미할 뿐이다.

당신은 지금 '연쇄식 비용 계산(Chain Costing)'의 중요성을 이해하게 되었다. 이는 단순하게 모든 비용을 검토해 볼 필요가 있다는 가르침이다.

경제 전체를 연쇄적으로 보는 건 결코 새로운 시각이 아니다. 드러커에 따르면 '이 개념을 처음 제창한 이는 그 시대 가장 위대한 경제학자였던 알프레드 마셜(Alfred Marshall)'이었다고 한다. 그의 시대란 바로 1890년대를 말한다.

마셜의 저서 《경제학 원론(Principles of Economics)》은 당시 영국을 대표하는 경제학 교과서였다. 그는 수요와 공급 혹은 한계 효용(Marginal Utility), 생산 원가(Cost of Production)에 관한 기본 개념을 일관된 이론으로 정리한 인물이다.

드러커는 실천보다 이론을 우선시하는 데 반대했지만, 이론과 실천이 일치할 경우에는 기쁘게 그 사실을 인정했다.

안타깝게도 많은 실천가들은 마셜의 연구를 '실천적인 적용법이 없기에 안심하고 무시할 수 있는 이론'으로 여겼다. 하지만 드러커만은 달랐다. 그는 도리어 마케터에게 마셜 이론을 도입하도록 적극 권유했다.

연쇄식 비용 계산은 특정 제품이나 서비스의 총 비용을 나타내고 있지만, 주유소에서 2~3센트 절약할 수 있는 매력 등 (이해 여부까지는 몰라도) 고객이 지불하는 비용을 반영할 가능성도 있다.

하지만 현명한 마케터로서 가격 설정의 구도 전체를 파악하고 싶다면 이 점을 반드시 이해해야 한다. 회사 측 비용으로는 제품 계획의 입안부터 설계, 판매 활동에 이르는 전 과정의 수직통합 이점과 과제를 이해하는 데 도움이 될지 모른다. 최종 고객에게 그것이 보이는지 여부와 상관없이 말이다.

드러커는 '오래 전 코카콜라는 프랜차이저로서 독립된 음료 제조업자들이 제품을 만들었다'고 지적한다. 물론 지금은 상황이 다르다. 하지만 그런 내용을 누가 신경이나 쓸까?

그 모든 사정을 알고 있는 코카콜라 팬조차 이를 중요한 문제로 여기지 않는다. 드러커의 말을 빌리자면 "시장에서 중요한 문제는 누가 무엇을 소유했는지와 관계없이 경제적인 현실이자 과정 전체의 비용"이다.

학습-경험곡선의 중요성

드러커는 '많은 기업들이 신제품을 투입할 때 현재의 비용이 영원히 바뀌지 않을 것이라 지레 짐작한다'고 지적했다. 이에 반해 마케팅이나 가격 설정에 오래 종사해 온 사람들은 다른 방식으로 시장을 빼앗아 간다.

막 시장에 투입한 제품이나 서비스가 무엇이든, 우리가 생각할 건 생산 수량이나 제공하는 비용이 아니다. 오히려 생각해 봐야 할 건 대량으로 이 제품이나 서비스를 팔 경우 비용이 얼마에 가능할지 여부다.

"미국 기업은 대개 이러한 가격 설정을 하지 않지만, 원래는 그렇게 해야 한다."고 드러커는 말했다. 하지만 이 발언에 대해선 드러커가 틀렸다. 일부 미국 기업은 이미 그렇게 가격을 설정하고 있기 때문이다.

실제 이 방법론을 내놓은 건 미국인이었다. 그 요점은 '어느 작업이 이뤄진 횟수가 늘어날수록, 사람은 작업하는 과정에서 많은 것을 배우고 비용 등 많은 요소를 삭감할 수 있다'는 것이다.

이러한 생각이 탄생한 계기는 1930년대 후반 보잉(Boeing)의 폭격기 'B-17' 생산과 라이트 패터슨 공군기지의 분석가들이었다.

B-17은 기본적으로 비싼 기재였다. 그러나 분석가들은 항공기의 생산 대수 전체가 두 배가 될 때마다 작업이 10~15%씩 줄어드는 사실을 깨달았다. 당연히 비용도 함께 줄어든다.

그 후 다른 업계나 제품에서 이뤄진 실증적 연구에선 가치가 낮아지는 곡선을 그릴 수 있어 장래 비용을 예상할 때 이 곡선을 사용할 수 있었다.

이 같은 방식은 2차 세계대전에서 큰 효과를 올릴 만큼 결과가 좋았다. 그리고 지금도 정부의 국방 계약에 입찰하는 기업은 이 방식의 적용이 의무화되어 있다.

요컨대 장래 비용은 꽤 정확하게 측정할 수 있다. 물론 시산된 숫자가 어긋나면 실적에도 커다란 영향을 미치지만, 그렇다고 "이 점을 명확히 주의해야 한다."던 드러커의 말도 틀렸다고는 볼 수 없다.

라이프사이클 비용 계산

어떤 의미에서 라이프사이클 비용 계산(Life Cycle Costing)은 '경험곡선(Experience Curve)의 반대'라 할 수 있다. 이는 개발 중인 제품의 원가가 예상보다 늘어날 가능성이 있다는 점을 시사하기 때문이다.

라이프사이클 비용 계산은 틀림없이 연쇄식 비용 계산 개념과도 관계되어 있다. 라이프사이클 비용 계산이 실천된 건 로버트 맥나마라가 국방장관이던 때이다. 만일 그가 매니지먼트에서 일정 부분 잘못을 범했더라도 이 개념에 대해서만큼은 확실히 맞았다.

맥나마라가 국방장관이 되기 전 사령관들은 각 군의 연간 예산을 제출했다. 그 예산에는 새로운 로켓이나 미사일 시스템의 개발, 조달 등에 드는 비용이 담겨 있었다. 하지만 비용이 실제 발생한 건 이듬해였다. 예산에는 시스템의 유지비, 관리나 보관 등 구입 후 발생하는 부수비용은 일체 포함되지 않았다.

마케팅에서 라이프사이클 비용 계산은 새로운 생산거점이나 설비 혹은 그 외 다양한 프로젝트에 들어맞을지 모른다. 이 경우 역시 가격 설정에선 파는 쪽의 비용만이 아니라, 고객이 당신 회사 제품을 살 때 발생하는 비용까지 고려하는 게 중요하다.

드러커에 따르면 '라이프사이클 비용 계산은 현재 다양한 사업 활동에 적용되고 있으며, 이는 가격 설정 과정에도 반드시 고려되어야 할 콘셉트'라 한다.

그렇다면 이처럼 다양한 시점을 어떻게 요약할 수 있을까? 드러커는 "바른 가격을 정하기 위해선 일단 예상 고객에게 눈을 돌려 시장과의 관계에 기초해 예상 고객이 그 제품이나 서비스를 어떻게 평가할지 생각해 봐야 한다."고 말했다.

한 번 가격을 정하면 이익이 나는 형태로 제품을 팔 수 있듯, 비용에 눈을 돌리는 게 '일정한 분별 기준'이 될 것이다.

우수한 마케터라면 절대 잊어선 안 되는 게 있다. '힘이 강한 건 서플라이어가 아니라 고객과 고객의 인식이라는 점'을 항시 염두에 둬야 한다. 그렇지 않으면 제품이나 서비스를 제대로 팔 수 없는 법이다.

5부

드러커의 특별한 통찰력

'업무에서 직무 수행능력은 곧 품질을 의미하며, 그로 인해 생산된 제품이나 서비스의 성과를 나타내는 것'

- Peter Drucker

1장

드러커가 정의한 품질

모든 제품이나 서비스에서 품질(Quality)은 절대적으로 필요하고, 또 중요하다. 그 제품이 자동차든, 비행기든, 컨설턴트나 변호사, 회계사가 실시하는 자산사정(Due Diligence)이든 모두 마찬가지다.

그럼에도 불구하고 수많은 마케터가 품질이 뭔지 이해 못하거나, 예상 고객에게 품질을 전하는 법을 잘 모른다.

하지만 품질과 그 표현법은 마케팅에서 매우 중요한 부분이다. 내구성도 품질의 하나다. 서비스 제공 속도도 품질이며, 라이벌이 제공하는 서비스보다 저렴한 것도 품질이다. 즉, 이것이 당신의 경쟁우위(Competitive Advantages)가 된다.

이야기하기에 앞서 드러커는 '품질을 서플라이어가 아니라, 고객이 완전히 정의하는 특성으로 간주했다'는 점을 명확히 해둘 필요가 있다. 바꿔 말하면 어떤 기업이 경쟁사 제품보다 여러 면에서 우수한 제품을 가질지 모르나, 고객에게는 그만큼 고품질로 간주되지 않은 경우가 있다는 것이다. 그 수 역시 결코 적지 않은 게 사실이다.

품질은 고객이 결정한다

드러커는 애매한 점을 남기지 않게 '제품과 서비스의 품질은 서플라이어가 담는 것이 아니다'라고 단언했다. 그에 따르면 '품질이란 고객(사는 사람)이 그 제품과 서비스에서 얻는 것이자, 그것에 기꺼이 돈을 내도 좋다고 여기는 것'이라 한다. 고객은 자신들이 쓸 수 있는 것, 자신들에게 가치를 전해주는 것에만 지갑을 여는 법이다.

여기에서 '자신들에게'라는 점을 강조해두고 싶다. 가치란 '서플라이어가 생각하는 게 아니라 고객이 생각하는 것'이다. 그리고 품질은 가치의 일부다. 이 때문에 사는 쪽이 똑같이 정의하지 않는데, 파는 쪽이 멋대로 품질이라 강조하는 과정에 자원과 시간을 투입하는 건 매우 어리석은 일이다.

조금 더 말하자면 고객이 바라는 것 혹은 바람직한 것으로 평가되는 게 아니라면 제품 내구성이나 서비스 속도를 광고하는 것 역시 어리석음에 해당한다. 결국 이야기는 '고객이 중요하게 여기는 것을 제공하는 게 얼마나 중요한지'를 말한다.

이전 나는 파일럿용 산소 마스크를 만든 회사에서 일한 적이 있다. 한 번에 4만개 이상의 마스크를 정부에 납품할 수 있었다. 수많은 기업들이 도전했지만, 이 시장에 참여해 성공을 거둔 경쟁사는 없었다.

그건 오로지 산소 마스크에 사용되는 단 하나의 밸브 덕분이었다. 각 제조사가 밸브의 품질 향상에 심혈을 기울이더라도 정부의 생산 단위별 품질 검사를 통과하지 못했다.

하지만 막상 뚜껑을 열어보자 상황이 달랐다. 각 제조사들이 밸브에 담은 품질 자체가 거의 무의미했던 것이다. 경쟁사들은 비싼 가격에 희귀한 재료를 사용해 상당히 고품질의 가치를 만들어냈다.

그러한 제품은 내가 일한 회사 제품보다 훨씬 비싼 것도 있었다. 그럼에도 그들 중 대다수는 정부의 품질 검사를 통과하지 못했다. 그 결과 해당 기업들은 정부가 구입할 만큼의 기본 품질조차 보증할 수 없었다.

내가 있던 회사의 산소 마스크는 항시 밸브가 100% 제대로 기능했다. 그 성공 비결은 도대체 무엇이었을까? 퇴사 때까지 영업 비밀을 잘 지켰지만, 지금 와서 보면 그리 복잡한 것도 아니었다.

우리 제품은 통상보다 고품질의 재료를 사용하지 않았다. 또 내가 일한 회사는 경쟁사보다 생산 공정의 성공률도 높지 않았다.

하지만 우리 회사는 고객이 공정 성공률 같은 요소를 별로 신경쓰지 않는 점을 잘 알고 있었다. 정부에게 품질이란 자신들의 품질 검사에서 일정 기준을 채울지 여부와 관계된 것이지, 기업 스스로 정한 품질기준을 채우는 형태와는 무관했다.

실제 사내의 한 생산 책임자는 “일정 수량 이상 제작된 밸브가 모든 품질 규격을 통과하는 건 불가능하다."고 태연히 말했다. 그럼에도 매우 예외적인 경우를 제외하고, 우리 회사가 납품한 밸브는 모두 정부의 기본 사양을 손쉽게 채웠다.

도대체 어떻게 가능했을까? 해결책은 역시 매우 단순했지만, 그때까지 누구도 생각지 못한 것이었다. 우리 회사는 신뢰성을 확보하기 위해 생산한 밸브의 일정 비율을 아예 테스트하지 않았다.

대신 밸브가 40개든, 4만개든 정부에 납입하는 건 하나도 남기지 않고 테스트했다. 테스트를 통과하지 못한 밸브는 아예 폐기 처분되었다.

물론 이것이 생산 현장에서의 비용을 크게 늘렸을지 모른다. 하지만 고객이 정의하는 품질은 채울 수 있었다. 결국 생산 품질이란 서플라이어 측의 정의가 아니라 납품 때의 품질이다. 바로 이것이 드러커가 이야기하고 싶은 포인트였다.

신속한 서비스조차 일정 조건 아래에서는 도리어 품질 면에서 마이너스가 될 수 있다. 한 대형 항공기 제조사는 개발 중인 전투기에 일정 수량의 긴급 탈출 좌석을 설치해야 했다.

긴급 탈출 좌석을 만드는 하청업체는 항공기 제조사와의 계약 기한보다 6개월이나 빨리 좌석을 개발, 생산했다. 하청업체 관계자들은 항공기 제조사와의 별도 협의 없이, 그저 제조사가 납기 조기 달성을 좋아할 거라 생각해 좌석을 바로 출하시켰다.

이에 항공기 제조사는 큰 혼란에 빠졌다. 이 회사에는 좌석을 보관하고 조립할 때까지 보관해 둘 설비가 없었기 때문이다. 또한 제조사 측에서는 기체를 파는 고객과의 계약이 있고, 납기를 지키는 가운데 엄밀한 생산 계획이 필요했다.

사실 예정보다 빠른 납품은 기본 계획조차 무의미하게 만들었다. 그리고 최종 고객이 그 사실을 알았을 때는 항공기 제조사와 긴급 탈출 좌석의 하청업체가 함께 신뢰를 잃고 말았다.

지식노동자의 업무 품질

드러커는 '품질의 정의와 정량화는 어렵다'고 썼다. '백문이 불여일견'이란 고사성어도 간혹 오해를 낳곤 한다. 예외는 존재하지만 품질 그 자체를 단독으로 정량화하는 건 거의 불가능하다고 본 것이다.

드러커는 품질을 정량화할 수 있는 예외적인 경우로 외과의사의 사례를 들었다. 진료해야 할 부상자가 많은 긴급 사태 때를 제외하면, 적절한 정량화는 실시된 수술 횟수가 아니라 성공리에 이뤄진 수술 횟수를 가리킨다. 그는 "이것이 지식노동자의 품질을 측정할 수 있을지 모를 예외적인 상황"이라 말했다.

그러나 드러커는 "대부분의 경우 지식노동자의 품질은 그렇게 간단히 계산할 수 없다."고 덧붙였다. 그는 또 "지식노동자조차 그 업무를 정량화하고, 나아가 그 성과나 생산성을 평가할 수 있을지 모르지만 이는 큰 문제가 아니다."라고 말했다.

문제는 이뤄질 업무 과제를 정하는 어려움이다. 제품과 서비스에서 잘못된 과제를 설정하면 잘못된 답을 내고 말 것이다. 드러커는 이어 좋은 예를 보여줬다. 바로 '도심 슬럼가에서의 공공 교육 문제'였다.

생산성의 질을 측정하는 문제

도심 슬럼가의 학교는 대개 성공 스토리와 거리가 멀다. 하지만 같은 지구 내 범죄와 빈곤 상황이 비슷한 사립학교가 있다.

그곳은 우리가 흔히 떠올리는 기숙학교나 부자, 엘리트 학교 이미지가 아니다. 대부분은 종교계 학교로 학부모들 역시 대개 부유하지 않았다. 그래서 이들은 돈을 어렵사리 마련하거나 장학금으로 아이를 입학시키려 했다.

이런 학생들의 가정환경은 슬럼가의 일반 학교 학생들과 대동소이했다. 그런데도 옆에 있는 공립학교가 학생의 학습 태도나 범죄, 규율 부족 등에 대한 불만이 항상 나오는 반면, 사립학교의 분위기는 그와 정반대였다.

몇 년 전 나는 LA 시가지에 있는 사립학교의 훌륭한 성적을 본 적 있다. 하지만 그 학교는 슬럼가 학교가 아니었다. 나는 공군 장교로서 해당 학교의 ROTC(예비역 장교훈련단) 기념식장에 참석했다. 내 역할은 제복을 입고 등장해 한, 두 마디하고, 그 학교에게 정식으로

ROTC 학교 깃발을 전달하는 일이었다.

그 때 나는 학교의 관리자나 교사, 학부모, 그리고 학생들과 만났다. 흔한 슬럼가 학교는 마치 학군 자체가 전투 지역이듯 보였다. 당시 방문한 학교의 한 교장은 나에게 "해가 진 뒤 이 일대에서 사람 목숨은 한 푼의 가치조차 없는 상태"라고 태연히 말했다.

이에 반해 내가 방문한 사립학교는 학생들이 열심히 공부하고 주변이 깨끗하게 정돈되어 있었다. 학생은 ROTC이든 아니든 예의바르며 상대를 존중하는 의사를 보였다.

드러커에 따르면 같은 학군에 해당하지만, 양상이 전혀 다른 학교가 생긴 건 몇 가지 이유 때문이었다. 첫 번째 이유는 양쪽이 학교의 역할을 어떻게 정의했는지 여부에 달렸다. 슬럼가의 학교 대부분은 자신들의 역할을 '혜택 받지 못한 아이들을 돕는 것'이라 정의했다.

반면 내가 방문한 사립학교는 '배우고 싶은 아이들이 배울 수 있도록 하는 것'이라 정의하고 있었다.

해야 할 역할을 어떻게 정의할지는 확실히 품질에도 영향을 끼친다. 그리고 이건 모든 교육 레벨에 해당한다. 어느 주립대에서 교편을 잡은 교수는 이전 자신의 대학에서 얻은 교육 성과와 같은 지구 내 명문대학의 성과를 비교해 봤다. 둘 다 유사한 학위를 주고 있었다.

한 명의 아이를 이 주립대에 다니게 하고, 또 한 명을 아이비리그 대학에 다니게 한 아버지는 두 대학의 수업을 모두 방청하고서 교육 품질에 큰 차이가 없다는 사실에 놀랐다고 한다. 하지만 이 주립대 교수는 핵심을 찌르는 소감을 덧붙였다. "다만 명문대학은 성공에 대해 가르치지만, 우리는 살아남는 법만을 가르치고 있다."

업무에 대한 다른 정의는 어떤 제품이나 서비스의 제공 과정에도 해당되며, 밖에서 본 '품질'에도 영향을 끼친다.

품질은 조건일 뿐 제약이 아니다

드러커에 따르면 '업무에서 직무 수행능력은 곧 품질을 의미하며, 그로 인해 생산된 제품이나 서비스의 성과를 나타내는 것'이라고 했다. 이러한 업무로 생긴 양적 결과는 품질과 비교해 크게 중요하지 않을지도 모른다. 하지만 문제는 그리 단순하지만은 않다.

업무 중에는 품질과 양 둘 다 성과로 정하고, 나아가서는 아예 직무 자체를 정의해버리는 경우가 있다. 많은 판매직이 이에 걸맞는 사례를 전해준다.

안타깝게도 많은 조직이 양 혹은 수치만을 판매 담당자의 질로서 규정하고 있다. 몇 대나 팔았는지, 또 매출이 얼마에 달했는지 죄다 그런 숫자들뿐이다. 그러나 판매 대수만 갖고 판매의 질을 정의하는 건 보다 신중할 필요가 있다.

어느 날 업무를 마치고 집으로 돌아가는 지하철에서 옆에 앉은 판매원 둘의 이야기를 엿들은 적이 있다. 한 명이 "오늘 어땠냐?"고 묻자, 다른 한 명이 답했다. "나쁘지 않았어. 도매업자에게 12묶음 이상의 셔츠 주문을 받았거든. 그런데 너는?"

그러자 앞서 질문한 남자가 "난 딱 두 개 팔았다."고 답했고, 또 한 명의 남자는 그를 동정의 눈길로 위로했다. "그래? 내일은 더 잘 될 거야." 그러자 처음의 판매원이 의아한 듯 답했다. "나한테는 전혀 나쁜 날이 아니었는데? 나는 오늘 기관차를 두 대나 팔았거든."

하지만 이 사례조차 판매직에 관한 품질 정의의 어려움을 전부 다 설명할 수 없다. 금액이나 수량 실적이 좋은 유능한 판매원이라도 장기적으로는 힘든 부분이 있다.

제품을 판매한 뒤 고객 서비스를 적절히 하지 못해, 회사나 브랜드의 명성을 상처입히고 장기적으로 경쟁사에 고객을 빼앗기는 경우가 이에 해당한다.

이러한 판매원은 예상 고객을 찾아내 신규 고객으로 바꾸기보다, 기존 고객에서 지속적인 주문을 얻는 쪽이 훨씬 더 쉽고 돈이 들지 않는다는 사실을 간과했다.

드러커는 이러한 사실로부터 '품질을 최대화하는, 보다 정확하게 말하면 최적화하기 위해선 이 목적을 처음부터 생산-개발 프로세스에 담아야 한다'고 확신했다.

그리고 일부 사람들을 놀라게 하는 주장에까지 이른다. '품질 관리는 설계 단계에 있으며 품질은 조건일 뿐 제약이 아니다(The quality control was in the design stage, and that quality was a condition, and not a straint)'라는 주장 말이다.

하지만 이 조건을 이해하고, 나아가 업무 품질의 의미를 이해하기 위해선 그 업무가 어떻게 분류되는지, 그리고 요건과 양의 관계에 대해 곰곰이 생각해 볼 필요가 있다.

두 가지 다른 렌즈로 품질을 보다

요약하자면 드러커는 '제품이나 서비스의 품질을 두 가지 방법으로 봐야 한다'고 생각했다.

하나는 '고객의 눈(The Eyes of Customer)'을 통해서다. 품질이 무엇인지 결정할 수 있는 건 오로지 고객뿐이다. 고객의 눈을 통해 보는 건 공급자가 중히 여기는 게 아니라, 고객이 가치 있다고 느껴 이용할 수 있는 것, 나아가서는 중요하다고 간주되는 부분으로 눈을 돌리는 것이다.

이것이 가능하다면 다음 단계로 나아가 해당 분야에서의 자사 성과와 생산성을 측정할 수 있다. 이에 따라 우리는 진짜 의미의 품질을 최적화 할 수 있었다. 어쩌면 이것이야말로 마케터가 자사 제품이나 서비스의 품질을 자랑할 수 있는 유일한 방법일지 모른다.

2장

마케팅에서 중요한 성실함

1980년대 시카고에서 인기리에 시판 중이던 진통제에 청산화합물이 들어간 사건이 발생했다. 문제의 진통제를 복용해 일곱 명이나 사망한다. 이 사건은 전국적인 패닉을 불러일으켰다.

한 병원은 '독이 들어간 제품을 마신 것 같다'는 사람들로부터 700건이 넘는 문의전화를 받았다. 전국 각지에서 많은 이들이 청산가리 중독으로 의심받아 병원으로 이송되었다. 미 식품의약안전국(FDA)은 이물질이 섞인 게 의심되는 270건의 사건을 역학 조사했다.

하지만 조사 결과 대부분의 의심은 완전히 근거 없는, 순전히 심리적 히스테리에 불과했다. 그러나 패닉이 확산되어 감에 따라 일부 주의 보건위생 당국은 이 회사 브랜드의 제품을 모두 판매 금지시켰다. 그리고 다른 주에서도 이 회사 제품을 모두 금지했다. 그럼에도 불구하고 큰 차이는 없었다. 해당 제품의 브랜드와 평판은 이미 독극물과 관련된 스캔들로 괴멸적인 타격을 입었기 때문이다.

비극적인 사건이 일어났을 때 대부분의 조직이 취하는 행동과 달리, 이 제품을 제조, 판매한 존슨 앤 존슨(Johnson & Johnson)은 놀라운 긴급 대책을 발표했다. '아직 독극물이 들어간 원인과 범인이 확실해지지 않았지만 사건과 관계된 책임을 모두 지겠다'는 것이다.

이는 고문 변호사에게 받은 조언과는 정반대의 대응이었다. 기업의 고문 변호사는 '죄가 있든 없든 이후 소송에서 회사가 흠 잡힐 수도 있으므로 일단 아무 것도 인정하지 말라고, 또 책임 인정을 시사하는듯한 발언을 절대 하지 말라'고 경고했다.

하지만 존슨 앤 존슨의 경영 간부는 망설임 없이 적극적인 조치를 취했다. 처음 독극물이 발견되고 며칠이 지났을 때 존슨 앤 존슨은 다양한 대책을 내놓았다.

일반 시민과 의사, 그리고 약의 유통업자에게 전국적인 경고장을 보낸 것 외에도 시판 제품 3,100만개를 전부 회수했다. 회사로서는 1억 2,500만 달러에 가까운 추가 비용이 필요한 일이었다.

이어 존슨 앤 존슨은 긴급 핫라인을 개설해 사안이 어떻게 진행되고 있는지 고객에게 직접 전달했다. 그와 동시에 생산 과정에서 어떤 이유로 청산가리가 들어갔는지, 아니면 의도적으로 독극물이 들어갔는지 여부를 조사하기 위해 오염된 병이 생산된 공장의 공개 조사를 실시했다.

그리고 광고에 수십만 달러를 들여 존슨 앤 존슨이 제품의 안전성을 보증할 때까지, 어떤 경우에도 문제의 제품을 사거나 쓰지 않도록 고객에게 각별한 주의를 당부했다.

이 때부터 상황이 급변하기 시작했다. 회사에 대한 비난 공세가 한 풀 꺾이고, 회사를 도리어 지지하는 목소리가 나온 것이다. 처음에는 미디어, 이어 수많은 일반 소비자가 회사에 우호적인 목소리를 냈다. 존슨 앤 존슨의 솔직한 행동은 비난은커녕, 도리어 더 큰 칭찬을 얻을 수 있었다.

그럼에도 해당 제품의 장래 가능성에 대해선 대부분의 마케팅 전문가가 회의적인 전망을 남겼다. 이들은 "문제의 제품이 시장에 다시 나오는 건 거의 불가능하다."고 말했다. 이와 관련해 〈뉴욕타임스〉는 광고업계에서 저명한 인물의 코멘트를 게재했다.

"존슨 앤 존슨이 문제의 제품을 계속 팔 수 있다고 보지 않는다. 이를 해결할 수 있는 광고맨이 있을지 모르겠다. 만일 그런 사람을 발견할 수 있다면 나한테 소개시켜 달라. 우리 냉수기조차 와인 냉장고로 바꿔줄 수 있는 사람일 테니까"

〈월스트리트 저널〉의 한 기사는 '슬프게도 이 제품의 생명은 이미 끝났다. 따라서 부활은 완전히 불가능하다'고 지적했다.

길거리 인터뷰에서는 거의 모든 사람들이 제품 그것 혹은 제조사에 잘못이 없는데 유명한 브랜드가 상처를 입은 사실을 인정했지만, 해당 제품을 계속 살 거라 말한 이는 거의 없었다.

그럼에도 불구하고 존슨 앤 존슨은 이 제품을 포기하지 않고, 브랜드 네임도 바꾸지 않았다. 유사한 딜레마에 직면한 별도 조직들은 대개 어떻게든 책임을 회피하려 했다. 물론 그런 방식은 거의 대부분 실패로 끝나버리고 만다.

존슨 앤 존슨의 성실한 행동 결과, 해당 제품의 매출은 시장 재투입으로부터 몇 개월간 착실히 증가했다. 이 제품이 바로 우리 모두가 아는 진통제 '타이레놀(Tylenol)'이다. 타이레놀은 그 후 멋지게 부활해 20억 달러 규모의 진통제 시장에서 35%를 점유하는 넘버 원 브랜드가 되었다.

이 상황을 다룬 〈크리스천 사이언스 모니터〉의 기사는 '과정이나 상황이 어떻든 간에 어떤 문제가 생겼을 때 대처하기 가장 좋은 타이밍은 바로 그 순간, 즉시'라고 결론지었다. 바꿔 말하면 그 자리 상황과 관계없이 성실함을 실천하는 건 가장 중요하다. 게다가 그 시기는 빠르면 빠를수록 좋다.

윤리에서 성실함에 이르는 드러커의 여행

성실함, 윤리, 도덕 그리고 명예란 개념은 서로 밀접하게 연결된 듯 보이나 같은 건 아니다. 성실함이란 도덕률에 충실한 것을 의미하며, 윤리 기준을 준수하고 바른 행동을 하는 것과 관계되어 있다.

드러커는 '명예를 확실한 성실함과 솔직함'으로 정의하며, '고결한 인간은 자신의 이념을 지킨다'고 덧붙였다. 그의 저작물은 모두 이러한 개념을 실천하는 리더에 대해 쓰고 있다.

드러커는 수많은 저작물과 논문 가운데 기업 윤리(Business Ethics)에 대한 일반적 견해를 분석하고 이에 대한 반대 의견을 보였다. '기업윤리에는 통상적인 윤리 법칙이 들어맞지 않는다'는 주장에 맞선 것이다.

드러커는 일반적 견해에 이의를 제창하며, "선악에 관한 개인적 가치관은 업무로 실천되는 가치관과 반드시 떨어트려서 생각해야 할 건 아니다."라고 말했다. 더 말할 필요도 없이 이것이 성실함에 관한 드러커의 결론으로 이어진다. 그렇다면 그가 어떻게 그 지점에 도달했는지 살펴보도록 하자.

기업윤리에 관한 분석

우선 드러커는 성경에서 유래한 윤리의 권위에서 고찰을 시작했다. 그리고 이 기반과의 합의점을 발견할 수 있었다. '윤리 기준, 개인의 행동규범은 단 하나 밖에 없으며, 같은 룰이 모든 사람에게 동일하게 적용된다'는 것이다.

또 그는 상황에 따라 규범의 적용법이 수정되는 점에도 동의했다. 예를 들어 참작해야 할 상황에서 위반을 범한 이에게는 은사를 베풀 수 있을지 모른다는 것이다.

'남의 것을 훔치지 말라(Thou shalt not steal)'는 십계명 중 하나다. 그렇다 해도 굶주린 아이에게 먹을 것을 주기 위해 음식을 훔친 엄마는 봐줄지 모른다. '살인하지 말라(Thou shalt not kill)' 역시 십계명 중 하나다. 이 역시 전쟁 중 혹은 자기 방위를 위해 용인되기도 한다.

사회-문화적으로 다른 관습에서 유래하는 차이도 받아들일 수 있다. 어느 지역에서는 의심스러운 윤리관이 다른 지역에서 용인될 뿐 아니라, 윤리적이라 간주되는 경우조차 있다.

드러커는 미국에 공장을 건설하던 어느 일본인 경영자의 이야기를 통해 이 내용을 설명했다. 그는 '미국 기업은 공무원에게 편의를 받고 해당 관료가 공직에서 물러난 뒤 기업이 편의를 제공하는 것을 비위로 간주하는 사실에 놀랐다'고 했다. 드러커의 설명에 따르면 '일본에서는 편의를 봐준 공무원에 대한 보상이 기업의 윤리적 책무 중 일부로 간주되기도 한다'

무시되는 기업윤리법

물론 뇌물은 피해자의 관점에서도 결코 바람직하지 않다. 그리고 최근 미국에서는 해외 계약을 따내기 위해 주고받는(공여 및 수수) 뇌물 자체가 불법이 되었다.

드러커는 '뇌물을 주는 건 어리석은 짓'이라 생각했다. 하지만 뇌물을 주는 게 기업윤리의 문제란 의견에는 동의하지 않았다. 대부분의 국가에서는 뇌물을 금지하는 법률이 있다. 그럼에도 일부 국가에선 모든 상거래에 뇌물이 일상적으로 이뤄지는 게 사실이다.

'재직 중인 회사에 편의를 제공해 준 관료에게 보답한다'는 일본인 경영자의 약속을 뇌물로 간주하는 사람도 있을 것이다. 일본인들은 누구나 이 같은 '합법과 불법 사이의 묘한 차이'를 잘 이해하고 있다.

전통적인 상 관행의 일환으로 '일정한 정표-대가(Bak Sheesh)'를 기대하는 국가는 그런 행위 자체를 금하는 법률을 제정할지 모른다. 하지만 대부분의 경우 이는 다른 나라들에게 어필하기 위한 '보여주기용 쇼맨십(Window Dressing)'일 뿐이다.

범죄자에게 돈을 내놓으라고 강요받은 시민은 바보로 간주될까? 아니면 위협에 굴복한 희생자로 간주될까? 공갈로 금품을 갈취당하는 건 바람직한 일은 아니지만, 돈을 내놓으라고 강요당한 개인의 윤리 문제와는 전혀 상관이 없었다.

드러커는 일반 시민이 했을 때 부도덕하고 위법으로 간주되지 않는 행위가, 기업이 했을 때는 각각의 상황 검증 없이 부도덕하고 위법이라 단정한 '새로운 기업윤리(New Business Ethics)'에 강하게 반론했다. 그 행위는 위법일지 모르며, 또한 어리석고 틀렸을지 모른다. 하지만 그것이 반드시 기업윤리의 문제라고 볼 수는 없다.

1977년 당시 미국 기업 관계자가 외국인(외국기업)에게 지불하는 뇌물을 막기 위해 '기업윤리법(Business Ethics Laws)'이 의회에서 통과되었다. 드러커는 해외에서 뇌물을 주는 미국 기업을 처벌하기 위해 제정된 법률은 대개 무시될 거라 예상했다. 그 예상은 정확했다.

2002년 〈월드 트리뷴〉의 온라인 판 기사에는 '정부 방침에 따라 뇌물 이력이 있는 기업과 거래하지 못하게 규정했음에도 불구하고,

미 정부는 중동 기업과의 국방 계약 때 뇌물 이력을 완전히 무시했다'는 지적이 나왔다.

기사에 따르면 '워싱턴에 본거지를 둔 '정부 감시 프로젝트(POGO)'는 미 정부가 성실함과 기업윤리에 관해 실적이 있는 기업만 계약을 주는 정책을 위반했다'고 보도했다. 1999년 계약처로 선정된 상위 43개사의 방위업체 가운데, 16개사가 과거 기업윤리 위반으로 거액의 벌금을 부과받았다.

대의와 사회적 책임의 윤리

드러커는 이어 대의를 위해 윤리 쪽으로 눈을 돌렸다. 기본적으로 CEO, 왕, 대통령, 그 외 권력자들은 그 행동이 대다수 사람들에게 영향을 줄 경우 일반인보다 훨씬 큰 의무를 진다.

이로 인해 개인적으로 거짓말을 한 건 잘못이지만, 국가나 회사 혹은 조직의 이익(대의)을 위해선 거짓말해야 하는 경우도 더러 있다. 드러커는 이를 '사회적 책임의 윤리(The Ethics of Social Responsibility)'라 불렀다.

이는 상당히 고상한 말처럼 들리지만, 드러커는 "기업윤리로 채용하기에는 너무 위험한 콘셉트"라고 말했다. 왜냐하면 본인 이외의 사람들에게 윤리에 어긋나는 행동을 정당화하기 위한 수단으로 악용될 수 있기 때문이다.

신중함의 윤리

신중하다는 건 조심하는 것 혹은 주의 깊은 것을 의미한다. 윤리적 접근법에서는 상당히 드문 사상이지만, 확실한 이점이 있는 것 또한 사실이다.

드러커는 '2차 세계대전 초기, 당시 미 상원의원이었던 해리 트루먼(Harry Truman)이 상원위원회에 출석한 미군 증인에게 아래와 같이 충고했다'고 썼다. "장군, 상원위원회에서 꼭 설명하지 않아도 좋습니다. 왜냐하면 상원위원회에 설명할 수 있는 게 따로 존재하진 않으니까요."

문제에 연루되지 않도록 할 때 이는 좋은 충고일지 모른다. 하지만 마케팅 담당 간부가 내리는 윤리적 의사결정의 근거로는 다소 약하다.

일단 이 조언은 바른 행동에 대해 아무 것도 이야기하지 않는다. 또 이 조언은 리더가 내려야 할 결단에 리스크가 높으며, 특히 잘 진행되지 않을 경우 설명하기 어려운 부분도 있다. 그럼에도 불구하고 리더들은 올바른 판단을 내려야 한다.

이익의 윤리가 통용되는 조건

드러커는 그가 '이익의 윤리(The Ethics of Profit)'라 부른 것에 대해서도 설명했다. 그렇다 해서 이익을 제한하자는 이야기는 아니다. 오히려 그렇기는 커녕 "기업이 적어도 자본 비용과 같은 수준의 이익을 올리지 못하면 사회적으로 무책임하고, 틀림없이 윤리에도 어긋난다."고 말했다. 왜냐하면 이익을 내지 못하면 (위임받는) 사회 자원을 낭비하는 것이기 때문이다.

드러커가 이익을 정당화하는 유일한 윤리적 근거는 '이익은 비용'이란 점이었다. 그는 기업 경영자들에게 다음과 같이 충고했다. "자본 비용을 커버하고, 이노베이션을 제공하는 것만으로도 충분히 이익을 올릴 수 있을지 판단하라. 만일 올릴 수 없다면 당신은 어떤 대책을 내놓을 것인가?"

윤리의 척도로서 이익은 인센티브(동기 부여)가 매우 약한 도덕적 근거에 기초하고 있다. 드러커는 "이익이 진실한 비용인 경우에 한해, 또 그것이 고용을 유지하고 신규 고용을 낳는 유일한 방법일 때만 정당화 될 수 있다."고 말했다.

2008년 휘발유 가격이 상승했을 때, 한 정유회사 CEO가 의회 조사위원회에 나왔다. 이 때 그가 남긴 반응이 사람들의 관심을 끌었다. "이익이란 따로 없다. 모든 돈은 자원 탐사와 조사, 개발에 사용되며, 1달러 1달러가 이 사업을 운영하기 위해 반드시 필요하다." 물론 드러커는 이 발언에 동의했겠지만, 석유 업계에 종사하지 않는 이에게는 아마 이해하기 어려운 문제일 것이다.

유교 윤리에 기초한 도덕률

드러커는 '유교 윤리(Confucian Ethics)'를 가리켜 '다양한 윤리 중 가장 성공했고, 가장 영속적인 윤리'라 불렀다.

유교 윤리에서는 모든 이에게 동등한 룰이 적용되지만, 상호 의존에 기초한 다섯 가지 관계에서는 다른 법칙이 적용된다. 여기에서 다섯 가지 관계란 '상사와 부하', '부모와 자식', '남편과 아내', '형제와 자매' 그리고 '친구 관계'를 말한다.

각각의 관계에서 바른 행동이 다르다. 유교 윤리는 의무의 평등을 요구한다. 아이에 대한 부모의 의무와 부모에 대한 아이의 의무, 부하에 대한 상사의 의무와 그 반대 역시 이에 해당한다. 모두 상호 의무를 지는 것이다.

드러커는 '이것이 미국을 포함한 대부분의 국가에서 기업 윤리로 간주되는 것과 일치하지 않는다'고 지적한다. 대부분의 국가에선 한 쪽이 의무를 지고, 또 다른 한 쪽이 권리나 자격을 갖기 때문이다. 드러커는 그가 '상호 의존의 윤리(The Ethics of Interdependence)'라 부른 유교 윤리를 존중했다.

다만 이 윤리는 집단이 아니라 개개인 사이의 문제를 다루기에 기업 윤리로 채용할 수는 없다. 유교 윤리에 따르면 권리와 집단 사이의 의견 대립을 다룰 수 있는 건 오로지 법률 뿐이다.

그에 따르면 비즈니스에서 확실히 윤리에 어긋나는 일조차 기업 윤리로 정의하지 않는다. 출장 온 경영 간부를 대접하기 위해 성매매 여성을 고용하더라도 윤리에 어긋난 것은 아니다. 그러면서 드러커는 이렇게 더했을 뿐이다. '단지 자신이 사창가 호객꾼이 되었을 뿐'

그는 대부분의 사람이 정의하는 기업 윤리는 기업 윤리가 아니라고 정의했다. 기업윤리가 체계화되었다면, 그건 유교 윤리에 기초해 부정 없이 바른 행위에만 초점을 맞춰야 한다고 말했다. 요약하자면 드러커는 '경영자나 마케팅 담당 간부의 도덕률은 아래 요소를 포함해야 한다'고 생각했다.

1. 의사 히포크라테스가 말한 개인적 책임의 윤리-라틴어로 *Primum non nocere*, 즉 '무엇보다 (일단은) 해를 주지 않을 것'
2. 거울 시험-매일 아침 거울에 비췄을 때 어떤 사람을 보고 싶은지 자문할 것

요컨대 성실함은 이 규범의 준수를 의미하는 것이다.

성실함이 어떻게 회사를 구했나

개인적인 성실함은 이 규범과 관계되어야 한다. 그리고 규범으로부터의 일탈을 다른 이들이 깨달았는지 여부와 상관없이 규범은 반드시 준수해야 한다. 또 규범 준수가 중요한 건 조직의 정신은 최고

위직에 있는 사람에 의해 구축되기 때문이다. 인격의 확고한 성실함이 바로 그 증거다. 리더의 성실함은 조직 전체에 침투했을 때 고객의 마음에도 적잖은 울림을 준다.

1979년 크라이슬러는 도산의 위기에 처했다. 하지만 당시 사장인 리 아이아코카는 도리어 회사를 구한 공적을 널리 인정받았다. 아이아코카는 자동차 산업에서 영업과 마케팅, 엔지니어링 등을 두루 경험한 인물이었다.

위기 탈출을 주도한 그는 신문과 TV에서 솔직한 광고나 인터뷰로 일반 시민들의 찬사를 받았다. 이 같은 찬사를 기반으로 의회는 크라이슬러에 대한 융자지원을 최종 승인했고, 회사는 큰 위기에서 벗어날 수 있었다.

그는 절대적인 성실함을 갖고 말했다. 또 이 광고 캠페인을 기획한 건 광고업계의 리스크 테이커로 유명한 레오 아더 켈멘슨(Leo-Arthur Kelmenson)이었다. 해병대원 출신으로 수많은 훈장을 받은 그는 아이아코카에게 '회사의 대변인이 되고, 다양한 광고에 대변인으로서 직접 참가하도록' 조언했다.

〈LA 타임스〉는 '성실함이 가장 중요하다는 문맥에서 나온 켈멘슨의 광고와 아이아코카의 화술이 만나 국민적인 지지를 얻을 수 있었다. 이것이 결국 크라이슬러를 구한 정부의 지원책을 이끌어낼 수 있었다'고 보도했다.

일반 국민들이 본 건 아이아코카의 성실함이었지만, 그런 모습을 잘 보이도록 만든 건 켈멘슨이었다. 그리고 이 조합은 존슨 앤 존슨이 타이레놀이란 제품과 브랜드를 구한 것처럼 크라이슬러를 위기에서 구했다.

성실함에 대한 드러커의 견해

마케팅에서 성실함에 대한 드러커의 견해는 아래와 같다.

1. 사내 인원, 외부 고객이나 정부에 허용된 실수는 얼마든지 범해도 좋다. 하지만 성실함이 결여되는 건 결코 용납할 수 없다.
2. 성실함을 지키는 데 보상이 동반될 수 있을지 알 수 없지만 그 가치는 충분하다.
3. 자기 자신, 그리고 자신의 가치관과 신념에 충실해라. 대문호 셰익스피어도 다음과 같이 썼다. '무엇보다 중요한 건 자기 자신의 충실함이다. 그러면 낮 이후에 밤이 오듯, 결코 누구에게도 소홀하지 않을 것이다(〈햄릿〉, 제1막 3장)'

3장

프로페셔널리즘의 위기

지금으로부터 약 50여년 전, 드러커는 세 명의 석공에 대한 우화를 썼다. 언젠가 세 명의 석공이 지나가는 사람에게 질문을 받았다. "당신들은 무엇을 하나요?"

그러자 첫 번째 석공이 답했다. "나는 돌을 깎아 생계를 유지하고 있어요." 이어 두 번째 석공은 고개를 숙인 채 하던 일을 마저 하며 답했다. "나는 돌을 깎는 프로로, 이 직업에서 누구보다 잘 할 자신이 있습니다." 그리고 이를 묵묵히 듣고 있던 세 번째 석공이 무표정한 얼굴로 태연히 답했다. "나는 대성당을 짓고 있어요."

나는 이 이야기를 꽤 유명한 자기개발 강연자(Motivation Speaker)에게서 처음 들었다. 이 사람은 "세 번째 석공의 자세가 가장 좋지만, 두 번째 석공도 바람직한 자세에 가까워, 만일 노동자나 경영자가 프로젝트에 대한 비전을 공유하지 않으면 적어도 (두 번째 석공처럼) 프로로서 최선을 다해야 한다."고 말했다.

프로 의식보다 조직의 목표가 중요

드러커는 이와 전혀 다른 결론에 도달했다. 그리고 그 차이는 마케팅에 대한 관점과 방식, 그리고 모든 조직에서의 마케팅 역할 정립에 중대한 영향을 끼쳤다.

그는 '첫 번째 석공은 도움이 되는 일을 했다'고 썼다. 드러커의 사상은 확실히 '정당한 임금에 대한 정당한 일'이란 논리를 따른다. 물론 이 석공은 생각과 태도를 바꾸지 않는 한 경영자가 될 자질이 없으며, 아마 본인이 이해하지 못한 커리어의 한계에 부딪히고 말 것이다. 왜냐하면 어떤 조직이든 단지 정당한 임금에 상응하는 일만 해선 '그 이상' 출세할 수 없기 때문이다.

대형 화장품 회사인 메리 케이 코스메틱스를 창업한 '영업-마케팅의 천재' 메리 케이 애쉬가 말했듯 "성공이란 건 자신에게 기대되는 부분에 더해, 플러스알파로 일했을 때 초래되는 대가(Success comes from doing what is expected of you and then some)"이다.

하지만 이를 대성당 건립 프로젝트에 기반해 말하자면, 정당한 대가에 상응하는 일을 하는 석공이나 마케터는 틀림없이 윤리 문제와 연계되어 있다. 드러커는 '눈 앞의 일 혹은 조직과 그 장래를 위해서도 세 번째 석공이 가장 이상적'이라는 데 동의했다. 조금 더 이야기하자면 이 석공은 장래 다른 석공의 관리자가 될 잠재력을 갖추고 있다.

그러나 드러커는 앞의 강연자가 두 번째 석공에 대해 내린 결론에는 명확히 반대했다. "이 석공은 조직과 프로젝트 운영에서 문제가 될 뿐 아니라, 잠재적으로 위험하기조차 하다."고 단언했다.

물론 우수한 직업 기술이나 프로의식은 반드시 필요하며 크게 장려되어야 할 사안이다. 하지만 그와 동시에 '노동자가 프로 의식을 무엇보다 중요한 목적으로 삼을 경우 위험성도 상존한다'

이는 기술적인 숙련도와 프로페셔널리즘을 제1목표로 둔 사람은 모두 조직의 목표나 사명을 최우선으로 삼지 않기 때문이다.

이러한 사람은 전력을 다해 최선의 방법으로 일에 몰두해도, 실제로는 돌 깎는 일로 조직 목표에 뭔가를 기여하고 있다고 생각할지 모른다.

드러커는 이런 사람들을 '고용된 총잡이(Gun for Hire)'와 동일시한다. 고객이나 조직 목표를 위해서가 아니라 지위와 좋은 대우, 각종 수당을 동반한 지위를 확립하는 것을 중요한 목표로 삼기에 어디든 가고 뭐라도 할 사람이란 것이다.

드러커는 "우수한 기술은 항시 장려되어야 하지만 항시 조직 전체의 니즈, 특히 조직의 임무와 관련성이 있어야 한다."고 말했다. 조직의 목표가 최우선되지 않으면 성실함도 크게 퇴색해 버린다.

독일군을 통해 본 잘못된 프로 의식

1930년대 독일 육군은 프로 의식(Professionalism)이 어떻게 하면 파괴적이 될 수 있는지를 보여준 좋은 사례다. 당시 독일군은 남다른 프로페셔널리즘으로 널리 알려져 있다.

군은 프로 의식을 최우선으로 삼아, 1차 세계대전 이후에는 상대적으로 작은 규모에도 불구하고 세계 톱클래스의 군으로 높은 평가를 받았다. 그러나 개개인으로 보면 독일 장군들은 다른 국가보다 자신들의 프로 의식만을 더 우선시했다.

1934년 힌덴부르크(Hindenburg) 대통령의 사후 히틀러가 독일에서 전권을 장악했다. 이 때 그는 독일군의 극단적인 프로페셔널리즘을 이해하고 자신의 정치적 야망을 위해 이를 이용한다.

히틀러는 군인들에게 기존 독일 헌법이 아니라, 총통(Fuehrer)인 아돌프 히틀러에게 충성을 맹세하게 만들었다. 이후 히틀러의 추락과 사악한 의도가 드러났을 때, 프로 의식이 강한 독일군이 얼마나 터무니없는 실수로 여겼을지 상상하기란 어렵지 않다.

명예와 프로페셔널리즘에 대한 군의 해석에 따르면, 장교들은 히틀러에게 반기를 들 수 없었다. 왜냐하면 그들이 '신 아래 독일 제국과 인민의 최고 지도자인 아돌프 히틀러에게 신성한 서약을 바쳤기 때문(By God a sacred oath to the leader of the German Empire and people, Adolf Hitler)'이다.

그 결과 히틀러의 잔학행위가 독일군 고위직 사이에서 주지의 사실이 되어도 군인들은 '프로로서의 명예를 손상해선 안 된다'는 미명 아래 누구 한 명 나서지 않았다.

독일 국민의 이름 아래 자행된 범죄를 막기 위해 히틀러 암살을 기도한 건 1944년 7월 20일에 이르러서다. 하지만 이 계획은 실패했고, 2차 세계대전의 공포는 독일 국내외에서 9개월간이나 더 지속되었다.

고객을 희생양으로 삼은 노조의 프로 의식

드러커는 프로 의식으로 이끌리는 방향성에 대해 노동자와 경영자 양쪽을 모두 비판했다. 그는 "경영진과의 계약 교섭 자리에서 노조는 항시 보다 많은 보수와 수당을 쟁취하려 한다."고 지적했다. 보수와 수당을 올리는 게 노조 프로들이 가진 목표였다.

내가 최근 읽은 기사에 따르면, 최근의 경기 후퇴는 노조가 과거 수십 년간 쟁취한 각종 수당과 고액 급여를 앗아갔다고 한다. 하지만 이러한 수당은 항시 기업, 경우에 따라선 고객을 희생양으로 삼아 쟁취한 것들이다. 이 역시 생산성과 기업 이익은 동시에 고려되는 게 아니라, 노조의 프로 의식에서만 혜택을 받았기 때문이다.

드러커는 노조 대표를 기업 이사회에 임명하는 방침을 처음 제안했던 사람 중 한 명이다. 이는 노조 대표가 회사의 발전과 실적에 관한 의사 결정 책임을 공유하고, 설명 책임(Accountability)도 함께 지기 위해서였다. 구체적으로는 수당이나 보수를 늘리는 한편, 그에 걸맞는 생산성 향상을 설명해야 하는 것이다.

물론 드러커는 경영진에 대해서도 비판적인 시선을 취했다. 고위 경영진은 자신들의 급여를 큰 폭으로 올려 직원 평균의 몇 배에 이르는 고액 급여를 받곤 한다.

그는 이를 버려야 할 악습으로 규정해, 이런 경영자가 책임을 갖는 조직은 번영할 수 없으며 경영이란 전문직에만 몰두하는 증거로 간주했다. 드러커는 '이런 악습에 가까운 행위로 사회는 큰 대가를 치르고 말 것'이라 경고했다. 더 말할 것도 없이 이번에도 그의 말이 맞았다.

조직을 위해 프로 의식을 버리다

조직의 대의를 위해 프로 의식을 버리는 건 결코 쉽지 않다. 때때로 이는 하나의 하부 조직과 개인의 공헌을 끌어내고, 나아가서는 조직 전체의 목표를 달성하기 위해 별도의 경영자원을 주지 않는다는 점을 의미한다. 간단히 말해 '부분 최적을 피하는 것(Avoiding Corporate Suboptimization)'이다.

사실 부분 최적의 회피는 직원들의 조직 관여도와 관계있다. 이는 스포츠 경기에서 쉽게 볼 수 있다. 예를 들면 개인 최고 득점 기록 갱신을 눈 앞에 둔 농구선수가 팀 승리를 확실히 하기 위해 더 쉽게 혹은 리스크가 낮은 상황에서 득점을 올릴 수 있는 팀 동료에게 패스하는 장면이다.

우리는 프로로서 조직 목표를 최우선해 드러커가 든 위험성을 회피한다. 이는 마케터와 판매 담당자가 자신의 귀중한 시간을 쪼개 신규 채용자를 돕거나, 교육하는 것을 의미할지도 모른다.

그럼에도 개인 성적이 떨어져 프로로서의 경력에 상처를 입을지 모른다. 하지만 '대성당 건립'을 목표로 하는 조직에게 이는 매우 유익하고 가치 있는 일이다.

혹시 여러분은 리차드 기어와 데브라 윙거가 주연한 1982년작 영화 〈사관과 신사〉를 기억하는가? 이 영화에서 기어는 해군항공사관 양성학교에 다니는 젊은 사관 후보생 역을 맡았다. 양성학교를 졸업하는 건 해군 항공학교에 다니기 위한 필수 조건이었다.

후보생은 모두 비행 훈련을 시작하기에 앞서 양성학교의 최종 코스에 합격해야만 한다. 하지만 기어는 이미 양성학교에서 여러 차례 사고를 일으킨 문제아였다. 양성학교에서 그의 유일한 강점은 누구보다 빨리 장애물 코스를 달리는 능력이다. 그는 이 훈련을 오래 해왔기에 코스 신기록을 깰 수 있을 것 같았다.

그러던 어느 날 기어는 중대한 교칙 위반 행위를 범해 학교에서 추방될 상황에 처했다. 학교 측이 기어를 추방할지 여부를 두고 논의하는 가운데, 마지막 수업은 제한 시간 내 장애물 코스 달리기였다. 다른 필수과목을 모두 완수해, 시간 안에 장애물 코스를 달릴 수 있는 사람만 졸업을 인정받을 수 있었다. 이는 졸업 전 모든 사람이 통과해야 할 마지막 관문이었다.

교관을 맡은 해병대 교관은 마지막 목표를 설정했다. 졸업을 위해 후보생 전원이 제한 시간 내 장애물 코스를 달리도록 했다. 할당된 시간 내 완주할 수 없는 건 기어에게 곧 추방을 의미했다.

물론 그는 시간 안에 코스를 완료하지 못할 거라는 불안이 전혀 없었다. 어쨌든 그는 신기록을 낼 능력이 있었다. 그러나 한 여성 동료는 장애물 훈련을 매우 어려워 해, 어느 특정 장애물을 넘기 부담스러워 했다. 그녀가 이 장애물을 넘어 시간 안에 코스를 완료할 수 있을지 의심스러운 상황이었다.

장애물 훈련이 시작되자, 기어는 예상대로 동료 전원을 멀리 떨어트린 채 선두를 달렸다. 그리고 여자 동료를 애먹게 한 장애물도 그는 손쉽게 통과했다. 선두를 달리며 기록을 갱신하려는 그 때 기어는 뒤를 돌아봤다. 앞서 실패를 염려했던 여자 동료가 역시 그 장애물 앞에서 어려움을 겪는 모습을 발견했다.

이 상황에서 기어는 중대한 결단을 내려야 했다. 학교 당국이 졸업을 인정하는 것과도 관계될지 모를 신기록 갱신을 위해 이대로 계속 달려야 할까? 아니면 동료를 도와 모두가 졸업할 수 있도록 도와야 할까?

프로페셔널리즘의 관점에서 보면 기어는 그대로 달려 신기록을 세우고 졸업을 인정받는 게 정답이었을지 모른다. 하지만 해병대 교관이 정한 조직의 목표는 전원을 마지막 테스트에 합격시키는 것이었다. 잠시 주저한 뒤, 기어는 멈춰서 뒤로 되돌아갔다. 그리고 동료가 장애물을 잘 넘을 수 있도록 도와 둘은 장애물 코스를 완수할 수 있었다.

물론 기어는 동료를 돕기 위해 뒤로 돌아간 탓에 목표로 삼은 기록을 갱신할 수 없었다. 하지만 결국 장애물 코스를 달리는 능력이 아니라 동료를 도와 코스를 완주하는 것, 즉 조직 목표를 위해 자기 자신의 성적을 희생하는 판단이 이사회를 납득시켜 그는 졸업을 인정받을 수 있었다.

'대성당 건립'이라는 조직 목표, 이 경우에는 후보생 전원을 마지막 테스트에 합격시키는 목표에 비하면 기어 개인의 성적과 프로 의식은 중요도가 낮게 간주된 것이다.

'고용된 총잡이 증후군'에 주의하자

마케팅에서 '고용된 총잡이 증후군(Hired Gun Syndrome)'을 피할 책임은 마케팅 조직의 리더가 갖는다. 전 직원에 대한 개별 실적, 마케팅과 판매 부문이 높은 의식 기준을 유지하며 책임을 완수하는 건 마케팅 리더에게 부여된 가장 어려운 과제 중 하나다.

특히 경쟁이 도를 지나친 나머지, 프로의 행동에 따라 다른 직원이나 조직의 목표가 손해를 입는 건 매우 위험하다. 이러한 상황은 개인 혹은 조직이 서로 경합해 유익한 정보가 전달되지 않고, 모든 것이 개인이나 부문의 프로페셔널리즘만을 위해 이뤄질 때 자주 볼 수 있다. 모순 같지만, 이것이 프로에게 어울리지 않는 행위로 이어질 소지도 충분하다.

최근 나는 아내와 함께 비버리힐즈의 고급 백화점에 쇼핑을 하러 갔다. 아내가 탈의실에서 드레스를 시착하는 동안, 옆의 탈의실에서 벌어진 일을 흘려들을 수 있었다.

판매원이 고객이 흥미를 보인 드레스 사이즈를 찾으러 간 사이, 해당 고객이 그 매장을 슬금슬금 벗어나 다른 매장을 둘러본 것이다. 이 고객이 또 다른 드레스에 흥미를 보이자, 다른 여성 판매원이 그녀에게 다가왔다. 이 판매원은 고객이 이미 도움을 받고 있는지 여부를 묻지 않은 채, 우리 옆의 탈의실로 이 고객을 안내했다.

첫 판매원이 이 상황을 알아차리고 다른 판매원에게 화를 냈다. 그로 인해 둘은 프로로서 해선 안 될 이야기조차 거리낌 없이 하게 되었다.

내가 봤을 때 이 같은 대치가 백화점의 모든 방침에 어긋났음에 틀림없다. 두 번째 여성 판매원은 고객에게 다른 직원에게 도움을 받고 있는지 물어야 했지만, 묻지 않은 게 의도적이었는지조차 확실치 않았다.

과정이야 어떻든 첫 판매원이 시작한 대치가 그 누구를 위해서도 좋지 않다는 사실을 알았다. 그녀가 형식적으로는 맞았지만, 과도한 경쟁의식으로 고객에 대한 자신의 권리에 지나치게 집착하고 말았다. 그녀가 백화점과 고객을 제일 먼저 생각했다면 다른 대응법을 취하는 게 더 좋았을 것이다.

아래는 드러커가 피해야 할 프로페셔널리즘의 위험함이다.

1. 부분 최적에 따라 한 개인은 우수한 성적을 올리지만, 다른 사람은 실패해 버리는 상황
2. 고액의 보수가 일에 대한 유일한 동기가 되는 사태
3. 많은 직원들이 '다른 조직이나 기업에서 더 많은 보수를 얻는다'는 목표 때문에 이직률이 높아지는 상황
4. 애프터서비스를 소홀히 하여 장기적으로 회사에 손해를 입히는 사태
5. 기업 전체의 공헌도가 아니라 개인의 능력 결과에 따른 조직 내 승진

이러한 문제는 기술적인 발전을 통해 더욱 커진다. 고학력의 전문가들이 늘어남과 동시에, 그들의 중요성과 기술 레벨이 높아져 보다 전문화된 기능 자체가 노동자들의 목표가 되는 경향이 강해지기 때문이다.

문제를 시정하기 위해선 전문가 전원이 자신들의 공헌이 어떻게 녹아들어 회사의 목표 달성으로 이어질지를 정확히 알아둘 필요가 있다.

물론 이를 완수해 적절한 밸런스를 끌어내는 게 마케팅 리더의 역할이다. 유일하게 이 방법을 통해서만 '노동자는 자신이 단지 돌을 갈고 닦는 게 아니라 대성당을 건립한다'고 주장할 수 있는 것이다.

4장

고객을 사기 어려운 이유

드러커는 항상 장래에 대해 고민했다. 그가 거둔 명성과 성공은 대부분 장래 무엇이 일어날지를 거의 정확히 예측한 놀라운 능력으로 완성되었다.

2004년 출판된《드러커 365개의 금언》에서 그는 다음과 같이 썼다. '경쟁이 한층 더 치열해진 21세기 가장 중요한 마케팅 교훈은 고객을 사는 게(Buying Customers) 점점 더 어려워진다는 가르침이다'

이 한 문장은 1990년 〈월스트리트 저널〉에 게재된 말이기도 하다. 이 말은 2년 뒤 드러커의 저서《미래 기업(Managing for the Future)》에도 재차 실렸다. 기고문과 저서에서는 '경쟁이 치열해진 1990년대 가장 중요한 마케팅 교훈은 고객을 사는 게 어려워진 것'이라고 썼다.

여기에서 중요한 건 드러커가 1990년부터 2004년까지 15년간 자신이 선언한 내용을 크게 바꾸지 않았을 뿐더러, 오히려 이전보다 더 강하게 의견을 표명했다는 점이다.

고객을 사는 몇 가지 방법

그는 고객을 사는 방법을 몇 가지로 특정했다.

첫 번째 방법은 이익이 거의 나지 않을 정도로 낮은 가격을 설정하는 것이다. 하지만 원래 목적은 이익이 아니라 고객을 돈으로 사는 것이다. 이러한 생각은 대폭적인 저가 설정을 용인하게 만들었다. 혹은 더 교묘한 방식도 가능하게 했다. 가격 할인이나 캐시백, 저리 혹은 제로 금리 대출, 그 외 인센티브를 주는 것들이다.

이 같은 수단들은 모두 장래 어느 시점에서 가격을 적정 수준으로 인상하는 특권을 줬다. 드러커는 장래 낮아질 비용에 기초해 가격 설정을 추천한 면도 있었다. 그러므로 단순히 저가에 대해서만 이야기하지는 않았다. 그리고 고객이 가치로 간주하는 게 아니라, 고객에게 해당 제품과 서비스를 사게 만들기 위한 미끼(일종의 뇌물)로서 내민 저가를 문제 삼았다.

사실 이 두 가지에는 큰 차이가 있다. 마케터가 비용을 이해한다고 가정하면, 왜 그들이 제품을 사게끔 하기 위해 '뇌물'을 주려 했을까?

마케터는 왜 고객을 사고 싶어 할까

드러커는 '고객을 사는 건 기존 시장에 끼어들고 싶은, 혹은 경쟁사를 이기고 싶은 마케터의 바람에서 시작되었다'고 강조한다.

확립된 시장에서 사람은 일정한 시가(값어치)로 물건이나 서비스를 산다. 마케터는 '고객이 자신들의 제품을 사려면 뭔가 이유가 있어야 하고, 만일 경쟁사가 시장 점유율을 빼앗으려 하면 자사 점유율을 지켜야 한다'고 여긴다.

이 때 가장 간단하게 우위성을 구축하는 방법이 시가보다 대폭 낮은 가격을 제시하고, 고객에게 자사 제품을 사도록 하는 노력이 중요하다. 이 같은 생각에 따르면 가격이 낮아지면 고객은 마케터가 손 댄 제품을 산다. 그리하면 마케터는 시장을 확립하거나 재확립할 수 있다. 또 마케터는 이후 가격을 인상할 수도 있다.

앞에서 보여준 대로 우리는 이런 방식으로 시장을 사는 것과, 처음부터 저가로 시장을 창조하는 것을 명백히 구분할 필요가 있다. 후자의 경우 시장은 고객이 평가하는 저가에 기초한다. 이건 4부 6장에서 다룬 질레트의 면도기가 확실히 보여주고 있다.

고객을 사서 점유율을 확보할 때 마케터는 성과를 쟁취할 수 있다. 단기적으로도 충분히 가능하다. 이익이 너무 작지 않다면 더 장기간에 걸쳐 살아남는 것도 가능할지 모른다.

다만 이 같은 해결책의 문제는 마케터가 이 저가의 틈새시장에서 지위를 확립해버린 것이다. 대부분의 경우 이건 마케터가 쉽게 빠져나올 수 없는 틈새시장이다. 즉, 고객을 사는 건 기업에게 만성적인 병의 시작(원인)일지 모르며, 최종적으로는 그 사업이나 제품에 죽음을 초래할지도 모르는 자충수다.

또한 이 전략은 다른 문제를 무시하고 있다. 품질과 서비스, 이미지 등 실은 정말로 중요할지 모르는 요소들 말이다. 이것이야말로 드러커가 가장 걱정한 점이었다. 하지만 이 문제에 대해 검증하기 전 단순하게 저가의 틈새시장에서 빠져나오려는 행위에 대해 살펴보도록 하자. 이는 장기적인 제품의 존속, 경우에 따라서는 회사의 존속과도 연계된 문제다.

몇 년 전 블루 크로스(Blue Cross)에서 근무하는 젊은 회계사가 확정 신고 기간 중 부업으로 아르바이트를 했다. 본업을 가지면서 확립된 시장에 들어가기 위해, 시간당 75달러라는 파격적인 할인요금을 내놓았다. 지역 내 평균 시가가 그 두 배였을 때의 일이다.

마케팅 세계에서는 이 가격 설정에 정식 이름을 붙였다. 우리는 이를 '침투 가격 정책(Penetration Pricing)'이라 부른다.

그러나 단지 명칭이라 해도 그 방식이 바른 건 아니었다. 앞선 사례처럼 아르바이트로 일한 회계사는 고객을 얻을 수 있었을까? 물론 얻을 수는 있었다. 그는 매우 유능한 회계사였기에 확정 신고 기간 중 손 댄 세무 서비스는 매년 성장해 갔다.

10년 정도가 지났을 때 그는 독립할 수 있는 기회가 생겨 블루 크로스를 퇴사했다. 새로 시작한 사무소에서는 부업 때 연을 맺은 고객이 20%나 차지했다. 하지만 여기에서 문제가 발생했다. 고객이 두 개 계층으로 나뉘어 시간당 150달러를 지불하는 고객과 75달러를 지불하는 고객을 모두 안게 된 것이다.

젊은 회계사는 부업 때 가격은 그가 본업을 가진 덕에 가능했다는 사실을 고객들이 알 거라 생각했다. 그러나 그 고객들에게 연락해 원래 요금이 시간당 150달러였음을 알리자, 이들은 모두 반발했다. 단 한 명도 남지 않은 채 모두 떠나버렸다.

그에게 화를 낸 고객도 한 두 명이 아니었다. 대부분의 사람들은 그 자리에서 다른 세무사에게 연락했다. 별로 경험 없는 세무사 혹은 아예 경험 없는 초짜 세무사에게 연락한 이들까지 있었다.

이런 고객들은 새로 발견한 회계사가 이전 회계사보다 우수한지 여부는 크게 신경쓰지 않았다. 그럼에도 그들은 새로운 회계사에게 시간당 75달러 이상, 경우에 따라서는 150달러 이상의 보수를 기꺼이 지불했다. 어쨌든 저가였던 원래 회계사에게는 그런 가격을 지불하지 않은 것이다.

대기업이 파는 제품과 서비스에 대해서도 같은 것을 이야기할 수 있다. 지금까지 터무니없이 좋은 조건을 고객에게 줘왔는지 여부는 크게 상관없었다.

가령 어느 회사가 지금까지 고객을 사왔지만, 그 습관을 버리고 싶어 한다고 치자. 어떻게 실행할까? 잠시 시간을 들여 숙고하는 편이 좋다. 제품이나 서비스가 뭐든, 팔고 있는 게 누구든 가격을 올리는 건 결코 쉽지 않기 때문이다.

캘리포니아주의 보험사 앤섬 블루 크로스(Anthem Blue Cross)는 2010

년 큰 교훈이 될 만한 사례를 남겼다. 당시 불황 탓에 건강 상태가 좋은 고객이 대량으로 해약하는 사태가 벌어졌다. 이에 따라 앤섬 블루 크로스는 '심각한 건강 문제를 안은 고객의 보험료를 최대 39%나 인상한다'고 발표했다.

이익을 유지하기 위해 보험사 사장은 해약에 따른 손실을 보전할 수 있을 만큼의 가격을 바로 올렸다. 이후 논란 끝에 보험료 인상은 철회되었지만, 오바마 대통령과 그 참모들로부터 엄청난 반발을 불러온 건 그 후의 일이다.

그리스에서의 폭동도 크게 차이 없었다. 그리스의 국가 파산을 막기 위해선 정부 지출을 확실히 줄여야만 했다. 이 사실을 국민 전원도 알고 있었다. 그럼에도 대규모 폭동이나 고대 건축물의 파괴 행위가 발생해, 그 때까지 받아오던 정부 수당을 취소하지 않도록 요구했다. 인간이란 바로 그런 존재인 것이다.

갑자기 시장에서 사라진 엑셀

드러커는 고객을 사는 문제에 대해 그 이상을 걱정하고 있었다. 그는 자동차 업계를 예로 들며, 우선 현대 자동차의 엑셀에 대해 이야기했다. 엑셀은 현대차가 미국 시장에 처음 투입한 차종으로, 깜짝 놀랄 만큼의 저가로 화려하게 데뷔했다. 그 해 '가장 우수한 신차 중 하나'로도 뽑혀 〈포춘〉지에 특집 기사까지 실릴 정도였다.

첫 해 수입대수로는 과거 최고기록을 갱신, 엑셀의 누계 생산대수는 2년도 채 안 되어 100만대를 훌쩍 넘었다. 드러커에 따르면 '엑셀의 판매대수 신장은 사상 가장 빠른 속도였다. 문제는 이 신장세를 달성하기 위해 현대차가 아슬아슬한 수준까지 비용을 줄였다'는 사실이다. 회사는 이 제품에서 거의 이익을 올릴 수 없었고, 어느 날 갑자기 엑셀은 시장에서 사라졌다.

품질 문제도 원인 중 하나였다. 하지만 드러커가 지적했듯 '마케터는 설계상 혹은 생산라인에서의 품질 문제까지 포함해 재투자를 위한 충분한 이익을 고려해야 하는 법'이다.

드러커의 비판은 현대차에만 한정되지 않았다. 미국의 빅 3(GM, 포드, 크라이슬러-옮긴이)도 여기에 해당되어, 그는 '자사의 시장 점유율을 빼앗은 일본차를 꺾기 위해 미국의 빅 3도 같은 방식을 취했다'고 지적했다.

빅 3는 당초 품질 문제에 적극 대처하는 대신, 고객에게 자사 자동차를 팔기 위해 모든 종류의 인센티브를 남발했다. 이들은 가격 할인과 캐시백 등 다양한 인센티브를 경쟁적으로 제공해 왔다.

과연 이러한 정책은 효력을 발휘했을까? 확실히 효력이 발생한 측면도 있다. 해당 프로그램을 통해 판매대수 자체는 늘었다. 하지만 문제는 할인 제도의 기한이 끝날 때마다 판매대수가 인센티브가 시작되기 전보다 훨씬 더 낮은 수준까지 급감한 데 있었다. 결국 빅 3는 일본 기업에게 시장 점유율을 크게 빼앗기고 말았다.

드러커는 이러한 구매 인센티브가 초래한 진짜 결과를 아래와 같이 정리했다.

1. 빅 3로부터 차를 사기로 결정한 고객은 다음의 인센티브가 나올 때까지 구매를 기다린다.
2. 잠재 고객에게 이러한 뇌물(미끼)은 마이너스다. 이러한 인센티브는 각 사가 제공하는 제품이 어딘가 부족하다는 점을 인정하는 행위란 인상을 줄 수 있다. 이 시기 커다란 문제는 품질이며, 미국 자동차가 일본 자동차보다 성능이 떨어진다는 것이다.

혹시 일본식 경영과 Z 이론(Theory Z, 미국 윌리엄 오우치 교수가 제창한 경영이론으로, 미국에서 성공한 기업에는 일본 조직(J타입)과 미국 조직(A타입)의 우월한 특질이 조화된 타입(Z타입)이 많다는 이론을 말한다. 이는 상호 신뢰와 협력을 축으로 한 집단 경영을 중시하는 특징을 갖는다-옮긴이)을 들어본 적이 있는가? 일련의 인센티브는 이미 빅 3에서 차를 사기로 결정한, 이전에 만족한 고객들의 판단에도 악영향을 미칠지 모른다.

드러커는 이 문제를 더 깊이 파헤치진 않았지만 판매를 줄이는 방향으로 작용하는 세 번째, 즉 '심리적 이유'가 존재한다고 봤다. 이는 '잠재 고객이 인센티브 제도의 종료에 맞추지 못했을 때 어쩐지 속는 기분이 드는 것'을 말한다.

앞의 회계사가 안고 있던 고객들이 가격 인상 소식을 들었을 때, 그를 버리고 다른 회계사를 찾은 상황과도 매우 유사하다. 오랜 고객과 잠재 고객 모두 같은 행동을 할 가능성을 감추고 있다.

일시적인 해결책을 멀리 하라

마케터는 궁극적인 목적을 들어 이익의 필요성을 채운다. 그 후 저가가 도움이 된다는 데 일정한 확신을 가져야 한다. 즉, 고객을 창출하고 사업을 유지, 성장시키는 것이다.

드러커는 '이 과정을 완수하는 방법이 여러 개 있으며, 가격 설정의 결단에 영향을 주는 환경 요인이 많다'는 사실 또한 이해하고 있었다. 그리고 그가 굳이 '고객을 산다'고 표현한 방법 외에도, 시장 점유율 확대로 이어지는 차별화 요인을 만드는 방법이 많다는 사실 역시 알고 있었다.

무엇보다 중요한 건 그는 마케터에게 '단지 가격을 내리는 안이하고 일시적인 해결책으로 다른 문제를 감추지 말라'고 충고했다. 드러커에게 고객을 사는 건 그런 일이었다.

5장

드러커와 함께 미래로

드러커는 생애 대부분을 장래 예상에 썼다. 지금까지 이 테마에 관해 많은 것들을 논의해온 건 경영에 관한 이해 과정에서 그의 특별한 예상을 피할 수 없기 때문이다.

드러커 본인도 이를 이해하고 있었다. 장래를 예상할 수 있고 도래할 세계의 형태를 아는 건 어떤 마케터, 어떤 경영자에게도 경쟁우위의 단초가 된다. 이 같은 사실에는 일체 의문의 여지가 없다.

그러나 우리는 그가 처음 실시한 예측이 크게 벗어난 사실에 유의하지 않고, 또한 '경영 분야의 전망가'로서 그가 거둔 눈부신 성공에 대해서만 이야기해왔다. 사실 그의 첫 예상은 1929년 대공황에 앞서 발생한 주식시장 붕괴 직전의 발표였다. 이 기사에서 드러커는 '장밋빛 미래와 주식 호황의 시대가 도래할 것'이라 예상했다.

하지만 몇 주 뒤 그는 굴욕을 맛보게 된다. 〈프랑크푸르트 게네랄

안차이게〉에 게재된 '뉴욕 증권거래소에서 발생한 패닉' 기사로 인해 그는 신문기자가 될 수 없었다.

이 일은 드러커에게 쓰라린 경험이었다. 그가 주식시장을 예상한 건 이 때가 처음이자 마지막이었다. '장래를 예상하는 최선책은 장래를 만드는 것'이란 드러커의 사고 뿌리는 바로 여기에서 유래했을지도 모른다.

그럼에도 이 책을 통해 여러 차례 설명해왔듯, 드러커는 우리가 검증해 온 수법을 사용해 주식 이외 거의 모든 부분에서 장래를 예상했다. 그리고 그건 거의 대부분 맞았다.

그의 사후 발행된 〈비즈니스 위크〉지의 특집기사가 지적한 대로 그는 항시 트렌드를 식별할 수 있었고, 그런 미래 트렌드를 다른 사람보다 20년이나 앞서 발견했다.

드러커의 통찰력은 아직 살아있는가

그렇다면 드러커의 통찰력과 가치관, 원리, 개념은 어떨까? 그의 생각은 장래에도 계속 통용되는 것인가? 그렇지 않으면 그의 죽음과 함께 끝나버린 것인가? 드러커의 통찰력이 지닌 가치는 이미 떨어져 색이 바래기 시작했을까? 혹시 '현대 경영학의 아버지'는 지금 경영과 마케팅에서 원동력이 아니라 각주 같은 존재가 되어버린 건 아닐까?

이전 드러커 스쿨의 한 교수는 미디어와의 인터뷰에서 "그의 정신은 이미 쇠퇴하는 브랜드나 다름없다."고 말한 적이 있다. 물론 그 평가는 '가장 불명예스러운 예측 중 하나'가 되었다.

드러커는 그로부터 20년이 지난 지금까지도 경영의 원동력이며 직, 간접적으로 마케팅에 영향을 끼치고 있다. 그의 사후, 경제 저널리스트인 존 번(John Byrne)은 드러커의 공헌을 설명하며 이 같은 질문을 던졌다. '왜 드러커의 생각은 지금도 중요한가?' 그는 드러커의 주요한 공적 리스트에 아래 내용을 담았다.

분권화(Decentralization)라는 생각을 처음 낸 이가 드러커이자, 이 개념은 이후 전 세계 모든 대기업과 조직 운영의 기본 바탕이 되었다. 그가 이 멋진 아이디어를 생각해낸 건 무려 70여년 전이다. 다만 이때 한 가지 확실히 이야기해두고 싶은 건 '분권화가 거의 모든 조직 구성의 기초가 된다'는 점이다.

드러커의 생각 중 대부분이 그렇듯, 그 개념이 꽤 명백하기 때문에 다른 누군가가 훨씬 전에 생각했을 것 같지만 지금껏 누구도 그 사실을 알아차리지 못한 게 엄연한 사실이다.

1950년대 드러커는 누구보다도 일찍 '노동자는 장부상 자산으로 다뤄야 하며, 부채 쪽에 넣어선 안 된다'고 주장했다. 실제 이는 드러커가 1946년에 간행된 저작《법인의 개념(Concept of the Corporation)》의 주요 결론 중 하나다.

그 때까지 경영에서는 주로 노동자의 비용을 낮추는 과정에서 생겨난 효율성에만 중점을 뒀다. 당시 TV의 SF 프로그램에서조차 '장래 기술로 일자리를 빼앗겨 기계가 인간을 대체한다'는 스토리가 심심치 않게 등장했다.

이러한 예상은 지금도 미디어에서 보도되고 있지만, 경기 후퇴기를 제외하고 이전만큼 빈번하게 다뤄지진 않고 있다. 휴 잭맨이 주연한 2011년작 〈리얼 스틸〉을 보자. 그가 연기하는 주인공은 성격이 괴팍한 전 복싱 챔피언으로, 난폭하고 너무 위험해 인간 복싱이 법률로 금지된 이후에는 로봇 복서의 매니저가 되었다.

하지만 드러커는 여기에서 "기업이 단지 이익 최대화의 기계가 아니라, 신뢰와 존경 위에 성립하는 사회로 간주될 필요가 있다."고 말했다. 남녀 노동자로 성립된 이 커뮤니티는 적절하게 이끌면 새로운 기회를 초래하고, 노동자는 비용이 아니라 중요한 자산이 된다.

비유를 너무 자주 사용해선 안 되지만, 기술과 기계는 사람을 대신하는 게 아니라 사람의 생산성을 높이는 매개체다. 이는 어느 이코노미스트가 상업적 어업에 대해 설명할 때 사용한 생각과도 매우 닮아 있다.

낚시대와 낚시줄 하나, 그리고 미끼만을 사용해 분투하는 이를, 뜻을 함께 하는 사람들의 사회로 바꿔 각각의 가족만이 아니라 수확한 생선을 전 세계에 수출하기 위해 모두가 기계를 사용해 협력하면 더 좋으리란 이치 말이다.

드러커는 '기업의 목적은 이익이 아니라 고객을 창조하는 것'이란 획기적 사고를 설명하며 이 시대를 매듭지었다. 여러분은 1부 2장에서 이 생각을 다뤘던 것을 기억할지 모른다.

드러커는 지식노동자의 공헌에 대해서도 말했다. '실제 지식이 기업의 생산성에서 그 어떤 투입재보다 중요한 요소가 된다'는 점을 지적한 이 역시 드러커였다. 그가 등장할 때까지 지식과, 지식을 사용해 일하는 노동자가 얼마나 조직을 최적화 할 수 있을까? 또 조직 안에서의 지식 활용이 어떻게 경쟁 우위 확보에 도움이 될 지를 제대로 이해한 사람은 아무도 없었다.

번이 집대성한 드러커의 공적은 직접적으로 마케팅에 관한 것이라기보다 경영에 대한 드러커의 공헌과 연관되어 있다. 마케팅 연구자 잭디시 세스(Jagdish Sheth)를 포함한 학자 셋이서 몇 년 뒤 마케팅에 대한 드러커의 직접적 공헌을 논문으로 정리한 적이 있다. 그들이 든 공헌에는 아래의 요소들을 포함하고 있었다.

1. 근대 마케팅의 기반인 '고객을 위해 가치를 창조한다'는 마케팅 개념을 처음 제언한 이가 드러커였다. 그는 1954년 출간한 저서 《경영의 실제》에서 사업 목적을 정의할 때 그 개념을 사용했다. 이에 대해선 앞서 1부 2장에서 다뤘다.
2. 그 후 드러커가 사회에서 마케팅 역할이 확대되는 과정에 대해 저술하고 강연한 결과, 지금은 수많은 사람들이 기업의 사회적 책임이나 소비자주의, NPO의 마케팅, 또 NPO로부터 얻을 수 있는 영리단체를 위한 교훈 등 소셜 마케팅의 시대에 대해서도

이야기하고 있다.

3. 드러커는 전략 분야에서도 다대한 공헌을 남긴다. 전략의 기점을 명확히 하고 앞에서 말한 번의 지적대로 노동자를 기업의 부채에서 자산으로 바꾼 장본인이 바로 드러커다. 또 '성장 그것을 위한 성장에 주의하라'는 그의 경고나, '기업은 기업가 정신이 풍부한 조직이자 그곳에는 전략의 함의가 따른다'는 경종도 함께 울렸다.
4. 지금은 널리 알려진 '이노베이션과 기업가 정신'을 처음 제창한 이도 드러커다. 이 책에서 나는 그가 설명한 이노베이션의 성공 원천을 파헤쳤다. 1985년에는 위의 두 개념을 담아 한 권의 책으로 완성시켰다.
5. 마지막으로 글로벌화의 진전과 무국적 기업의 성장을 예상한 이도 드러커였다. 비교적 연배가 있는 독자라면 마케팅 세계에서는 '글로벌화(Globalization)'란 용어가 거의 사용되지 않았고, '국제 마케팅(International Marketing)'이란 말이 유행한 사실을 기억할 것이다. 더구나 당시만 해도 '다국적주의(Multinationalism)'처럼 급진적 개념은 거의 사용되지 않았다.

드러커는 일관되게 '무엇이 발전하고 무엇이 발전하지 못할지'에 관한 자신만의 사고를 정립했다. 그는 큰 어려움 없이 과거와 현재, 미래를 오갔다. 경영에 관한 탐험과 선언, 숙달 과정에 기여한 70년 남짓한 인생에서 드러커가 어떤 비즈니스서를 읽었는지 물으면, 아내인 도리스 여사는 "그는 거의 비즈니스서를 읽지 않았다."는 의외의 답을 남기곤 했다. 물론 드러커 활동의 전후 사정을 잘 안다면 그만큼 의외라고 느끼진 않겠지만…….

확실히 드러커는 경제 전문지를 주로 읽었다. 하지만 비즈니스서는 그저 쭉 훑어만 볼 뿐이었다. 침대에서는 다른 장르의 책을 읽어 많은 정보와 지식을 흡수했다. 사실 그 대부분은 역사서였다.

생전 드러커는 '히스토리 채널'의 팬이었다. 본인이 몇 번이나 단언했듯 리더십에 관한 그의 개념은 2,000년 전부터 존재한 것으로, 원래는 그리스의 우수한 사령관 크세노폰(Xenophon)의 아이디어에서 얻은 것이었다. 드러커는 오랜 기간 리더십을 테마로 한 글쓰기를 피해 왔다. 그러면서 리더십에 관한 견해를 원하는 사람에게는 '고대인들의 조언과 수법을 전하며 역사서를 탐독하라'고 추천했다.

드러커는 지금도 우리를 돕고 있다

드러커는 지금도 우리를 돕고 있지만, 그의 공적에서 최대 가치를 끌어내기 위해 우리는 그 개념을 더욱 계승, 발전시켜야 할 책임이 있다. 생전 드러커는 단 한 번도 이렇게 하라고 강조한 적이 없다. 오히려 그는 무엇을 해야 할지를 시사하며, 그 목적을 어떻게 성취할지에 관한 세부사항은 우리가 직접 생각하도록 만들었다.

그는 잭 웰치에게 수익성 높은 GE의 산하 기업을 포기하라고 종용하지 않았다. GE 그룹 내에서 없어도 좋을 흑자 기업이 있는지 묻고, 있다면 그에 대해 어떻게 할지 웰치에게 직접 물었을 뿐이다.

'GE 그룹 내 산하기업이 업계에서 1, 2위가 아니라면 아무리 이익을 내더라도 매각해야 한다'고 결정한 건 드러커가 아니라, 웰치였다. 그런 전대미문의 행동을 통해 GE는 보다 수익성 높은 사업에 진출하기 위한 자금과 경영 자원을 확보했고, 결국 이것이 추후 경이적인 성장을 초래할 수 있었다.

그렇다면 지금은 당시와 무엇이 다를까? 이런 질문을 던졌을 때 늘 힌트를 주던 드러커는 더 이상 우리 곁에 없다. 하지만 그의 개념과 원리, 가치관은 아직 존재하고 여전히 통용되고 있다.

확실히 드러커는 우리 곁에 없지만 그의 정신과 가치관, 개념, 이념, 아이디어는 지금도 살아 있다. 그리고 우리에게 다양한 문제를 숙려할 것, 경영에 관한 모든 분야에서 결단을 내릴 것을 이야기한다. 이 역시 좋은 기회다. 왜냐하면 드러커가 준 기반을 이용해 더 발전시킬 과제를 우리에게 지속적으로 던져주기 때문이다.

이것이야말로 우리 자신이 속한 조직과 사업을 구축하고 지속, 번영시키며, 고객을 창출해 사회에 도움이 될 수 있는 유일한 방법이다. 그렇게 함으로서 미래로 나아간 사람들이 '이 모든 게 마케팅에 관한 드러커의 견해 덕분'이라고 자신 있게 말할 수 있는 것이다. 그는 여전히 살아 있고, 우리는 그의 가르침 아래 비즈니스의 기틀을 구축할 수 있다. 그의 가르침에 다시 한 번 경의를 표하며 이 글을 끝맺고 싶다.

중앙경제평론사
중 앙 생 활 사

Joongang Economy Publishing Co./Joongang Life Publishing Co.

중앙경제평론사는 오늘보다 나은 내일을 창조한다는 신념 아래 설립된 경제·경영서 전문 출판사로서
성공을 꿈꾸는 직장인, 경영인에게 전문지식과 자기계발의 지혜를 주는 책을 발간하고 있습니다.

드러커의 마케팅 인사이트

초판 1쇄 발행 | 2015년 3월 25일
초판 2쇄 발행 | 2015년 7월 15일

지은이 | 윌리엄 코헨(William A. Cohen)
옮긴이 | 이수형(Soohyung Lee)
펴낸이 | 최점옥(Jeomog Choi)
펴낸곳 | 중앙경제평론사(Joongang Economy Publishing Co.)

대　　표 | 김용주
책임편집 | 이종무
본문디자인 | 조경미

출력 | 현문자현 종이 | 타라유통 인쇄 | 현문자현 제본 | 광신제책사

잘못된 책은 구입한 서점에서 교환해드립니다.
가격은 표지 뒷면에 있습니다.

ISBN 978-89-6054-140-5(03320)

원서명 | Drucker on Marketing

등록 | 1991년 4월 10일 제2-1153호
주소 | ㉾100-826 서울시 중구 다산로20길 5(신당4동 340-128) 중앙빌딩
전화 | (02)2253-4463(代) 팩스 | (02)2253-7988
홈페이지 | www.japub.co.kr 블로그 | http://blog.naver.com/japub
페이스북 | https://www.facebook.com/japub.co.kr 이메일 | japub@naver.com
♣ 중앙경제평론사는 중앙생활사 · 중앙에듀북스와 자매회사입니다.

※ 이 도서의 국립중앙도서관 출판시 도서목록(CIP)은 서지정보유통지원시스템 홈페이지(http://seoji.nl.go.kr)와
국가자료공동목록시스템(http://www.nl.go.kr/kolisnet)에서 이용하실 수 있습니다(CIP제어번호: CIP2015002235).